세상을 담는 수업 이야기

꼬마시민을 기르는 통합교육과정

꼬마시민을
기르는
통합교육과정

초판 1쇄 인쇄 2021년 6월 1일
초판 1쇄 발행 2021년 6월 15일

지은이 전북교사교육과정연구회
펴낸이 김승희
펴낸곳 도서출판 살림터

기획 정광일
편집 조현주
북디자인 꼬리별

인쇄·제본 (주)신화프린팅
종이 (주)명동지류

주소 서울시 양천구 목동동로 293, 22층 2215-1호
전화 02-3141-6553
팩스 02-3141-6555
출판등록 2008년 3월 18일 제313-1990-12호
이메일 gwang80@hanmail.net
블로그 http://blog.naver.com/dkffk1020

ISBN 979-11-5930-179-7 03370

세상을 담는 수업 이야기

꼬마시민을 기르는 통합교육과정

전북교사교육과정연구회(열 사람의 한 걸음) 지음

살림터

우리는 세상에 대해 이야기할 권리가 있다

책에 대해 말하기 앞서, 얼마 전 뉴스에서 접한 이야기를 함께 나누려 한다. 모 지역에서 학교 민주시민교육을 활성화하는 조례를 제정하려다 학부모 및 일부 시민 단체의 반대에 부딪혀 난항을 겪고 있다는 이야기다. 이처럼 누군가는 민주시민교육의 필요성을 말하는데, 다른 누군가는 학교에서 민주시민교육을 하면 안 된다고 한다. 학교에서의 민주시민교육을 반대하는 이들의 이야기를 들어 보면, 교원이 정치활동의 금지 의무를 위반하고, 아이들에게 정치적 편향으로 얼룩진 교육을 할 수 있다는 우려 때문이라 말한다. 어쩌다가 민주시민교육은 이러한 오명을 덮어쓰게 되었을까?

민주시민교육, 더 나아가서 '정치적인 교육'에 대한 이러한 우려는 먼저 교육과 교육 주체에 대한 오해에서 비롯된다. 교육 주체인 학생들은 어른들에게 '일방적으로' 가르침을 받아야 할 미숙한 존재가 아니다. 학생들은 그 자체로 완전한 존재이다. 투표에 참여하거나 국회의원에 출마할 수는 없지만 스스로 옳고 그름이 무엇인지 판단할 수 있고, 이러한 생각과 판단을 바탕으로 자아라는 세계를 만들어 나간다.

두 번째는 교사의 정치적 중립의 의미를 왜곡해서 해석하는 데에서 비롯된다. 헌법에 교육의 정치적 중립성을 명시한 것은 교육이 특정한 정치세력의 선전도구로 이용되는 것을 경계하기 위함이다. 교사가 정치적 표현을 할 수 없다거나 민주시민교육을 할 수 없다는 의미가 아니다. 삶과 앎을 연결하는 것이 교육이라면, 나와 세상을 연결시키는 것이 수업이라면, 정치를 배제한 교육과 수업은 있을 수 없다. 그것은 맞춤법이나 수학 문제 풀기와 같은 교과지식만 교육해야 한다는 주장과 다를 바 없다. 교사는 수업에서 세상 이야기를 할 권리가 있다. 아니 끊임없이 세상과 교실을 연결하려는 노력을 해야 한다.

이 책은 우리 생활 속에서 접할 수 있는 다양한 삶의 문제, 정치적 문제를 수업으로 개발한 사례를 담고 있다. 세상에 대한 이야기를 의미 있는 수업으로 만들기 위한 다양한 고민의 결정체라고 할 수 있다. 교사는 학생들이 시민으로 자랄 수 있도록 도와야 하고, 스스로 좋은 시민이 되기 위해 노력해야 한다. 이 책이 좋은 교사이자 좋은 시민이 되고자 하는 당신에게 조금이라도 도움이 되었으면 좋겠다.

차례

1부
통합교육과정 기초 다지기

1장

초등교육과정,
왜 통합적 접근이
필요한가?

1. 학교에서 교과를 가르치는 방식: 통합과 분과

'학교에서 무엇을 배웠는가?'라고 누가 물어본다면, 대부분의 사람들은 쉽게 교과를 떠올릴 것이다. 교실에 있었던 시간표, 학교에서 나눠 준 교과서, 교과에 따라 시험 공부를 했던 기억, 교과별로 점수화된 성적표… 학창 시절이나 교사가 된 지금도 교과는 학교에서 가르치는 가장 필수적인 것이자, 대표적인 교육과정 조직이다. 이에 교사는 교과에 익숙할 수밖에 없다.

이러한 익숙함 속에서 누군가 '통합은 교과와 어떤 관계에 있는가?'라고 묻는다면, 어떻게 답할 것인가? 이를 어떤 교사는 교과와 통합을 서로 상반된 것으로 여겨서 교육의 양극단에서 각자의 장점을 살려 교육에 이바지하는 것으로 볼 수 있다. 또한 비교적 통합에 우호적인 교사는 통합이 교과의 한계를 극복함과 더불어 지식의 팽창이 급속도로 이루어지는 현대에 최적화된 교육 체계이며, 따라서 교과보다 더 나은 교육 체계로 봐야 한다고 주장할 수도 있다. 반면에 교과에 대한 입장이 강경한 교사는 교과에는 독립적인 학문 체계와 구조가 반영되어 있는데 이것을 고려하지 않고 무조건 통합하려는 것은 교과를 교과답게 가르치지 못하는 잘못된 방식이라고 말할 수도 있다.

교과와 통합에 대한 서로 다른 인식들 속에서 이 글은 '가르친다'는 것에 초점을 두어 교과와 통합의 관계를 설정하고자 한다.[1] 지금까지 학교에서는 교과교육을 해 왔다. 학교는 오랜 기간 동안 교과를 중심으로 한 교육과정을 운영해 왔으며, 이에 학교에서 교과 수업은 중요한 학교교육활동이었다. 교과는 학생들에게 가르쳐야 할 가장 중요한 것이며, 이를 가르치는 방식에는 분과와 통합이 있다. 즉, 우리는 이제까지 '교과를 가르친다'고 인식했지만, 교수 상황에 집중해 본다면 '교과를 분과의 방식으로 가르친다'고 인식하는 것이 더 적합할 것이다. 교과는 교과의 구조와 렌즈를 강조한 '분과'의 방식으로 가르칠 수도 있으며, 삶을 그대로 가져오면서 그 안에 교과를 녹여 내는 '통합'의 방식으로 가르칠 수도 있다. 따라서 교사는 교과 내용을 가르치는 데 분과가 더 적합하다면 분과의 방식을, 통합이 더 적절하다면 통합의 방식을 선택하면 된다. 이때 통합은 교과와 반대 선상에 있는 개념이라기보다 교과를 잘 가르치기 위한 하나의 방식이 된다.

그렇다면 교과와 통합에 대한 이러한 관계 속에서, 왜 초등교사는 교과를 통합하는 방식을 고려해야 하는가? 이는 첫 번째로, 교과를 가르치는 방식에는 분과와 통합이라는 두 가지 방식이 있음에도 불구하고 통합 방식이 잘 구현되지 않는 실정과 관련이 있다. 이는 교과를 분과로 구획해서 운영해 온 시간표에 익숙하기 때문이며, 이 익숙함으로 인해 교과를 통합하는 것은 어떤 수고스러움과 번거로운 절차가 동반되어야 한다는 인식이 작동하기 때문이다. 두 번째는 더 본질적인 것으로, 초등교육과정에 통합의 방식이 더 적합하기 때문이다. 초등교육은 성인과 구분되는 '아동'을 교육 대상으로 삼고 있으며, '아동'이 잘

---

1. 물론 통합은 교과보다 더 삶과 유관하다는 측면에서 서로 추구하는 이상과 목표가 다르다. 또한 통합은 교육에서 교과의 대안으로 등장한 것도 사실이다. 하지만 본 글에서는 교사의 교수 상황에 초점을 두어 논의하고자 한다.

배우는 방식이 곧 통합이다. 또한 초등교육과정은 '통합'의 방식을 취함으로써 그 정체성을 유지할 수 있다는 관점도 통합을 지지하게 한다.

여기에 두 가지 의문점이 있을 수 있다. 먼저 '초등교육과정이라는 것이 과연 존재하는가?'라는 의문이다. 초등학교, 중학교, 고등학교가 모두 교육과정을 운영하고 있기는 하지만, 이 세 학교급의 교육과정은 국민공통기본교육과정으로 서로 유관하며, 사실상 많은 교사들이 교과 교육과정으로 교육과정을 인식하기 때문에 교과 교육과정 측면에서 살펴본다면, 그것은 학교급만 다를 뿐 교과 교육과정이라는 동등한 방식을 취하고 있다. 또한 실제로 교실에서 교과를 가르친다는 점에서 차이점보다는 유사점이 더 많아 보이기도 한다. 다음으로, '초등교육과정이 존재한다면, 왜 초등교육과정에 통합의 방식이 더 적합한가?'라는 합리적인 의문을 제시할 수 있다. 중·고등학교에서도 융합 교육, STEM 등을 하고 있으며, 2015 개정 교육과정이 문·이과 통합형 교육과정을 추구한다는 것을 떠올린다면 통합은 초등교육과정에만 국한되는 방식은 아니기 때문이다.

그렇다면 이 두 가지 의문을 어떻게 해결할 수 있을까? 이는 학교급별 교육과정을 분리하여 인식하는 관점을 제시함으로써, 또한 앞서 언급했듯이 '아동'이라는 존재로 말미암아 통합이 부각될 수밖에 없는 초등교육과정의 특성을 다룬 관점을 제시함으로써 해결할 수 있다.

2. 학교급별에 따라 교육과정 바라보기: 통합에서 분과로

초등학교 교육과정만이 지닌 특징이 있는가? 우리는 보통 초·중등학교에서의 교육을 한 연속선에서 계속적으로 이루어지는, 하나의 교육으로 생각한다. 물론 이는 맞는 말이다. 계열성이라는 측면에서 초등학교에서부터 시작해 대학교까지 이어지는 교육의 긴 흐름을 무시할 수 없으며, 그 안에서 학교급끼리 어느 정도 유관성을 지니길 바라며, 실제로 이것은 현상 속에서 충분히 발견되기도 한다.

그런데 연속성이나 계열성으로 각 학교급의 교육과정을 다루는 것 이외에 다른 시각은 없는가?

이에 대해 중학교 운동을 이끈 톰린Tomlin[2013][2]의 시각은 학교급별 교육을 바라보는 데 하나의 대안이 될 수 있다. 중학교교육협회장The Association for Middle Level Education인 톰린[2013]은 초등학교와 고등학교 사이에 있는 중학교 교육의 정체성, 중학교 교사의 전문성이 무엇인가에 관심을 보였다. 이는 우리나라와 다른 접근이다. 보통 우리나라는 중등교사의 전문성을 논하지 않는다. 한 교과를 정통하게 가르칠 수 있다는 점에서 중등교사의 전문성은 이미 확보한 상태며, 오히려 모든 교과를 가르치는 초등교사의 전문성이 무엇인지에 대해 더 집중했다. 한 교과라도 더 잘 가르치는 초등교사를 양성하기 위해 교과 심화라는 제도를 선택했으며, 2000년대 중반 도입된 '중초교사' 제도, 즉 적재된 중등교사 문제를 해결하기 위해 중등교사가 초등교사가 될 수 있도록 추진한 제도는 초·중·고등학교가 각각의 교육과정 특징을 지녔고 교사 전문성이 있다는 것을 전제로 삼지 않았음을 대표적으로 보여준다. 그러나 톰린[2013]은 초·중·고등학교가 각각의 교육과정 특징이 있음을 인정하고, 이를 전제로 중학교 교육에 집중한다.

중학교 교육을 규명하고 싶었던 톰린[2013]은 초등학교에서 한 교사가 여러 교과를 가르치고 교육과정을 통합적으로 다룬다는 것에, 고등학교는 한 교사가 한 교과를 다룬다는 것에 각각의 정체성이 있음을 발견했다. 그렇다면 초등학교에서 교과를 통합적으로 운영하는 것과 고

---

2. Tomlin, D.(2013). Making middle schools great: The essentials of interdisciplinary curriculum integration. 통합교육과정연구, 7(3), 109-125.

등학교에서 교과를 분과적으로 운영하는 것 사이에서 중학교는 어떻게 교육과정을 운영해야 하는가? 이 질문에 대한 답을 구하려 했던 것이 톰린[2013]이다.

이에 대해 톰린[2013]은 중학교는 각각 상이한 교과 교사들이 한 팀이 되어 팀티칭 하는 방식을 통해 중학교만의 교육과정을 운영할 수 있다고 본다. 그는 중학교 교육과정이 교과의 통합과 분과적 운영을 공존시킴으로써 중학교가 초등학교와 고등학교의 가교 역할을 할 수 있다고 이야기한다. 초등학교는 한 교사가 여러 교과를 통합하는 방식으로 교육과정을 운영하며, 이때 학생들은 교과를 통합의 방식으로 배운다. 반면에 고등학교는 한 교사가 한 교과를 가르치는 방식을 취하며, 이때 학생들은 교과를 분과의 방식으로 배운다. 톰린[2013]은 학생들이 초등학교와 고등학교에서 너무나 다른 방식으로 교과와 만난다는 것에 집중했다. 그리고 학생들이 받을 수 있는 충격, 구체적으로 초등학교의 '통합' 방식에서 고등학교의 '분과' 방식으로 교육과정 운영 방식이 확연히 달라지는 데에서 학생들이 느끼는 충격을 완화하려면 중학교가 이 두 방식을 모두 아우르는 방식을 취해야 한다고 보았다. 이에 그는 중학교 교사 3~4명이 한 팀이 되어 함께 가르치고, 매주 정기적으로 만나 학생에 대해 이야기하고, 그들이 개발한 교육과정을 공유하는 것이 중학교 교육과징의 정체성이자 중학교 교사의 전문성이라고 보았다. 중학교 교육과정은 초등학교에서의 통합과 고등학교에서의 분과를 동시에 취함으로써 학생들이 좀 더 안전하게 분과의 형식에 안착하도록 도움을 줄 수 있다.

이러한 톰린의 시각은 학교급별 교육과정을 구분하는 데 새로운 관점을 던져 준다. 그는 각 학교급을 교과 내용의 계열성이나 연속성으로 보기보다도 초등학교와 고등학교의 각기 다른 교육과정 운영 방식을 고유의 교육과정으로 인정하면서 이 둘을 구분한다. 그리고 이 둘을 연결하는 개념으로 중학교 교육과정을 바라봄으로써, 중학교 교육과정이 학생들에게 교육과정의 완충지가 되길 바란다.

톰린의 시각으로부터 우리는 앞서 제기한 의문에 대한 답을 구할 수 있다. 먼저 '초등교육과정이라는 것이 존재할 수 있는가?'에 대한 답은, 톰린[2013]의 관점을 따르면 '그렇다'는 것이다. 초등교육과정은 중등교육과정과 구분되며 이 구분을 인정하고 각각에 맞는 교육과정 운영 방식을 찾아가는 것이 각 학교급에게 주어진 교육과정적 과제이다. 더 나아가 초등교육과정이 통합과 더 유관하다는 것도 그의 관점에서 찾아볼 수 있다. 그는 현상 속에서 초등학교는 '통합'의 방식이, 고등학교는 '분과'의 방식이 더 많이 나타남을 확인했다. 그리고 초-중-고등학교 교육과정을 '통합', '통합+분과', '분과'로 구분하며 초등교육과정을 '통합'으로 확정짓기도 하였다. 이러한 그의 접근을 수용한다면, 우리는 초등교육과정이 다른 학교급의 교육과정보다 통합과 유관함을 확인해 볼 수 있다. 그런데 과연 그러한가라는 의문 속에서 초등교육과정과 통합을 더 심도 있게 연결할 필요성도 있다.

3. 초등학교 교과교육으로서의 '통합'

> "처음에는 잎이요, 그다음에는 이삭이요, 그다음에는 이삭 속에서 완전히 익은 곡식이라."

듀이Dewey[1899][3]는 한 개체가 시기별로 그 특성과 모습이 다름을 이야기한다. 즉, 식물이 씨앗에서 나왔으나 시기별로 다른 특성을 지니

---

3. Dewey, J.(1899). *The school and society*. Chicago: University of Chicago Press.

고 성장하듯, 교육의 대상인 인간 역시 자람에 따라 그 특성이 변하며, 이러한 이유로 초등학교, 중학교, 고등학교는 변화하는 인간의 특성에 맞게 적절하게 대응해야 한다. 여기에서 대응한다는 것은 다양한 방식으로 접근해 볼 수 있는데, 교육과정 측면에서 '아동'에 맞게 대응하는 방식이 곧 통합인 것이다.

이에 대해 화이트헤드Whitehead[1929][4]의 시각은 참고할 만하다. 그는 교육이 '리듬'을 가져야 한다고 주장한다. 그에 의하면, 교과지식은 낭만에서 정밀로, 정밀에서 일반화의 단계로 발달하기 때문에 각 단계별 교과지식에 적합한 접근이 필요하다.

이 중 초등학교 시기는 교과지식에 입문하는 시기인 낭만의 단계에 해당한다.

> 낭만의 단계는 첫인상의 단계이다. 이 단계의 본질은 반복과 신선함을 유지하는 것이다. … 아동기 교육에 두 가지 계명이 있다면, 하나는 너무 많은 과목을 가르치지 말라는 것이다. … 또 하나는 가르치려는 것을 충분히 가르치라는 것이다. … 많은 지식을 과목으로 잘게 쪼개서 가르칠 때, 이 단계의 교육 내용이 갖추어야 할 가장 중요한 조건인 생동감을 잃는다. 이에 교육 내용은 단편적인 지식이 되고 만다. … 나의 주장은 교육과정의 생동감을 잃게 하는 교과의 분권화를 막자는 것이다.[Whitehead, 1929: 17-18]

화이트헤드는 초등학생이 교과를 낭만적으로 만나야 함을 주장한다. 교과를 분권화할 때, 이 시기 아동에게 교육 내용으로서의 지식은 생동감을 잃을 수 있다. 이런 그의 주장은 초등학교 교과교육에 방향

---

4. Whitehead, A. N.(1929). *The aims of education and other essays*. NY: The Free Press.

성을 제시함과 동시에 교과를 통합하는 방식을 고려하도록 해 준다.

듀이[1902][5]의 『아동과 교육과정*The child and the curriculum*』은 교육과정 분야의 초기 저작에 속하며, 여기에서 유심히 봐야 할 것은 듀이가 'student' 대신 'child'라는 용어를 사용하고 있다는 점이다. 확실히 듀이의 교육에 대한 설명은 성인보다 아동에 집중되어 있으며, 이 시각에서 교육과정을 논하고 있다.[Jackson, 1992][6] 구체적으로, 듀이는 아동과 교과의 관계를 언급하면서, 아동에게 더 적합한 교육과정 조직 방식을 탐구하고 있다.

> 아동이 사는 세계는 사실과 법칙의 영역이라기보다는 개인적으로 흥미를 느끼는 사물과 사람들로 구성된 세계이다. 즉 외적 세계의 객관적 진리가 아니고 자신이 애착과 동정을 느끼는 사물과 삶들로 구성된 세계이다.[Dewey, 1902: 5]

이런 듀이의 아이디어는 '교과의 점진적 조직'으로 구체화된다.[Dewey, 1938][7] 여기에서 듀이는 아동의 경험과 교과를 두 축으로 놓고 발달적으로 교과를 조직하는 방식을 설명한다. 듀이의 설명을 학교급별 교육으로 옮겨 놓고 보면, 초등교육은 아동의 경험에서 시작하여 이를 교과로 연결하는 심리화한 교과의 형태가 적합하다. 이와 같은 듀이의 시각은 총체화된 삶으로부터 시작하는 교과교육으로서의 통합에 의미를 부여해 준다.

---

5. Dewey, J.(1902). *The child and the curriculum.* Chicago: University of Chicago Press.
6. Jackson, P.(1992). Conceptions of curriculum and curriculum specialists. In P. W. Jackson (Ed.), *Handbook of research on curriculum*(pp. 3-40). NY: Macmillan.
7. Dewey, J.(1938). *Experience and education.* NY: Macmillan.

통합교육과정 연구 분야의 초기 학자인 잉그럼Ingram[1979] 역시 각 인간 발달에 따른 교육과정 조직 방식에 대해 언급한다. 그는 평생교육 측면에서 교육과정을 분석하며, 특히 평생교육의 초기 단계인 학교교육과정에 집중한다. 그는 여러 학교의 통합 유형을 분석하며, 아동의 연령이 통합의 방식과 유형을 결정하는 중요한 요인임을 확인하였다.

유아원에서는 비구조화된 수업을 주로 실시하고, 유치원에서는 통합된 일과가 널리 사용된다. 초등학교 수준에서는 토픽이나 프로젝트 형식의 통합이 구체적 조작기의 사고와 일치하는 실제적인 학습 경험을 제공할 수 있을 것이다. 또 중등학교 수준에서는 형식적 사고가 가능하므로 분명히 교과의 분화가 필요하며, 이는 간학문적인 성질의 구조적 통합 형식을 요구한다.[Ingram, 1979, 배진수·이영만 옮김, 1995: 131]

즉, 잉그럼[1979][8]은 초등학교 수준에 맞는 통합의 방식은 주제 중심 수업이나 프로젝트 학습임을 언급하며, 초등학교에서 교과를 통합적으로 운영할 것을 권장한다.

여러 학자들의 시각에서 알 수 있듯이, 발달단계를 통한 교육과정의 구분은 교과의 논리적 구성만큼이나 중요한 시각이다. 이에 세계 각국에서도 발달을 교육의 한 축으로 삼아 교육과 교육과정에 대해 논하기도 한다.

그 한 예로 캐나다의 앨버타 초등교육과정Alberta primary programs framework을 들 수 있다. 캐나다의 앨버타주에서는 초등학생들이 연결된 전체로 세상을 바라보기 때문에 여러 내용을 가로질러 통합하는

---

8. Ingram, J. B.(1979). *Curriculum integration and lifelong education.* NY: Pergamon Press Inc. 배진수, 이영만 옮김(1995). 교육과정 통합과 평생교육. 서울: 학지사.

통합교육과정이 적절함을 제안한다.[Alberta education, 2007 9]

　학생들은 분절된 조각보다는 연결된 전체로 세상을 바라본다. 따라서 여러 내용을 가로질러 통합하고, 학생들이 연결고리를 만들 수 있는 방법을 제공함으로써 학생의 학습을 고양시킬 수 있다.[Alberta Education, 2007]

　앨버타 교육과정은 학생의 배움 방식을 중요시하며, 배움의 효과적인 방법을 그들의 발달과 접목하여 제안한다. 이에 따라 앨버타주에서는 초등교사들이 실제로 통합 프로그램을 작성할 수 있도록 그 절차를 교육과정 문서상에 제공하여, 초등교육과정이 통합된 형태로 발현되도록 안내한다.

　영국의 초등교육 역시 발달을 기준으로 한 교육과정 구분 방식으로 초등교육과정에 대해 언급한다. 초등교육에 관한 보고서인 플라우든 보고서The Plowden report: children and their primary schools는 초등학교의 교육과정이 교과로 구성되더라도, 교과에 대한 학습은 아동의 발달적 특성으로 인해 보다 연계될 필요성이 있으며, 이를 위해 한 교사가 한 학급을 책임지는 방식이 좋음을 언급한다.[CACE, 1967 10]

　초등학생의 학습은 교과별로 공부하는 데 적절하지 않다. 이 시기 학생에게는 그들에게 더 적절한 뭔가 다른 커리큘럼curriculum이 필요하다. … 초등학교 최고 학년이 되는 12살까지 기존의 교

---

9. Alberta Education(2007). *Primary programs framework for teaching and learning.* Alberta: Alberta Education.
10. Central Advisory Council for Education(England)(1967). *Children and their primary schools: A Report of the central advisory council for education(the Plowden Report).* London: Her Majesty's Stationary Office.

과들은 보다 관계될 필요가 있다. 어떤 학생들은 교과를 직접 가르치는 것이 더 도움이 될 수도 있다. 그렇다고 하더라도 교과를 통합하고 부분적으로 중복 적용해야 한다. 이를 용이하게 하기 위해서 한 교사가 한 학급을 책임지는 방식이 좋다.[CACE, 1967: 203]

이 보고서는 초등학교에서의 학급담임제를 교육과정 운영 방식으로부터 설명한다. 즉, 학생들에게 교육과정을 통합의 형태로 제시하기 위해 한 교사가 여러 교과를 가르치는 방식이 적합함을 이야기하는 것이다.

앞서 살펴보았던 학자들, 혹은 여러 나라의 교육과정은 초등학교가 '아동'을 대상으로 하기 때문에 교육과정 운영 시, 아동이 지니고 있는 발달적 특성을 고려해야 함을 이야기한다. 그리고 아동이 배우는 가장 적합한 방식이 '통합'임을 언급하며, 교사가 교육과정을 통합적으로 운영해야 함을 권고한다. 초등교사로서 우리는 교과를 가르치는 존재가 아니라 아동을 가르치는 존재이다. 가르치는 내용도 중요하지만 그 내용을 받아들이는 대상도 중요하며, 대상에게 적합한 방식으로 주는 것도 중요하다. 이 모든 것을 고려해 보았을 때 '왜 초등교육과정에서 통합이 중요한가?'에 대한 답은 쉽게 찾을 수 있다.

2장

민주적 삶을 지향하는 교육과정 통합

교육과정 통합은 원치 않는 교사들이 억지로 실행하는 것이 아니라 헌신적인 교사들이 자발적으로 추진하는 것이다.

Dr. Beane.[AMLE, 1996 11]

1. 시작하면서

우리나라 국민들은 개인으로서 각자 자기만의 고유의 정체성으로 구별되는 동시에 한국인이라는 동일한 정체성을 공유한다. 따라서 자신의 주어진 여건과 상황에 따라 각자 자유롭게 자신의 삶을 살아가지만 또한 각자 나름의 방식으로 우리나라의 존속 및 발전에 대한 역할과 책임을 공유하면서 살아간다. 이러한 관점에서 국가교육과정의 중요한 의도는 학교교육을 통해 한 나라의 국민들이 자신의 삶을 자유롭게 영위하는 데 필요한 기본적인 능력을 도모함과 동시에 함께 추구해 나가야 할 공동의 가치를 공유하게 함으로써 그 나라 국민으로

11. Association for Middle Level Education(AMLE)(1996). Final Comments From Professors George and Beane. Middle School Journal, Vol. 28, No. 1(September 1996), pp. 24-25.

서의 정체성을 확보하고자 하는 것일 것이다.

그렇다면 우리나라 국민이 추구해야 할 공동의 가치는 무엇이어야 할까? 그리고 그 공동의 가치를 공유하기 위해서 학교에서는 무엇을 어떻게 가르쳐야 할까? 이 두 가지 질문에 대해 제임스 A. 빈James A. Beane[1996; 1997; 2013][12]은 명확하고도 단호한 대답을 제시한다. 그는 민주주의를 지향하는 대부분의 국가에서 공동으로 지향해야 하는 가장 중요한 가치는 다양성 존중에 기반을 둔 민주적 생활양식이며, 이를 위해 학교에서는 학생들의 개인적·사회적 쟁점을 중심으로 교육과정을 계획하고 프로젝트를 만들고 상호 협력을 통해 다양한 지식을 활용해서 문제를 해결하는 경험을 제공해야 한다고 주장한다. 그는 학교가 민주적 삶과 관련된 가치와 기능을 가르쳐 주어야 할 의무를 지니고 있으며 그 가치와 기능은 독서나 강의 또는 영상물 시청 등의 방식이 아닌 실제 문제를 해결하는 경험을 통해서만 깊이 있게 학습할 수 있다고 보았다. 그는 그러한 경험을 통해서만 학생들이 민주적인 삶과 생활 방식을 경험하고 학습하게 되며 이를 위한 교육과정 설계 혹은 틀이 바로 교육과정 통합이라고 단언한다.

이 장에서는 현대 사회의 중요한 가치인 민주적 삶을 위해 학교교육에서는 무엇을 어떻게 가르쳐야 하는가라는 문제에 대해 가장 확신에 찬 대답을 하는 학자 중 한 사람인 제임스 A. 빈[1997][13]의 논의를 중심으로 교육과정 통합과 관련한 중요한 쟁점 세 가지를 정리해 보고자 한

---

12. Beane, J., A.(1996). On the Shoulders of Giants! The Case for Curriculum Integration. Middle School Journal, Vol. 28, No. 1(September 1996), pp. 6-11.
Beane, J., A.(1997). Curriculum Integration, Designing the Core of Democratic Education. NY: Teachers College Press, Columbia University.
Beane, J.,A.(2013). A common core of a different sort: Putting democracy at the center of the curriculum: The values and skills associated with life in a democratic society should constitute the core of the curriculum. Middle School Journal, Vol. 44, No. 3(January 2013), pp. 6-14.
13. Beane, J., A.(1997). Curriculum Integration, Designing the Core of Democratic Education. NY: Teachers College Press, Columbia University.

다. 그 쟁점은 첫째, 교육과정 통합이란 과연 무엇인가. 둘째, 교육과정 통합수업에서 개별 교과지식은 어떻게 다루어지는가. 셋째, 무엇이 교육과정 통합을 어렵게 하는가이다. 이에 대해 답하는 가장 좋은 방법은 교육과정 통합을 직접 실행하는 것이다. 이런 의미에서 이 책 2부에 실린 '세상을 담고, 삶을 담는 16가지 통합수업' 이야기가 훨씬 더 훌륭한 대답이 될 것이다. 그럼에도 불구하고 여기서 굳이 대답을 시도하는 이유는 교육과정 통합의 실행 속에서 혹시 드러나지 않고 숨어 있는 답이 있다면, 그 답을 찾을 수 있는 단서를 미리 제시해 보고자 함이다.

2. 민주적 삶을 지향하는 교육과정 통합

빈은 교육과정 통합이 교과 중심 접근과는 전혀 다른 새로운 교육철학이라는 점을 지속적으로 강조하면서 "교육과정 통합이란 실제 삶의 문제와 관련된 주제를 중심으로 교과 및 학문 지식을 활용하는 경험을 강조하는 교육과정으로, 그 과정에서 교사와 학생이 함께 협력적인 학습을 도모함으로써 민주시민으로 성장하는 데 기여하는 교육 철학"Beane, 1997: 48-50[14]이라고 역설한다.

교육과정 통합에서는 교과 영역을 넘나들면서 교사와 학생이 함께 찾은 개인적으로 혹은 사회적으로 중요한 문제나 쟁점을 중심으로 교육과정을 조직 및 개발한다. 교육과정 통합에 대한 가장 일반적인 설명 중 하나인 위 진술은 종종 교육과정 통합을 단순히 여러 교과들을 관련시키거나 함께 엮어서 수업을 계획하는 표면적인 변화로 오해하게

---

14. 같은 책.

만든다. 즉, 겉모습은 여러 교과들을 관련시켜서 함께 가르치고 배움으로써 통합의 형태를 취하고 있지만, 그 주요 목적이 기존 교과지식을 더욱 효과적으로 잘 배우게 하기 위한 것이라면 그것은 통합의 모습을 띠고 있다 해도 교과 중심 접근이다. 대조적으로 하나의 교과만을 다루고 있는 것으로 보여도 학생들의 관심사와 관련된 주제를 탐구하기 위해 해당 교과지식을 폭넓게 활용하고 있다면 그것은 교육과정 통합이라고 말할 수 있을 것이다.

교육과정 통합은 "단지 같은 것을 다르게 하는 것을 의미하는 것이 아니라 다른 것을 하는 것"[Beane, 1997: 88][15]으로, 교육과정 통합은 교과지식의 접근 방식이나 활용 방식, 그리고 학교교육에 대한 기본적 강조점도 전혀 다른 새로운 교육 체제이다. 즉 교육과정 통합과 교과 중심 교육과정은 단지 같은 것(교과지식의 섭렵)을 다르게(하나는 분과로, 다른 하나는 통합으로) 하는 것이 아니라 전혀 다른 새로운 교육 체제(교과지식을 활용하여 실제 삶의 문제와 관련된 주제를 협력적으로 탐구하는 것)이다. 기존 교과 중심 접근법이 '언제나 어디서나(whenever and wherever)' 필요한(혹은 필요할지도 모를) 교과지식의 섭렵에 초점을 두었다면, 교육과정 통합은 '지금 여기(now and here)' 당면한 학생의 삶과 관련된 문제 해결에 초점을 두고 있다.

교육과정 통합에서 교육과정을 조직하는 중심으로서 주제는 학생들이 살아가고 경험하는 삶 속에서 중요하게 다루어지는 쟁점이다. 이들 쟁점과 관련하여 개인적이고 사회적인 질문을 제기하고 이 질문을 해결하기 위해 교사와 학생은 함께 협력적으로 여러 영역의 교과지식을 동원하고 활용하면서 탐구하고 해결 방안을 모색한다. 이 과정에서 교사와 학생은 자연스럽게 다양성에 기반을 둔 상호 존중, 협력, 평등

---

15. 같은 책.

과 관련된 민주적 생활양식을 경험하게 되고, 기존 교과 영역 속에 갇혀 있던 교과지식은 지금 여기에서 학습하는 맥락에 따라 재조직되고 새롭고 풍부한 의미를 갖게 된다. 이러한 모습이 바로 민주주의를 지향하는 교육과정 통합의 구현이라고 할 수 있을 것이다.

3. 주제(조직 중심체)의 원천과 지식의 민주적 사용

빈이 일련의 교육과정 통합 논의에서 가장 강조하는 것 중 대표적인 것이 두 가지 있다. 하나는 교육과정을 조직하는 중심체인 주제의 원천이고, 다른 하나는 교육과정 통합과 학문적 지식의 관계이다.

교육과정 통합에서 주제(조직 중심체)란 무엇인가?

교육과정 통합은 주제를 중심으로 여러 교과지식을 관련시키기 때문에 흔히 주제 중심 접근thematic approach을 취한다. 특히 빈[1997: 39-43][16]은 교육과정을 조직하는 중심이라는 의미에서 주제를 '조직 중심체 organizing center'라고 부르면서 그 원천에 대해 진지하게 논의하고 있다. 그가 언급한 조직 중심체의 원천은 '기존 개별 교과 주제', '사회적 쟁점', '학생의 관심사', '흥미 주제', '간학문적 주제' 등 다섯 가지다. 이들 주제를 모두 교육과정 통합에서 사용할 수는 있겠지만 그중에서도 민주적 삶을 지향하는 교육과정 통합에서 가장 적합한 주제로는 '사회적 쟁점'과 '학생의 관심사'를 들었다.

기존 개별 교과 주제를 사용하는 대표적인 방식이 다학문적 접근이다. 빈은 다학문적 접근의 목적이 개별 교과지식을 잘 배우기 위한 것이라는 점에서 개별 교과 주제와 사실 다르지 않다고 본다. 이런 맥락

---

16. 같은 책.

에서 그는 흔히 다학문-간학문-탈학문으로 이어지는 통합의 스펙트럼은 교과나 학문의 경계가 얼마나 무너지는가에 따른 구분이며 그 기준이 여전히 교과discipline라는 점에서 이의를 제기한다. 그는 다학문적 접근을 비롯한 이러한 일련의 시도들이 학교교육에 큰 진보를 가져왔다는 점을 부정하지는 않는다. 그럼에도 불구하고 이러한 통합의 구분이 기존 교과 중심 접근의 패러다임 안에서 교과의 재배열을 통한 교육과정 통합을 논의한다는 점에서 불편함을 감추지 않는다. 아마도이 지점이 교육과정 통합을 연구하는 다른 많은 학자들과 빈의 가장큰 차이점일 것이다. 개별 교과의 정체성을 고려하는가, 고려하지 않는가? 교과지식이 수단인가, 목적인가? 삶 그대로의 요소로서 개인적·사회적 쟁점과 관련한 문제를 탐구하는 데 집중하는가, 탈맥락적 교과지식을 잘 배우고 익히는 데 집중하는가? 빈에게는 아마도 이들이 교과중심 접근과 교육과정 통합을 구분하는 기준일 것이다.

또한 단순한 흥미 주제와 관련해서 빈은 이들 주제가 단기적으로 흥미와 재미를 주면서 개별 교과 내용을 서로 관련시킬 수는 있겠지만이를 통해 학습하게 되는 교과지식 자체에 새로운 생명력을 불어넣지는 못할 것이라고 보았다. 또한 간학문적 주제는 거의 모든 개념을 포섭하지만, 한편 특정한 무엇을 지칭하지 않는다는 점에서 학생들의 생생한 삶의 맥락과 괴리된다는 점이 문제다. 사회적 쟁점과 학생의 관심사는 학생들이 이미 지식과 경험을 위해 사용하고 있는 그대로의 삶의 "요소stuff"이다.[Bean, 1997: 42][17] 이들 주제를 반복적으로 다루면서 익숙해짐으로써 학생들은 자신의 개인적 관심사들이 서로 관련되어 있을뿐만 아니라 학교 안팎의 문제나 경험과도 관련되어 있다는 것을 훨씬강하게 인식할 수 있을 것이다. 이를 통해 학생들은 이러한 문제를 해

---

17. 같은 책.

결하기 위해 역동적이고 창조적으로 개별 교과지식들을 자유롭게 사용하면서 훨씬 더 깊이 있게 또 맥락적으로 생생하게 이해할 수 있게 될 것이며, 이러한 경험들은 의미 있는 삶을 살아갈 수 있는 능력의 성장으로 연결된다.

교육과정 통합 상황에서 지식은 어떻게 사용되는가?

교실 수업에서 교육과정 통합수업은 모두 제각각 다르게 구현되지만, 대체로 공통되는 과정이 있다. 첫 번째 단계에서 교사와 학생은 함께 또는 개별적으로 탐구할 주제를 정한다. 이 주제는 앞에서 언급했듯이 개인적·사회적 관심사에서 나온 교육과정 조직의 중심체로서 학생과 교사가 함께 협의하여 신중하게 결정하게 된다. 두 번째 단계에서 교사와 학생은 결정한 주제와 관련하여 탐구할 내용이나 활동을 구안한다. 주제와 관련하여 탐구하고 싶은 문제나 해결해야 하는 문제들을 늘어놓고 문제와 관련된 탐구활동을 구체화한다. 세 번째 단계에서는 탐구활동에 필요한 사실, 기능, 개념의 이해를 위해 어떤 지식을 어떻게 찾아서 어떻게 활용해야 할지 교사와 학생이 함께 협의한다. 지식을 찾고 활용하는 과정에서 특정 교과 영역을 특별히 관련짓지는 않는다. 네 번째 단계에서는 본격적으로 주제와 관련한 활동을 진행한다. 이 단계에서는 사실, 기능, 개념, 이해를 위해 다양한 학문적 지식을 활용하게 된다. 이 과정에서 학문적 지식은 주제, 질문, 활동의 맥락 안에서 새로운 의미를 구성하고 새롭게 재조직된다. 진공 상태로 존재하던 지식은 이제 상황과 맥락 속에서 생생하게 의미와 생명력을 갖게 된다. 지식의 정체성과 목적이 단지 학문적 지식 또는 학교 교과 영역 내의 위치로만 제약을 받을 때 그 지식은 추상적이고 단편적일 수밖에 없다.

교육과정 통합은 교과 경계와 상관없이 지식을 사용함으로써 교과 영역이나 학문적 정체성을 초월한다. 그 과정에서 학문적 지식은 주제와 관련 쟁점 및 활동의 맥락에서 활용되는 자료의 역할을 한다.^{Beane,} 1997: 88[18] 사실 교육과정 통합에서 쟁점과 관련한 탐구가 제대로 이루어 진다면 사실, 기능, 개념에 대한 이해를 위해 다양한 학문적 지식 또는 교과지식에 크게 의존하게 되는 것이 당연하다.

여기까지의 설명을 들은 교과 중심 접근을 옹호하는 사람들은 마치 교육과정 통합이 반지성주의를 대표하는 것처럼 생각할 수 있다. 그러 나 교육과정 통합은 교과지식의 조직과 사용에 대한 독특하고 진보적 인 접근으로 학문적 지식은 교육과정 통합의 적이 아니라 유용하고 필 요한 동지이다.

예를 들어, 설문 조사 구성, 데이터 도표 및 보고서 작성에 있 어 많은 사회, 국어, 수학적 지식을 끌어내야 할 것이다. 일부 학생 들이 백분율 계산법이나 그래프 만들기를 모른다면 교사들은 그 것을 가르쳐 주거나 필요하다면 이들을 가르쳐 줄 수 있는 누군 가를 찾아 줄 것이다. …(중략)… 그렇다면 학문적 지식의 내용을 잘 아는 교사가 필요할까? 물론이다! 그러나 교육과정 통합에서 교사는 주제에 관한 일반적 지식인으로서의 역할이 우선이고 내 용 전문가로서의 역할은 그다음이다.^{Beane, 1997: 90[19]}

교육과정 통합은 진공 상태의 학문적 지식을 개인적이고 사회적인 중요한 관심사로서의 삶과 연결시키기 때문에 학생들은 교육과정 통합 을 통해 다루는 학문적 지식을 자신의 삶에 독특한 의미를 갖는 지식 으로 맥락화할 것이다. 또한 교육과정 통합에서 지식과 관련하여 교사 는 두 가지 역할을 수행해야 한다. 주제에 대한 일반적 지식인generalist

---

18. 같은 책.
19. 같은 책.

으로서의 역할이 우선이고, 그다음에 내용 전문가content specialist로서의 역할을 수행한다.

기존 교과 중심 접근에서 중요시하는 것들, 예컨대 지식의 범주와 계열로 대표되는 교과지식의 영역별 경계 안에서의 완전성이라는 것은 무엇을 위한 범주이며 계열일까? 학문적 지식은 교육과정 통합 과정에서 개인적·사회적 삶의 맥락 안으로 재편된다. 그래서 범주와 계열에 따라 체계적으로 정리된 지식들은 학생들이 탐구하는 나름의 규칙성과 내용에 따라 재편되고 각각 모두 동일하게 중요했던 교과 내용은 교육과정 통합 안에서 맥락적인 중요도와 경중에 따라 재편된다. 결국 문제는 교과지식 자체에 있는 것이 아니라 교과지식에 어떤 의미를 부여하는가에 있다. 즉 교육과정 통합에서 교과지식은 유용성이 아니라 학생들의 삶에서의 맥락성의 관점으로 보아야 하고, 교과 영역 안에서 제시된 모든 것을 무조건적으로 포함할 것이 아니라 개인적·사회적 의미를 추구하는 데 유용한 것을 선택적으로 포함해야 할 것이다.

4. 교육과정 통합의 어려움

교육과정 통합을 시도하는 일은 왜 어려울까? 빈[1997: 126-166][20]은 이 문제를 학교 내부와 학교 외부로 나누어 논의하였다. 우선 학교 내부의 문제로는 학교 시스템 문제, 학생과의 관계, 동료와의 관계 등이고, 학교 외부의 문제는 개별 학문 및 교과 영역에 기반을 둔 학자와 전문가들의 비판과 학부모들의 우려 등이다.

첫째, 학교는 애초에 교과교육을 위해 설립되어 기본적으로 개별 교

---

20. 같은 책.

과 중심 교육과정을 톱다운 방식으로 지원하게 되어 있다. 국가교육과정의 교과 편제, 교과서, 학교교육과정 계획, 시간표, 성적표 등 학교교육을 위한 모든 자원과 시스템은 개별 교과의 내용 및 기능을 중심으로 조직되어 있다. 이 속에서 교육과정 통합을 선택한 교사들은 교육과정 통합을 시도하는 동시에 교과별 교육과정도 동시에 고려해야 한다. 즉 교육과정 통합에서 다양하고 광범위한 지식들을 아무리 맥락적으로 깊이 있고 의미 있게 다룬다 하더라도 이들 지식이 기존의 개별 교과의 내용이나 기능을 나누는 탈맥락적인 영역 안에 포섭되지 않으면 신랄한 비판에 직면하게 된다.

둘째, 학생들과의 관계 문제이다. 학생들의 성향에 따라 교육과정 통합은 교사와 학생의 긴장을 유발할 수 있다. 교육과정 통합을 아무리 잘 실행한다 해도 모든 학생들의 호응을 얻을 수는 없다. 개별 교과 중심 수업이 맞지 않는 학생이 있는 것과 같이 교육과정 통합수업 방식이 맞지 않는 학생이 있을 수 있는 것이다. 일부 학생들은 답이 없는 모호함을 힘들어하거나 자신의 의견을 밝히는 데 소극적이거나 개별 교과 수업의 필수 내용이 다 다루어지고 있는지 의문을 가질 수도 있다.

셋째, 동료 교사 문제이다. 이들 중 교육과정 통합에 대해 확신하지 못하거나 학생들과 권력을 공유한다는 것에 대한 막연한 불안감, 또는 단순한 무관심으로 인해 기존 방식을 고수하는 식의 소극적인 반대가 있을 수 있다. 또는 자신의 정체성의 일부분이 된 개별 교과에 대한 애착이 큰 교사들에게 교육과정 통합이란 자신의 직업적 자아 개념을 재구성하라고 요청하는 것이나 마찬가지다.

넷째, 학자 및 전문가의 비판이다. 가장 대표적인 집단은 교육 엘리트로 대표되는 학자 집단이다. 이들 중 일부에게 "훌륭한 삶"에 대한 최상의 정의는 자신이 영위하고 있는 지적인 삶이며 그들은 학문적 지식 혹은 공식적 지식[Apple, 1993][21]만을 가치 있는 교육 내용으로 간주한다. 그들에게 교육과정 통합은 반지성주의와 다를 게 없다. 개별 교과교육에 기반을 둔 교사교육자를 비롯한 교육 전문가들 역시 크게 다르지 않다.

다섯째, 일부 학부모의 우려이다. 많은 연구에 의하면 표준화 시험 결과 교육과정 통합 프로그램에서 학습한 학생들이 똑같거나 또는 더 잘하며, 특히 전통적인 방식의 수업에서 힘들어하는 학생들에게 도움이 되는 것 같다고 한다. 이와 관련하여 일부 학부모는 자녀들이 계속 잘할 것인가를 염려하는 게 아니라 자기 자녀들의 독점적인 성공이 위협받게 될 가능성을 염려하는 것이다.

상식적으로 생각했을 때 새로운 접근이나 시도는 바로 그 새로운 프레임을 기반으로 평가하고 비판하는 것이 마땅하다. 그러나 쿤 Khun[1996][22]이 지적했듯이, 기존의 패러다임은 새로운 접근 방식이 기존의 이론을 더 강화해 주지 않는 한 완강히 배척하고 새로운 이론을 기존 패러다임 안에서 증명할 것을 끊임없이 요구한다. 따라서 교과 중심 접근의 패러다임 안에서 교육과정 통합과 같은 새로운 패러다임은 수많은 실패를 경험하기 마련이다. 예컨대 개인적이고 사회적인 쟁점과 관련한 다양한 지식을 맥락적으로 다루고 이들을 활용해서 당면한 문제를 해결하는 방식으로 공부한 학생들에게는 학생들이 공부한 방식으로, 그리고 학생들이 탐구한 지식을 맥락적으로 질문하는 방식으로 평가하는 것이 당연하다. 그러나 보통 표준화 평가라는 이름으로 교육과정 통합으로 배운 학생들에게 들이대는 잣대는 '지식을 섭렵하는' 방식으로 학습한 개별 교과 중심 접근에 의해 배운 학생들과 동일한

21. Apple, Michael W.(1993). Official knowledge: Democratic education in a conservative age. New York and London: Routledge.
22. Khun, T. S.(1996). The structure of scientific revolution(3rd ed.). Chicago: The University of Chicago Press.

잣대이다. 현재 교육계의 주류는 기존 패러다임 안에서 어떤 식으로든 성공해 왔던 사람들이고 이들은 새로운 패러다임이 달갑지 않다.

빈[1997][23]은 교육과정 통합에 대한 이러한 비판적 시각을 하나하나 꼽으며 이들의 비판에 대해 지나치게 대응하거나 낙담할 필요가 없다고 말한다. 왜냐하면 그는 학교에서 주어진 교과서를 그대로 전달하는 일보다 교육과정 통합을 통해 학생들이 민주주의를 경험하게 하는 것은 어렵지만 훨씬 더 보람 있는 일이며, 무엇보다 교사의 삶과 교직의 품격을 높이는 일이라고 말한다.

교육과정 통합은 어떤 이유에서건 통합을 원하지 않는 교사에게 강요되지 않으며 강요할 수도 없다. 교육과정 통합은 그 진정한 의미를 알고 있는 헌신적인 교사들이 자발적으로 추진해 나가는 것이다. 이러한 맥락에서 이 책의 2부에 실린 '세상을 담고, 삶을 담는 16가지 통합수업' 이야기는 빈[1997][24]이 말한 민주적 삶을 지향하는 통합수업으로서 교육과정과 교수의 측면에서 특별하고 진정한 진짜 학습real learning이 무엇인지를 생생하게 보여 주는 수준 높은 학교교육high pedagogy이라고 할 수 있다. 그러나 이들 수업이 추구하는 교육과정 통합은 그 시도부터 교실 안팎에서 어려운 도전에 직면해야 한다. 아울러 빈은 실제 교실 안팎에서 직면하는 많은 어려움에도 불구하고 확고한 신념과 열정을 가지고 교육과정 통합을 실천하는 많은 교사들에게 무한한 신뢰와 지지를 보낸다.

---

23. Beane, J., A.(1997). Curriculum Integration, Designing the Core of Democratic Education. NY: Teachers College Press, Columbia University.
24. 같은 책.

우리나라 국가교육과정은 "국가 수준의 공통성뿐만 아니라 지역, 학교, 개인 수준의 다양성을 동시에 추구하는 교육과정이다. 또한 학습자의 자율성과 창의성을 신장하기 위한 학생 중심 교육과정이며 학교와 교육청, 지역사회, 교원·학생·학부모가 함께 실현해 가는 교육과정이다. …"교육부, 2015[25] 이러한 명시적이고 단호한 선언에서 '국가 수준의 공통성'은 뒤에 이어지는 '다양성, 자율성, 창의성, 함께…' 등의 진술을 압도해 버리는 듯한 느낌을 받는다.

그 이유 중 하나는 아마도 국가교육과정이 학교현장에서 꼭 가르쳐야 하는 특정 지식(내용이나 가치, 기능 및 태도)은 공통성, 또는 최소 필수 기준이라는 이름으로 닫아 두고, 다양성은 그렇게 닫아 둔 지식을 배우는 방식으로만 열어 두는 방식을 취하기 때문일지도 모른다. 또 다른 이유로는 국가교육과정에서 지식을 배우는 방식을 열어 두었음에도 불구하고 기존의 안정된 교과 중심 접근법 시스템 속에서 편하게 사용하도록 제공되는 표준화된 교육과정 자료에 대한 무한한 신뢰와 의존이라는 관성 때문일 수도 모른다.

우리 사회가 유일하게 공통적으로 추구해야 할 삶의 가치가 있다면 그것은 아마도 다양성에 기반을 두고 상호 존중을 바탕으로 한 민주적인 삶일 것이다. 민주적인 삶의 방식을 배울 수 있는 가장 좋은 방식은 민주적인 삶을 살아가는 실제 경험이다. 학교교육에서 민주적인 삶의 실제 경험을 제공해 줄 수 있는 거의 유일한 교육과정적 접근은 교육과정 통합이 아닐까?

---

25. 교육부(2015). 초·중등학교 교육과정 총론. 교육부 고시 제2015-74호[별책1].

3장

초등교사의
통합교육과정 개발
원천에 관한 연구[26]

1. 서론

'교육과정 통합'과 '교육과정 재구성'은 교육과정 연구에 있어 유사한 개념으로 사용될 만큼[추갑식·신재한, 2015][27] 비슷한 모습으로 나타난다. 특히 초등학교의 경우 한 교사가 많은 교과를 동시에 가르치다 보니 비슷한 것을 통합하고 같이 가르칠 것을 연결하는 등 과목의 경계를 넘나드는 일이 일상적으로 일어난다. 특히 2010년 이후부터는 교육과정 재구성에서 통합교육과정 개발이 차지하는 비중이 점점 증가하면서, 초등교사가 개발하는 교사교육과정이 통합교육과정의 형태를 띠는 경향은 더욱 강해지고 있다. 즉, 교육과정 재구성, 교사교육과정 개발이 활성화될수록 통합교육과정 개발 또한 활발해진다고 볼 수 있다. 이렇듯 초등학교에서의 통합교육과정 실행은 특별한 일이 아닌 것으로 간주할 만큼 광범위하게 일어나고 있고, 통합교육과정을 만드는 일이 곧 '초등학교의 일'이라는 인식이 널리 퍼져 있는 상황으로, 통합교육과정을 일시적인 이벤트의 개념이 아니라 보편적이고 일반적으로 적용되는

---

26. 이 장은 이윤미·박희진(2020)의 「초등교사의 통합교육과정 개발 원천에 관한 연구」를 재구성한 것이다.
27. 추갑식·신재한(2015). 초등교사가 인식하는 교육과정 통합 및 재구성 유형에 대한 연구. 교사교육연구, 54(1), 120-137.

교육과정으로 인식해야 한다는 주장도 있다.^{신수진·조상연, 2020}[28]

통상적으로 초등교사의 통합교육과정은 주제 중심 통합수업, 프로젝트 수업 등의 이름으로 실행되고 있다. 이러한 수업들은 개별 교사나 동학년을 중심으로 개발·실행되고 있지만, 단위 학교 차원에서 통합교육과정을 개발하여 실행하는 학교가 많아지고 있고, 교육청 차원에서도 이를 제도적으로 장려하고 있다. 학교현장에서 통합교육과정이 활발하고 진행되고 있는 만큼 학계에서도 이에 관한 연구가 꾸준히 진행되면서 통합교육과정에 대한 다양한 연구물들이 축적되고 있다. 그러나 초등교사의 통합교육과정에 관한 전체적이고 실제적인 경향성을 파악하기 어려운 상황이다. 특히 논문이 아닌 초등교사의 실제 교육과정을 연구 대상으로 한 통합교육과정 개발 원천에 관한 연구는 거의 없는 실정이다.

이에 연구자들은 학교현장에서 통합교육과정을 활발하게 실행해 온 초등교사로서 초등교사의 통합교육과정 개발 원천이 무엇인지 밝힘으로써 통합교육과정 실행의 실제를 생생하게 드러내고 싶었다. 이런 의도에서 통합교육과정 개발의 원천을 파악하는 데 이론적 기반이 되는 빈Beane[1997][29]의 '조직 중심체Organizing Centers'를 기반으로 연구를 시작하였다. 조직 중심체는 통합교육과정 혹은 교과 통합의 중심이 되는 주제, 개념, 사회문제, 쟁점 등을 가리키는 빈의 용어로[Beane, 1997: 39], 그는 '교과에서 다루어지는 주제', '사회문제나 쟁점', '학생의 문제와 관심사', '학생들에게 인기 있는 주제', '과정 중심의 개념'이라는 다섯 가지를 교육과정 통합의 주요 조직 중심체로 제시하였다.

이 다섯 가지 조직 중심체 중 그가 특별히 강조하는 것은 '학생의

28. 신수진·조상연(2020). 2015 개정 초등 통합교과 주제별 교과서를 활용한 주제 중심 통합수업 실행연구. 인격교육, 12(2), 105-127.
29. Beane, J. A.(1997). *Curriculum integration: Designing the core of democratic education*. Teachers College Press.

관심사'와 '사회적 쟁점'이다. 교과 영역의 경계 안에 있는 분절된 지식의 습득보다는 삶 자체를 교육과정의 중심에 두는 통합교육과정의 진정한 의미를 이해한다면, 이 두 가지가 가장 적합한 출처가 될 수 있다는 것이다. 연구자들은 빈이 강조한 학생의 관심사와 사회적 쟁점이 현재 우리나라 초등교사의 통합교육과정 개발에서 얼마나 비중 있게 다뤄지는지 밝히고 싶었다. 국가교육과정 중심의 교육과정 실행 풍토를 가진 우리나라의 상황을 고려했을 때, 이 두 가지 조직 중심체가 현장 교사들에게 어느 정도의 비중으로 선택되고 있는지 궁금했다. 이렇듯 이 연구는 현장 교사로서 통합교육과정 개발의 원천과 그 실제를 밝히고 싶은 연구자들의 의도에서 시작되었다. 요컨대 이 연구는 초등교사가 통합교육과정을 개발할 때 선택하는 '조직 중심체'를 분석함으로써 통합교육과정 개발의 원천과 그 실제를 밝히는 데 목적을 두고 있다.

2. 통합교육과정의 조직 중심체

통합교육과정은 교과 영역의 경계 안에 있는 분절된 지식의 습득보다는 삶 자체를 교육과정의 중심에 두고 있어, 학습을 새로운 지식과 경험의 지속적인 통합으로 본다. 따라서 통합교육과정 개발에서 교육과정의 원천으로 삼는 것은 삶 그 자체에 의해 제기된 관심이고, 이 관심은 자신 또는 개인적 관심사, 좀 더 큰 세계와 관련된 쟁점과 문제들로 구성된다. 즉, 교육과정 통합은 교사와 학생의 삶 속에 존재하는 개인적 경험과 사회적 문제를 중심으로 교육과정을 조직하고, 이를 통해 개인적·사회적 통합 가능성을 높이는 교육과정 설계이다.[Beane, 1995][30]

---

30. Beane, J. A.(1995). Curriculum integration and the disciplines of knowledge. *The phi delta kappan, 76*(8), 616-622.

빈이 제시하는 통합교육과정의 특징은 다음과 같다.

첫째, 통합교육과정은 현실 세계에서 개인적이고 사회적으로 중요한 문제와 쟁점들을 중심으로 조직된다. 둘째, 조직 중심체와 관련된 학습 경험들은 조직 중심체의 맥락에서 적절한 지식을 통합할 수 있도록 계획된다. 셋째, 지식은 추후의 시험이나 학년에 대비하기 위해서가 아니라 현재 검토 중인 조직 중심체를 다루기 위해서 개발되고 사용된다. 넷째, 지식을 실제로 적용하는 활동이 강조되기 때문에 학생들이 교육과정 경험을 그들의 의미 체계에 통합한다. 다섯째, 교육과정을 계획할 때 학생들이 자신들의 경험을 계획하는 데 있어 필수적으로 참여한다.[Beane, 1995]

빈은 통합교육과정을 개발할 때 구심점 역할을 하는 것을 '조직 중심체Organizing Centers'라 칭하며, 조직 중심체에 관해 관심을 가질 필요가 있다고 주장한다. 그가 제시한 통합교육과정 개발의 조직 중심체는 크게 다섯 가지다.

첫째, 교과에서 다루어지고 있는 주제이다. 교과에서 다루어지고 있는 주제는 대체로 친숙할 뿐 아니라 통상적인 내용을 포함하기 때문에 인기가 있는 편이다. 둘째, 사회문제나 쟁점이다. 사회문제는 진보적인 교사들이 오랫동안 선택해 온 것이나, 보수적인 성향의 교사들은 논쟁을 일으킬 가능성이 있어서 피하고 싶어 하는 조직 중심체이기도 하다. 셋째, 학생의 문제와 관심사다. 학생의 문제와 관심은 '학교생활', '자신의 정체성', '친구와의 관계' 등이 주를 이룬다. 학생의 관심사는 교육과정의 중심이라기보다는 별도의 '정서교육affective education'으로 간주하는 경향이 있다. 이는 교사들의 고정관념에서 비롯된 것으로 학생의 문제와 관심사 또한 교육과정 조직의 주요 중심체로 보아야 한다. 넷째, 학생들에게 인기 있는 주제이다. 학생들이 좋아할 만한 캐릭터, 물건 등은 초등학교에서 인기가 많다. 흥미 있는 주제는 주제를 결정하는 주체가 누구냐에 따라 매우 다르게 나타날 수 있다. 다섯째, 과정 중심의 개념이다. 이런 개념은 '변화', '체제', '순환'과 같은 것으로 특정 주제에 대해서가 아니라 모든 것에 적용할 수 있는 과정에 관한 것이다.[Beane, 1997]

빈은 위에서 제시한 다섯 가지 조직 중심체 중 특별히 사회적 쟁점과 학생의 관심을 강조한다. 교육과정 통합의 진정한 의미를 이해한다면, 이 두 가지가 가장 적합한 출처가 될 수 있다는 것이다. 그는 학생의 관심이나 사회적 쟁점과 관련이 적은 조직 중심체로 통합교육과정을 개발하면 학생들의 재미와 흥분을 자아낼 수 있을지 모르지만, 그것만으로는 한계가 있다고 주장한다. 자칫 학생들이 중요한 지식을 자신의 삶과 관련이 없는 것으로 간주하기 쉽고, 자신들과 관련 있는 쟁점을 해결하기 위해 지식을 조직하고 사용할 기회를 박탈당할 가능성이 높아진다는 것이다.

또한 빈은 통합교육과정의 특징 중 하나로 교육과정을 개발할 때 학생들이 필수적으로 참여한다는 점을 꼽는다. 그는 학생과 교사의 협력pupil-teacher planning을 통해 조직 중심체를 결정하는 것이 가장 바람직하다고 생각하기 때문에 학생의 참여를 강조하였다. 빈이 제시한 학생들의 참여 방법은 주제를 연상하는 질문이나 설문조사, 주제 내의 질문과 활동 결정 권한 부여, 합의를 위한 투표 등이다. 그가 교육과정 개발 과정에 학생의 참여를 강조하는 궁극적인 이유는 교사와 학생의 협력을 통해 외부의 학자들에 의해서 승인된 지식만을 중요하게 생각하는 것에서 벗어나는 교실 풍토를 조성하기 위함이다.[Beane, 1997]

3. 분석 결과

1) 통합교육과정 개발의 원천

가. 통합교육과정 개발 시 선택하는 조직 중심체

초등교사가 통합교육과정을 개발할 때 선택한 경험이 있는 조직 중심체와 주로 선택하는 조직 중심체는 〈표 1〉과 같다.

〈표 1〉 통합교육과정 개발의 조직 중심체

구분	선택한 경험이 있는 조직 중심체(%)	주로 선택하는 조직 중심체(%)
교과에서 다뤄지는 주제 (교통수단, 인권, 민주주의 등)	34.3	61.8
사회문제나 쟁점 (갈등, 환경, 선거, 미래의 생활 등)	23.4	19.6
학생 자신의 관심이나 문제 (학교생활, 진로, 학기 초 적응 등)	22.9	12.4
학생들에게 인기 있는 주제 (공룡, 게임, 연예인 등)	8.5	3.1
교사 본인의 관심이나 흥미	10.9	3.1
전체	100	100

*선택한 경험이 있는 조직 중심체 문항은 복수 응답 허용

초등교사가 선택한 경험이 있는 조직 중심체를 살펴보면, 교통수단, 인권, 민주주의 등과 같은 교과에서 다뤄지는 주제를 34.3%로 가장 많이 선택하는 것으로 나타났다. 반면, 공룡, 게임, 연예인 등과 같이 학생들에게 인기 있는 주제는 8.5%로 낮게 나타났다.

주로 선택하는 조직 중심체는 교과에서 다뤄지는 주제를 선택한 교사의 비율이 61.8%로 매우 높게 나타났다. 반면, 학생들에게 인기 있는 주제 및 교사 본인의 관심이나 흥미는 각각 3.1%로 비중 있게 다루지

않는 조직 중심체인 것으로 나타났다.

나. 조직 중심체별 결과 분석

초등교사가 주로 선택하는 조직 중심체 응답에 따라 조직 중심체를 선택하는 기준 및 방식, 성취기준 사용 방식을 분석하였다.

(1) 교과에서 다뤄지는 주제

교과에서 다루는 주제를 선택하는 주된 선택 기준, 선택 방식, 성취기준 사용 방식은 〈표 2〉, 〈표 3〉, 〈표 4〉와 같다.

〈표 2〉 교과에서 다루는 주제를 선택하는 기준

구분	백분율(%)
교과서 내용	27.8
성취기준	62.7
교과서나 성취기준과 상관없이 가르치고 싶은 교과 관련 주제	8.3
기타	1.2
전체	100

교과에서 다루는 주제를 선택하는 기준은 성취기준은 62.7%, 교과서 내용은 27.8%, 교과서나 성취기준과 상관없이 가르치고 싶은 교과 관련 주제는 8.3%로 나타났다. 기타 의견으로는 주요 기초학습 내용, 주제 중심의 이야기 등이 있다.

교과에서 다루는 주제로 통합교육과정을 개발할 때 성취기준을 사용하는 방식은 성취기준을 통합교육과정 개발의 출발점으로 삼는 방식 54.6%, 통합교육과정을 개발한 후 적절한 성취기준을 연결하는 방식 44.5%로 약 10% 차이를 보였다. 기타 의견으로는 특정 방식을 고려하지 않고 상황에 따라 선택하거나 혼재해서 사용하는 방식이 있다.

<표 3> 교과에서 다루는 주제를 선택하는 방식(주제 추출 교과)

구분	백분율(%)	구분	백분율(%)
도덕	7.0	미술	3.7
국어	31.5	체육	0.6
수학	1.3	실과	0.6
사회	37.5	음악	0.4
과학	5.8	영어	0.4
통합교과	11.2	전체	100

*두 개 교과 선택 허용

<표 4> 교과에서 다루는 주제를 선택할 때의 성취기준 사용 방식

구분	백분율(%)
성취기준을 통합교육과정 개발의 출발점으로 삼는다.	54.6
통합교육과정을 개발한 후 적절한 성취기준을 연결한다.	44.5
기타	0.9
전체	100

(2) 사회문제나 쟁점

사회문제나 쟁점을 선택하는 주된 선택 기준, 선택 방식, 성취기준 사용 방식은 〈표 5〉, 〈표 6〉, 〈표 7〉과 같다.

<표 5> 사회문제나 쟁점을 선택하는 기준

구분	백분율(%)
학생들의 삶과 연결된 문제나 쟁점	71.7
교사의 가치관이나 신념과 연결된 문제나 쟁점	7.5
사회적으로 크게 이슈가 되고 있는 문제나 쟁점	20.8
전체	100

사회문제나 쟁점을 선택하는 기준은 학생들의 삶과 연결된 문제나 쟁점 71.7%, 사회적으로 크게 이슈가 되고 있는 문제나 쟁점 20.8%, 교사의 가치관이나 신념과 연결된 문제나 쟁점 7.5%로 학생들의 삶과 연결된 문제나 쟁점이 매우 높게 나타났다.

〈표 6〉 사회문제나 쟁점을 선택하는 방식

구분	백분율(%)
학생들의 의견 수렴	25.5
학부모들의 의견 수렴	1.9
교사의 판단	70.7
기타	1.9
전체	100

사회문제나 쟁점을 선택하는 방식은 교사의 판단 70.7%, 학생들의 의견 수렴 25.5%로 교사의 판단을 선택한 비율이 높게 나타났다. 반면, 학부모들의 의견 수렴을 선택한 교사의 비율은 1.9%로 매우 낮게 나타났다. 기타 의견으로는 동학년 교사들과의 협의 등이 있다.

〈표 7〉 사회문제나 쟁점을 선택할 때의 성취기준 사용 방식

구분	백분율(%)
성취기준을 통합교육과정 개발의 출발점으로 삼는다.	34.9
통합교육과정을 개발한 후 적절한 성취기준을 연결한다.	64.2
기타	0.9
전체	100

사회문제나 쟁점을 선택할 때 성취기준을 사용하는 방식은 성취기준을 통합교육과정 개발의 출발점으로 삼는 방식 64.2%, 통합교육과정을 개발한 후 적절한 성취기준을 연결하는 방식 34.9%로 약 29.2%

차이를 보였다. 기타 의견으로는 특정 방식을 고려하지 않고 상황에 따라 선택하거나 혼재해서 사용하는 방식이 있다.

(3) 학생 자신의 관심이나 문제

학생 자신의 관심이나 문제를 선택하는 주된 선택 기준, 선택 방식, 성취기준 사용 방식은 〈표 8〉, 〈표 9〉, 〈표 10〉과 같다.

〈표 8〉 학생 자신의 관심이나 문제를 선택하는 기준

구분	백분율(%)
학생들의 흥미와 관심	26.5
교육적 가치	50.0
학생들에게 가장 시급하게 필요한 것	23.5
전체	100

학생 자신의 관심이나 문제를 선택하는 기준은 교육적 가치 50%, 학생들의 흥미와 관심 26.5%, 학생들에게 가장 시급하게 필요한 것 23.5%로 교육적 가치가 높게 나타났다.

〈표 9〉 학생 자신의 관심이나 문제를 선택하는 방식

구분	백분율(%)
학생들의 의견 수렴	61.2
학부모들의 의견 수렴	1.5
교사의 판단	35.8
기타	1.5
전체	100

학생 자신의 관심이나 문제를 선택하는 방식은 학생들의 의견 수렴 61.2%, 교사의 판단 35.8%로 학생들의 의견 수렴이 매우 높게 나타났

다. 반면, 학부모들의 의견 수렴을 선택한 교사의 비율은 1.5%로 매우 낮게 나타났다. 기타 의견으로는 학생들의 대화 주제를 고려한 방식이 있다.

〈표 10〉 학생 자신의 관심이나 문제를 선택할 때의 성취기준 사용 방식

구분	백분율(%)
성취기준을 통합교육과정 개발의 출발점으로 삼는다.	44.8
통합교육과정을 개발한 후 적절한 성취기준을 연결한다.	52.2
기타	3.0
전체	100

학생 자신의 관심이나 문제로 통합교육과정을 개발할 때 성취기준을 사용하는 방식은 통합교육과정을 개발한 후 적절한 성취기준을 연결하는 방식 52.2%, 성취기준을 통합교육과정 개발의 출발점으로 삼는 방식 44.8%로 약 7.5%의 차이를 보였다. 기타 의견으로는 상황에 맞게 성취기준과 통합교육과정을 혼재해서 연결하는 방법 등이 있다.

(4) 학생들에게 인기 있는 주제

학생들에게 인기 있는 주제를 선택하는 주된 선택 기준, 선택 방식, 성취기준 사용 방식은 〈표 11〉, 〈표 12〉, 〈표 13〉과 같다.

〈표 11〉 학생들에게 인기 있는 주제를 선택하는 기준

구분	백분율(%)
학생들의 흥미와 관심	72.2
교육적 가치	27.8
학생들에게 가장 시급하게 필요한 것	0
전체	100

학생들에게 인기 있는 주제를 선택하는 기준은 학생들의 흥미와 관심 72.2%, 교육적 가치 27.8%로 학생들의 흥미와 관심이 매우 높게 나타났다.

〈표 12〉 학생들에게 인기 있는 주제를 선택하는 방식

구분	백분율(%)
학생들의 의견 수렴	44.4
학부모들의 의견 수렴	0
교사의 판단	55.6
전체	100

학생들에게 인기 있는 주제를 선택하는 방식은 교사의 판단 55.6%, 학생들의 의견 수렴 44.4%로 교사의 판단이 11.2% 더 높게 나타났다.

〈표 13〉 학생들에게 인기 있는 주제를 선택할 때의 성취기준 사용 방식

구분	백분율(%)
성취기준을 통합교육과정 개발의 출발점으로 삼는다.	44.4
통합교육과정을 개발한 후 적절한 성취기준을 연결한다.	55.6
전체	100

학생들에게 인기 있는 주제로 통합교육과정을 개발할 때 성취기준을 사용하는 방식은 통합교육과정을 개발한 후 적절한 성취기준을 연결하는 방식 55.6%, 성취기준을 통합교육과정 개발의 출발점으로 삼는 방식 44.4%로 11.2% 차이를 보였다.

(5) 교사 본인의 관심이나 흥미
교사 본인의 관심이나 흥미를 선택하는 주된 선택 기준, 선택 방식, 성취기준 사용 방식은 〈표 14〉, 〈표 15〉, 〈표 16〉와 같다.

<표 14> 교사 본인의 관심이나 흥미를 선택하는 기준

구분	백분율(%)
자신이 잘하는 것	11.8
자신이 좋아하는 것	47.1
교과와의 관련성	23.5
기타	17.6
전체	100

교사 본인의 관심이나 흥미를 선택하는 기준은 자신이 좋아하는 것 47.1%, 교과와의 관련성 23.5%, 자신이 잘하는 것 11.8%로 자신이 좋아하는 것이 높게 나타났다. 기타 의견으로는 다른 곳에서 접하기 어려운 활동 등이 있다.

<표 15> 교사 본인의 관심이나 흥미를 선택하는 방식

구분	백분율(%)
교사의 판단	82.4
기타	17.6
전체	100

교사 본인의 관심이나 흥미를 선택하는 방식은 교사의 판단이 82.4%로 매우 높게 나타났다. 기타 의견으로는 학생들과 자연스러운 대화에서 나온 것을 선택하는 방식 등이 있다.

<표 16> 교사 본인의 관심이나 흥미를 선택할 때의 성취기준 사용 방식

구분	백분율(%)
성취기준을 통합교육과정 개발의 출발점으로 삼는다.	41.2
통합교육과정을 개발한 후 적절한 성취기준을 연결한다.	58.8
전체	100

교사 본인의 관심이나 흥미로 통합교육과정을 개발할 때 성취기준을 사용하는 방식은 통합교육과정을 개발한 후 적절한 성취기준을 연결하는 방식 58.8%, 성취기준을 통합교육과정 개발의 출발점으로 삼는 방식 41.2%로 약 17.6% 차이를 보였다.

다. 확대가 필요하다고 생각하는 조직 중심체 및 선택 방식

통합교육과정 개발 시 좀 더 필요하다고 생각하는 조직 중심체 및 조직 중심체 선택 방식은 〈표 17〉, 〈표 18〉과 같다.

〈표 17〉 통합교육과정 개발 시 좀 더 필요하다고 생각하는 조직 중심체

구분	백분율(%)
교과에서 다뤄지는 주제(교통수단, 인권, 민주주의 등)	14.5
사회문제나 쟁점(갈등, 환경, 선거, 미래의 생활 등)	35.1
학생 자신의 관심이나 문제(학교생활, 진로, 학기 초 적응 등)	34.8
학생들에게 인기 있는 주제(공룡, 게임, 연예인 등)	12.8
교사 본인의 관심이나 흥미	2.9
전체	100

*복수 응답 허용

통합교육과정 개발 시 교사들이 좀 더 필요하다고 생각하는 조직 중심체는 사회문제나 쟁점 35.1%, 학생 자신의 관심이나 문제 34.8%로 두 가지가 비슷하게 높게 나타났다. 반면, 교사 본인의 관심이나 흥미는 2.9%로 매우 낮게 나타났다.

통합교육과정 개발 시 교사들이 좀 더 필요하다고 생각하는 조직 중심체 선택 방식은 학생들의 의견 수렴이 59.8%로 가장 높게 나타났다. 반면, 학부모들의 의견 수렴은 9.2%로 매우 낮게 나타났다.

〈표 18〉 통합교육과정 개발 시 좀 더 필요하다고 생각하는 조직 중심체 선택 방식

구분	백분율(%)
학생들의 의견 수렴	59.8
학부모들의 의견 수렴	9.2
교사의 판단	31.0
전체	100

*복수 응답 허용

2) 통합교육과정 개발의 실제

초등교사들이 개발·실행한 경험이 있는 통합교육과정은 〈표 19〉와 같다.

설문 결과를 살펴보면 '공동체 및 협력' 14.1%, '환경' 10.4%로 높게 나타났고, '건강' 1.4%, '통일' 2.8%로 매우 낮게 나타났다. 학년별로 구체적으로 살펴보면, 1학년은 '공동체 및 협력', '환경', '적응' 순으로 나타났고, 낮은 수치를 보인 것은 '경제', '민주주의'였다. 2학년은 '공동체 및 협력', '마을과 지역', '환경' 순으로 나타났고, 낮은 수치를 보인 것은 '경제', '민주주의'였다. 3학년은 '공동체 및 협력', '환경', '마을과 지역' 순으로 나타났고, 낮은 수치를 보인 것은 '경제', '건강'이었다. 4학년은 '공동체 및 협력', '환경', '마을과 지역' 순으로 나타났고, 낮은 수치를 보인 것은 '건강', '지구촌'이었다. 5학년은 '공동체 및 협력', '인권', '환경' 순으로 나타났고, 낮은 수치를 보인 것은 '건강', '가족'이었다. 6학년은 '공동체 및 협력', '민주주의', '인권' 순으로 나타났고, 낮은 수치를 보인 것은 '건강', '가족'이었다. 기타 개방형 응답으로 1학년은 '동물'과 '한글', 2학년은 '동물'과 '계절', 3학년은 '문화와 예술', 4학년은 '학생생활'과 '독서', 5학년은 '역사(한국사)'와 '법', 6학년은 '문화(예술)'와 '체육' 등이 있다.

<표 19> 초등교사들이 개발·실행한 경험이 있는 통합교육과정

구분	1학년 비율(%)	2학년 비율(%)	3학년 비율(%)	4학년 비율(%)	5학년 비율(%)	6학년 비율(%)	전체 비율(%)
① 환경(생태, 생명)	11.8	9.9	13.7	11.6	8.9	8.5	10.4
② 인권	2.3	4.2	5.2	7.6	10.4	9.8	7.2
③ 마을과 지역	10.1	12.0	10.2	7.8	3.1	2.6	6.8
④ 공동체 및 협력	12.3	16.2	15.4	15.3	13.5	12.4	14.1
⑤ 평화	3.1	3.0	3.7	4.0	3.9	4.1	3.7
⑥ 가족	10.5	9.8	5.2	2.9	2.0	1.7	4.6
⑦ 민주주의	1.4	1.4	3.4	6.9	7.5	10.3	5.9
⑧ 적응 (학기 초 적응,사춘기 등)	11.1	4.3	5.1	4.5	5.0	4.3	5.4
⑨ 노작활동 (텃밭, 목공 등)	7.6	6.0	6.5	5.9	5.8	4.7	5.9
⑩ 진로교육 (꿈 찾기, 직업 등)	3.8	5.4	5.0	6.1	8.4	8.7	6.6
⑪ 경제	0.6	1.1	1.3	4.8	4.3	3.8	3.0
⑫ 계기교육 (명절, 각종 기념일 등)	7.8	6.4	6.1	5.1	4.3	4.2	5.4
⑬ 건강	1.8	2.0	1.9	0.7	1.5	1.0	1.4
⑭ 성교육 (성평등, 몸의 변화 등)	2.1	2.6	3.0	3.0	4.6	4.2	3.4
⑮ 감정	6.1	6.0	5.6	5.0	4.4	3.5	4.9
⑯ 통일	1.7	1.4	2.1	2.7	3.2	4.2	2.8
⑰ 우리나라 (독도, 나라사랑 등)	3.8	3.3	4.2	3.9	5.5	4.3	4.3
⑱ 지구촌 (세계 여러 나라 등)	2.1	5.0	2.4	2.4	3.7	7.8	4.2
전체	100	100	100	100	100	100	100

*학년별 복수 응답 허용

3) 주요 연구 결과

이상의 자료 분석을 통해 확인된 주요 연구 결과는 다음과 같다.

첫째, 초등교사들이 가장 선호하는 조직 중심체는 '교과에서 다뤄지는 주제'이고, 이 주제는 성취기준에서 비롯되는 것으로 나타났다. 교과를 조직 중심체로 선택하고 있는 교사의 비율은 2/3에 가까운 61.8%의 비율을 보였는데, 이는 국가교육과정의 교과교육과정을 중요하게 생각하고 있는 교사들이 많다는 것을 의미한다. 교과에서 다루는 주제로 통합교육과정을 개발할 때는 교과서보다는 성취기준을 기준으로 삼고 있고, 성취기준에 충실한 방식으로 교육과정을 개발하는 것으로 나타났다. 주제를 추출하는 빈도는 사회 37.5%, 국어 31.5%, 통합교과 11.2%로 사회와 국어가 비교적 높은 비율을 차지했다.

둘째, 교과 이외의 조직 중심체를 선택할 때에는 '학생들의 삶과 관심'이 통합교육과정의 개발 기준이 되고 있었다. 조직 중심체를 선택하는 기준 측면에서 교과 이외의 조직 중심체를 선택한 경우, 교과보다는 학생의 삶과 관심을 중요하게 생각하는 교사의 비율이 높은 것으로 나타났다. 구체적으로 살펴보면, '사회문제나 쟁점'의 경우는 학생들의 삶과 연결된 문제나 쟁점이 71.7%, '학생의 관심이나 문제'의 경우는 학생들의 흥미와 관심, 학생들에게 가장 시급하게 필요한 것을 합한 비율이 50.0%, '학생들에게 인기 있는 주제'는 학생들의 흥미와 관심이 72.2%로 나타났다. 이를 통해 교과 이외의 조직 중심체를 선택하는 경우 학생의 삶과 관심을 중요하게 다루고 있음을 알 수 있다.

셋째, 사회문제나 쟁점, 교사 본인의 관심이나 흥미를 조직 중심체로 사용할 때는 비교적 성취기준에서 자유로운 것으로 나타났다. 교과를 조직 중심체로 사용할 때에는 성취기준을 통합교육과정 개발의 출발점으로 삼는 교사의 비율이 통합교육과정을 개발한 후 적절한 성취기준을 연결하는 교사의 비율보다 10.1% 정도 높게 나타났다. 그러나 사회문제나 쟁점을 조직 중심체로 사용할 때에는 후자가 전자보다 29.2% 높게 나타났고, 학생 자신의 관심이나 문제를 조직 중심체로 사용할 때에는 전자가 후자보다 7.5% 정도 높게 나타났다 또한 학생들에게 인기 있는 주제를 조직 중심체로 사용할 때에는 후자가 전자보다 11.2% 정도 높게 나타났고, 교사 본인의 관심이나 흥미를 조직 중심체로 사용할 때에는 17.6% 정도 높게 나타났다. 이러한 결과를 통해 사회문제나 쟁점, 교사 본인의 관심이나 흥미를 조직 중심체로 사용할 때 가장 성취기준에서 자유로운 방식을 취하고 있다는 것을 알 수 있었다.

넷째, 초등교사들은 사회문제나 쟁점, 학생의 관심이나 문제를 기반으로 한 통합교육과정 개발이 더 필요하고, 학생들의 의견 수렴이 더 필요하다고 생각하고 있었다. 자신의 통합교육과정 개발에서 더 많이 선택할 필요가 있다고 생각하는 조직 중심체는 사회문제나 쟁점 35.1%, 학생 자신의 관심이나 문제 34.8%로 두 가지가 비슷한 비중으로 높게 나타났다. 그리고 조직 중심체를 선택하는 방식에서 학생의 의견을 수렴하는 비율은 사회문제나 쟁점을 선택할 때는 25.5%, 학생 자신의 관심이나 문제를 선택할 때는 61.2%, 학생들에게 인기 있는 주제를 선택할 때는 44.4%인 것으로 나타났다. 이를 통해 초등교사들이 학생의 삶과 관련된 조직 중심체를 선택할 때는 학생들의 의견이 다른 것에 비해 잘 반영하고 있긴 하지만, 좀 더 학생들의 의견을 많이 수렴해야 한다고 생각하고 있음을 알 수 있다.

다섯째, 초등교사들이 개발·실행하고 있는 통합교육과정은 주로 해당 학년의 교과교육과정과 관련이 깊은 것으로 나타났고, 모든 학년에서 '공동체 및 협력' 관련 통합교육과정을 가장 많이 개발하고 있었다. 1~2학년의 가족, 마을과 지역 등은 통합교과와 연계되어 있고, 적응은 창의적 체험활동과 연관이 있었고, 3~4학년의 마을과 지역은 사회과와 연관이 있고, 환경은 범교과 주제와 관련이 있었다. 또한 5~6학년의 민주주의, 인권은 사회과와 연계되어 있고, 진로와 환경교육은 범교과 주제와 관련이 있었다. 즉, 초등교사들이 개발·실행하고 있는 통합교육과정은 모두 국가교육과정의 교과, 창의적 체험활동, 범교과 주제와 관련이 깊은 것으로 나타났다.

4. 결론

이 연구는 초등교사의 통합교육과정 개발 원천과 그 실제를 밝히기 위해 통합교육과정을 개발할 때 선택하는 '조직 중심체'를 분석하였다. 이를 위해 통합교육과정을 개발하여 실행하고 있는 전국의 초등교사 546명을 대상으로 설문조사를 수행하였다.

주요 연구 결과는 다음과 같다.

첫째, 초등교사들이 가장 선호하는 조직 중심체는 '교과에서 다뤄지는 주제'이고, 이 주제는 성취기준에서 비롯되는 것으로 나타났다. 둘째, 교과 이외의 조직 중심체를 선택할 때에는 '학생들의 삶과 관심'이 통합교육과정의 개발 기준이 되고 있었다. 셋째, 조사회문제나 쟁점, 교사 본인의 관심이나 흥미를 조직 중심체로 사용할 때는 비교적 성취기준에서 자유로운 것으로 나타났다. 넷째, 초등교사들은 사회문제나 쟁점, 학생의 관심이나 문제를 기반으로 한 통합교육과정 개발이 더 필요하고, 학생들의 의견을 더 많이 수렴해야 한다고 생각하고 있었다. 다섯째, 초등교사들이 개발·실행하고 있는 통합교육과정은 주로 해당 학년의 교과교육과정과 관련이 깊은 것으로 나타났고, 모든 학년에서 '공동체 및 협력' 관련 통합교육과정을 가장 많이 개발하고 있었다.

이상의 연구 결과를 통해 다음과 같은 시사점을 도출할 수 있었다.

첫째, 초등교사들은 통합의 원천을 이루는 두 가지 축인 '교과의 세계'와 '학생의 경험세계'[강충렬, 2009][31] 중에서 '학생의 경험세계'를 현재보다 더 많이 고려할 필요가 있고, '학생의 경험세계'에서 출발하여 '교과의 세계'로 이끄는 교과의 심리화psycholization[Dewey, 1971][32]를 보다 더 적극적으로 시도할 필요가 있다. 이 연구의 결과에 따르면, 교육과정 통합의 출발점을 학생의 경험세계보다는 교과의 세계로 삼는 교사의 비율이 높은 것으로 나타났다. 통합교육과정 개발에서 교육과정의 원천은 삶 그 자체에 의해 제기된 관심이고, 이 관심은 자신 또는 개인적 관심사, 좀 더 큰 세계와 관련된 쟁점과 문제들로 구성될 필요가 있음에도[Beane, 1995], 실제 많은 초등교사가 교과를 통합교육과정 개발의 출발점으로 삼고 있었다. 이는 교육과정 조직에 있어 통합적 접근보다 분과적 접근이 주를 이루었던 과거의 영향으로부터 자유롭지 못하기 때문으로 보인다. 이 연구에 참여한 초등교사들도 사회문제나 쟁점, 학생의 관심이나 문제를 조직 중심체로 한 통합교육과정을 더 많이 개발해야 한다고 생각하고 있었다. 따라서 초등교사들은 자신의 통합교육과정 개발의 주요 원천으로 '교과에서 다뤄지는 주제'뿐 아니라 '학생의 직접적인 관심사와 흥미', '학생의 삶 속에 존재하는 문제나 쟁점' 또한 적극적으로 반영하고, 이러한 접근을 통해 학생의 경험이 교과의 세계로 이어질 수 있도록 노력할 필요가 있다.

둘째, 초등교사들은 통합교육과정의 핵심인 학생의 삶, 경험, 관심이 주된 원천이 될 수 있도록 학생들의 의견을 더 많이 수렴할 필요가 있고, 학교마다 학생들의 의견을 체계적으로 수렴할 수 있는 절차를 마련할 필요가 있다. 이 연구의 결과에 따르면, 자신의 통합교육과정 개발에서 학생의 의견 수렴이 부족하다고 느끼고 있는 초등교사의 비율

---

31. 강충렬(2009). 2009 개정 초등 통합교육과정, 왜 탈학문적 접근인가?: 발달적 관점에서 본 배경. 한국통합교육과정학회 학술대회자료집, 9(단일호), 1-21.
32. Dewey, J.(1971). *The child and the curriculum*. Chicago, IL; The University of Chicago Press.

은 58.6%에 달했다. 즉, 과반 이상의 초등교사들이 학생의 의견 수렴이 더 필요하다고 느끼고 있는 것이다. 통합교육과정 개발의 원천이 삶 그 자체에 의해 제기된 관심이라면 이러한 관심을 선택하는 주체는 당연히 학생들이어야 한다. 따라서 통합교육과정을 계획하는 데 있어 학생과 교사의 협력은 필수적이다.[Beane, 1997] 이를 위해서는 통합교육과정을 계획하는 단계에서부터 학생들의 참여를 보장하는 의견 수렴 절차가 필요하다. 학생들의 의견 수렴 절차는 학교마다 교육과정 수립을 위해 전년도 말에 실시하는 교육과정 설문을 이용하는 것이 가장 손쉽고 현실적인 방안이 될 수 있을 것이다. 교육과정 설문 문항을 제작할 때 학생들의 실질적 의견이 반영될 수 있도록 절차를 정비하고, 학생들에게서 도출된 설문 결과를 학교교육과정 수립에 적극적으로 반영한다면 학생들의 의견을 더 많이 수렴할 수 있을 것이다.

이 연구를 통해 초등교사의 통합교육과정 개발의 실제 모습을 파악할 수 있었다. 이 연구 결과는 초등교사의 통합교육과정 개발과 관련한 후속 연구에 다양한 시사점을 제공해 줄 수 있을 것으로 기대한다. 다만, 이 연구에서의 설문조사가 엄밀한 표집 절차에 수행된 것이 아니라는 점에서 연구 결과를 해석하는 데 유의할 필요가 있다. 또한 코로나 19로 인해 정상적인 교육과정 운영이 이루어지지 못하는 상황에서 연구를 수행하다 보니 2020학년도의 통합교육과정 실행 경험을 포함하기 어려웠다. 이에 현재 학년의 경험이 아닌 과거의 경험을 대상으로 했다는 점에서 한계가 있음을 밝힌다.

2부

통합교육과정 이야기 펼치기

1장

세상을 담는 통합수업:
사회적 쟁점을 중심으로 한 통합

1.

착한 전기 나쁜 전기
세상이 날 슬프게 할 때 했던 수업

#6학년_2학기 #전기 #핵발전 #송전탑
#과학1-전기의_이용 #5-에너지와_생활

1. 수업 들어가기

멘토 선생님 하… 슬프다.

5반 선생님 왜 그래요? 무슨 일 있어요?

멘토 선생님 나 지금 희망버스 안이야. 저번에 이야기했던 밀양 송전
탑 문제….

5반 선생님 아이고 ㅜㅜ 삶의 터전이 송전탑에 점령당해야 하는 슬
픔… 작년부터 떠들썩했잖아요.

1반 선생님 전자파로 인해 죽어 가는 밀양 땅, 정부와 한전이 내놓아
야 하는 대안을 왜 밀양 어르신들이 먼저 말씀을 해야 하는…
보상은 두 번째라고요.

　　전력난 때문이라고 한 것도 다 거짓으로 들통났잖아요. 그럼에
도 불구하고 강행하다니, 너무 화가 나네요.

2반 선생님 거짓? 그건 또 뭐?

1반 선생님 아랍에미리트UAE 원전 수출과 관련해 위약금을 물지 않
기 위해 밀양 송전탑을 서둘러 건설해야 한다는 취지 등으로 '돌
출 발언'을 한 변준연 한국 전력 공사 부사장이 24일 사표를 제
출했다.-한경닷컴.

5반 선생님 하, 진짜…!!

멘토 선생님 나도 너무 화가 나고 이런 상황에서 아무것도 할 수 없
는 것이 너무나 절망스럽다. 그래서 고민해 봤어. 애들한테 우리
가 사용하는 전기에 관해, 더 나아가 사회문제에 대해 관심을 가
질 수 있게 하는 수업을 했으면 좋겠다는 생각이 들어. 6학년 전
기 수업 있지? 내용은 어때?

4반 선생님 내용은 뭐… 그저 그렇죠. 항상 우리가 가르쳤던 것. 전
지, 전선, 전구 연결… 전자석 만들기… 어려워서 아이들은 힘들

어해요. 사실 전자석 내용은 초등학생용은 아닌 것 같아요.

멘토 선생님 이번 과학 수업은 다른 내용으로 계획해 봐. 기본 수업 내용은 교과서 차시 활용해서 하고 나머지 수업은 선생님들이 계획한 걸로 대체해 보는 게 좋을 것 같아. 우선 송전탑 이야기는 꼭 넣었으면 좋겠어. 밀양 사태로 현재 이슈가 되는 주제이기도 하고.

3반 선생님 우리나라의 핵발전 의존도가 높은 것도 이야기하면 좋을 것 같아요.

2반 선생님 산업발전을 위해 가정용 전기료를 너무 높게 잡고 산업용은 너무 낮게 잡고… 그리고 전체 전기 사용량의 60%는 산업용인데, 전기 부족하면 꼭 가정에서 희생하라고 하더라고요. 산업현장에서는 전기를 펑펑 쓰면서… 그것도 문제 있지 않아요? 산업현장에서 줄일 수 있는 방안을 연구해야죠.

멘토 선생님 그렇지… 그런 문제에 대해 아이들이 생각해 볼 수 있는 수업을 만들면 좋을 것 같아. 오케이~ 이번 수업을 통해서 아이들이 전기에 대해 새로운 시각을 갖고 사회문제에 더 관심을 가질 수 있으면 좋겠다.

5반 선생님 네! 회의해서 내용 공유할게요~

2. 수업 펼치기

1) 수업의 개요

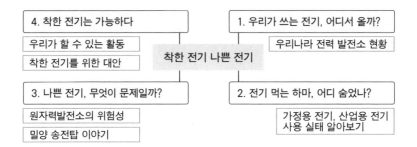

2) 수업 내용

	소단원명	소단원 주요 내용	관련 성취기준	차시량
1	우리가 쓰는 전기, 어디서 올까?	• [사전 조사] 발전 시설 조사 • 발전의 장단점 조사 발표 • 전기가 우리에게 오기까지의 과정 • 우리나라 지도에 발전소 현황 표시 • 발전소 현황 해석	[6과13-03] 전기를 절약하고 안전하게 사용하는 방법을 토의할 수 있다. [6과17-02] 자연 현상이나 일상생활의 예를 통해 에너지의 형태가 전환됨을 알고, 에너지를 효율적으로 사용하는 방법을 토의할 수 있다. [6국01-05] 매체 자료를 활용하여 내용을 효과적으로 발표한다. [6수05-02] 실생활 자료를 그림그래프로 나타내고, 이를 활용할 수 있다. [6수05-03] 주어진 자료를 띠그래프와 원그래프로 나타낼 수 있다. [6수05-04] 자료를 수집, 분류, 정리하여 목적에 맞는 그래프로 나타내고, 그래프를 해석할 수 있다.	2
2	전기 먹는 하마, 어디 숨었나?	• 우리 집 전기 사용량 알아보기 • 용도별 소비 전력량 알아보기 • 원자력발전소 증가 실태 알아보기		1
3	나쁜 전기, 무엇이 문제일까?	• 원전의 위험성 • 숨겨진 비용의 비밀 • 정의롭지 못한 핵발전 • 송전탑이란? • 고압송전탑과 전자파, 인체에 미치는 영향 • 〈밀양 아리랑〉 보기 • 편지 쓰기 활동		4
4	착한 전기는 가능하다	• 착한 전기를 위한 대안 • 우리가 할 수 있는 활동 : 설문지 만들고 설문조사 하기 • 우리가 할 수 있는 활동 : 캠페인 릴레이 UCC 만들기		4

3) 수업의 실제

(1) 우리가 쓰는 전기, 어디서 올까?

1. 사전 조사: 발전시설 조사
- 우리나라 발전소의 종류, 발전소별 장단점 등
- 발전의 장단점 조사 발표

2. 전기가 우리에게 오기까지 과정
- 발전소 → 가정에 전기가 공급되는 과정 설명
- 발전소, 변전소, 송전탑의 위치 현황

3. 우리나라 지도에 발전소 현황 표시

4. 발전소 현황 해석
- 우리나라 발전소의 주요 위치
- 비중을 많이 차지하는 발전소는?

'착한 전기 나쁜 전기' 수업의 첫 주제는 아이들의 생활에서 출발하기 위해 '우리가 쓰는 전기, 어디서 올까?'로 전기에 대한 전반적인 이해를 돕는 내용이다. 일상적으로 사용하고 당연하게 생각하는 전기에너지가 어디에서, 어떻게 만들어지는지 발전소에 대한 조사 학습을 했다. 다양한 전기에너지 발전 방식이 있으나 우리나라 전기에너지 생산량의 1~3위를 차지하는 화력, 원자력, 수력 발전소에 한정하여 조사하도록 했다. 발전소별 발전 방식과 장단점을 조사한 뒤 모둠별로 정리하여 발표하는 시간을 가졌다. 조사 학습을 통해 아이들은 우리가 쓰는 전기가 다양한 방법으로 만들어진다는 것을 알게 되었고, 전기를 생산하는 과정에서 그동안 알지 못했던 문제점들이 있음을 알게 되었다.
발표를 마친 뒤 발전소에서 만들어진 전기가 가정으로 오기까지의

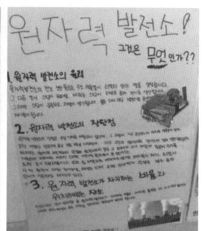

발전소 조사 발표 모습

흐름을 알아봤다. 그리고 우리나라 발전소 중에 가장 많은 부분을 차지하는 화력발전소와 원자력발전소의 위치를 활동지를 활용하여 표시해 보고 나서 우리나라 발전소의 위치를 통해서 알 수 있는 것을 생각해 보게 하였다. 아이들은 발전소 위치를 표시하는 활동을 한 후 우리나라 발전소는 주로 바닷가 쪽에 위치해 있고, 한 곳에 집중되어 있다고 이야기했다. 또한 발전소가 생각했던 것보다 많이 있다는 사실에 놀라기도 하였다.

'전기는 어디서 올까?' 수업을 통해서 아이들은 전기가 발전소로부터 오지만 정말 많은 과정을 거치고, 쉽게 우리에게 오는 것이 아니라는 것을 알게 되었다. 또한 모든 발전에는 한계점이 있고 이를 위한 바람직한 대안은 재생에너지 발전 비율을 늘리는 것이라는 것을 함께 이야기했다. '전기를 많이 사용하기 때문에 발전소가 이렇게 많은 건 아닐까?'라고 생각하는 아이들도 있었다. 그래서 다음 시간에는 전기를 누가, 얼마나 사용하는지 알아보는 시간을 갖기로 하고 수업을 마쳤다.

전기는 어디서 올까 prezi 영상

전기의 발생에 대한 영상(한국전기연구원)　　　우리나라 발전소 위치 표시 활동

(2) 전기 먹는 하마, 어디 숨었나?

1. 우리 집 전기 사용량 알아보기
- 준비물: 우리 집 고지서 준비하기
- 최근 1년간의 전기 사용량과 전기 요금 알아보기
- 발전의 장단점 조사 발표

2. 용도별 소비 전력량 알아보기
- 산업용 전기의 비중
- 가정용 전기 요금 VS 산업용 전기 요금

3. 원자력발전소 증가 실태 알아보기
- 7차 전력수급기본계획

'착한 전기 나쁜 전기' 두 번째 수업은 이렇게 만들어진 전기를 어떻게 사용하고 있는지 전기 사용 실태를 알아보는 '전기 먹는 하마, 어디 숨었나?'이다. 첫 번째 활동으로 가정의 전기 사용 실태를 알아보기 위해 아이들에게 가정용 전기 요금 고지서를 가져오게 했다. 이 수업의 아이디어는 탈핵 교육자료 CD 중 송윤옥 선생님의 '전기 먹는 하마, 어디에 숨었나'를 활용했다. 다행히 아파트 관리비 고지서가 나오는 시기와 비슷한 시기에 수업이 진행되었다. 부모님이 평소 고지서를 모아 두지 않거나, 자동이체로 인해 고지서를 확인하지 않는 경우도 많지만 실제로 고지서를 준비한 학생들은 학급의 1/3 정도였다. 이번 달 전기 사용량과 전기 요금을 이야기해 보니 4~6인 가족 기준으로 적게는 200kwh, 많게는 400kwh 내외를 사용하고 있었으며, 전기 요금은 2만 원에서 400kwh가 넘어가자 10만 원 가까이 급격히 상승하는 것도 알 수 있었다. 이를 토대로 전기 요금 누진세에 대한 이야기도 간단히 나눌 수 있었다. 또한 고지서의 월별 사용량 정보를 통해 평균적으로 전기 사용량이 많은 달을 알아보고, 그 이유에 대해서도 고민해 보

전기 사용량 알아보기

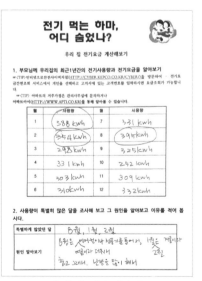

우리 집 전기 사용량

았다. 상황에 따라 다양하게 나타났지만 전기에너지 사용이 1년 중 가장 많은 시기는 12~2월, 7~8월인 경우가 많았다. 아이들은 냉난방에 사용되는 에너지로 인해 전기 사용량이 많아진 것 같다고 이야기했다.

가정에서의 전기 사용 실태를 알아본 후에는 범위를 확장하여 우리나라 전기에너지 사용 실태에 관한 영상을 보았다. 이 영상은 2013년 6월 16일 방영된 〈시사매거진 2580〉 859회 '전력대란의 주범은?' 편이다. 우리나라 전기에너지 사용량 중 압도적인 비율을 차지하는 것은 산업용 전기이며, 기업체들은 전기 사용 시 누진세도 없이 원가 이하로 공급받는 등 과도한 혜택을 받고 있다는 놀라운 사실을 알 수 있었다. 물론 가정이나 학교에서의 에너지 절약 역시 필요하지만 산업용 전기에 비하자니 정말 새 발의 피라는 생각이 들었다. 아이들이 미시적 관점의 절약뿐만 아니라 거시적 상황의 문제점을 인식하고 개선을 요구할 수 있는 시민으로 성장하길 바라는 마음으로 이 주제를 다뤘다. 가정, 학교 내의 에너지 절약은 물론, 더 나아가 산업용 전기 요금 인상 요구 등을 통한 산업용 전기 사용량 절약이 전력 위기 극복을 위해 선행되어야 함을 이야기 나누고 수업을 마무리했다.

(3) 나쁜 전기, 무엇이 문제일까?

1. 원전의 위험성
- 방사선이 인체에 미치는 영향
- 핵발전소 사고: 2011년 3월 후쿠시마
- 우리나라 핵발전소 사고 횟수
- 핵폐기물의 위험성과 관리의 어려움

2. 숨겨진 비용의 비밀
- 핵발전 단가 비교: 정부≠한국환경정책·평가연구원

3. 정의롭지 못한 핵발전

4. 송전탑이란?
- 고압송전선과 전자파, 인체 피해 연구 결과

5. 〈밀양 아리랑〉 보기
- 밀양의 현재, 어르신들의 호소문

6. 편지 쓰기 활동, 모금 활동

우리나라 원자력이 늘어나고 있는 실태를 알아보고 본격적으로 나쁜 전기에 대해 알아보는 수업을 시작으로 하여 밀양 송전탑 문제에 대해 생각해 보는 수업의 흐름을 구성하였다. 사실 이 수업의 기획은 밀양 송전탑 문제에서 시작되었다고 해도 과언이 아니다. 우선 밀양 송전탑 문제를 언급하기 전에 송전탑 문제가 왜 발생하였는지, 송전탑 문제가 발생될 수밖에 없는 구조적인 문제를 짚어 보는 게 우선이었다.

'안전하고, 깨끗하며, 효율적이다'라고 홍보하는 원자력 에너지가 과연 정말 효율적일까? 원자력발전소가 점점 늘어만 가고 있는 우리나라의 현실에 대해 알아보고 원전이 갖는 위험성에 대해 살펴보았다. 2011년에 일어난 일본 후쿠시마 원자력발전소 사고 동영상과 인간의 피해, 그리고 우리나라의 연간 핵발전소 사고 횟수를 제시하자 아이들은 너무나 놀랐고, 우리 주변의 핵시설에서 이렇게 사고가 많이 일어난다는 사실에 오싹해짐을 느꼈다. 또한 핵발전소를 가동하면서 발생하는 어마어마한 핵폐기물의 위험성과 관리의 어려움은 앞으로 미래를 책임져야 할 자신들에게 경제적으로 너무나 큰 부담이라는 걸 알게 되었다. 정부가 발표하는 핵발전 단가와 한국환경정책·평가연구원에서 제시하는 금액이 어마어마한 차이가 있다는 것, 정부는 지금 소요되는 단가에 대해서만 언급하고 앞으로 아이들이 짊어져야 하는 기하급수적으로 늘어나는 핵폐기물 단가에 대한 이야기를 빠뜨린 것에 대해 아이들은 분개했다. 많은 반대가 있었음에도 불구하고 진행된 경북 경주 방사성폐기물처리장과 밀양 송전탑, 한전의 공사 강행 모습에 핵발전은 윤리적이지도 정의롭지도 못하다는 결론을 냈다.

이에 후속 수업으로 밀양 송전탑 이야기를 이어 갔다. 우리가 이 수업에서 가장 애정을 가지고 준비한 내용이다. 사실 송전탑 하면 떠오르는 것은 한가로운 논밭 가운데 서 있는 송전탑과 구름인지 안개인지 모를 뿌연 대기 위로 새가 날아다니는 풍경이다. 송전탑은 그냥 풍경의 하나였을 뿐이다. 몇 년 전부터 밀양, 송전탑, 희망버스 등의 이야기를 어렴풋이 들었지만 알고 있는 것은 피상적인 수준이었다. 송전탑 건설에 반대하는 주민들과 정부 및 한전과의 갈등이 있다는 정도였다. 그러나 수업을 진행하면서 송전탑이 인간과 동물, 자연에게 얼마나 큰 피해를 주는지 알게 되었고 송전탑은 더이상 풍경이 아닌 하나의 주제가 되었다. 송전탑이 무엇인지 설명하고 송전탑으로 이어져 있는 고압송전선과 전자파, 우리 인체와의 관계를 꺾은선그래프와 표를 통해 알아보고 전자파의 발암 가능성에 대한 우리나라 기준치와 국제 기준치를 비교하였다. 국제 기준치(세계보건기구 기준)보다 무려 200배 넘는 숫자가 우리나라 기준치인 것을 알고 아이들뿐만 아니라 수업하는 교사도 놀랐다. 833mG가 기준이라니. 3~4mG 정도의 양이 발암 가능성이 있다고 발표한 세계보건기구의 기준과는 너무나 큰 차이이다. 또한 고압송전탑 밑에서는 폐형광등에도 불이 저절로 들어온다는 사실을 알게 되었다. 이는 작동 중인 전자레인지 안에서 생활하는 것과 유사하다고 한다. 이로 인해 암 환자가 급증하고 있다는 JTBC 뉴스를 보면서 전자파가 우리 건강에 얼마나 해로운 영향을 끼치는지 간접적으로나마 느낄 수 있었다. 또한 송전탑으로 인한 지역 주민 간의 갈등의 골이 깊어지는 현상, 그리고 권력자들의 땅은 교묘하게 피해 가는 현실을 보고 힘없는 서민들만 울리는 정부의 정책에 분노하지 않을 수 없었다.

주민들의 동의도 없이 들어선 송전탑! 주민들이 아무리 반대해도 송전탑은 들어섰고, 120명의 주민들은 여전히 보상을 거부한 채 송전탑 철거를 위한 투쟁을 이어 갔다. 주민들의 다수는 우리네 할머니, 할아버지이다. 밀양에서 2005년부터 시작된 투쟁을 2013년부터 박배일 감독이 영상으로 기록하여 제작한 다큐멘터리 영화 〈밀양 아리랑〉을 아이들과 함께 보았다. 재미있는 스토리에도 1시간 이상 집중하지 못하는 아이들이 재미없는 영화에 얼마나 집중할 수 있을까 하는 염려에 기대를 하지 않고 보여 줬다. 그런데 의외로 아이들은 2시간 정도의 영화를 숨소리 하나 없이 빠져들어 보고, 같이 느끼고 공감하고 마음 아파했다. 영화 후반부에서 할머니들이 농성 천막 철거에 반대하며 서로의 몸에 쇠사슬을 엮는 장면에서는 정말 목이 메었다. 아이들은 할머니, 할아버지들이 싸울 수밖에 없는 현실을 이해했고 삶의 터전을 위해, 우리 미래 세대를 위해 처절하게 투쟁하시는 모습을 보고 감동받았다고 말했다. 밀양 송전탑을 보고 할머니 할아버지께 편지 쓰기를 했다. 송천초 149명의 학생들이 모두 편지를 썼고 자발적인 성금 모금을 했다. 사실 성금을 걷을지에 대해 고민을 했지만 아이들이 성금을 걷었으면 좋겠다는 의견을

밀양 할머니들의 삶을 담은 다큐멘터리 영화

편지 소식이 담긴 SNS   편지글 일부

먼저 내줘서 고마웠다.

150장의 편지는 책으로 엮어 밀양대책위원회로 보내 밀양 주민들에게 전달하였고, 성금으로 모인 25만 원은 수업이 끝난 후 밀양투쟁기금으로 송금했다. 밀양대책위원회에서는 할머니 할아버지들께서 돌려 읽을 수 있도록 편지책을 제본하겠다고 했다. 밀양 송전탑 반대를 위해 투쟁하시는 어르신들께 작은 힘이 되었으면 하는 바람으로 쓴 아이들의 편지를 보니 배움을 행동으로 옮기고 사회적인 문제에 관심을 갖고 참여한 것이 이번 수업의 가장 큰 수확이자 보람이라고 느껴졌다.

KT&G 상상마당으로 현장체험학습을 가던 날. 버스에서 창밖으로 보이는 송전탑을 보고 아이들은 "와! 송전탑이다. 논 한가운데 서 있어"라는 말로 송전탑에 대한 이야기를 나눈다. 풍경이어서 그냥 지나쳤던, 인식조차 하지 못했던 송전탑을 주제로 이야기를 나누는 아이들을 보면서 왠지 모를 뿌듯함이 느껴졌다. 우리 아이들은 주변 사람들에게 지속적으로 핵발전의 위험성과 송전탑 문제를 알리고 전기 절약에 대해 알리기로 다짐했고 여전히 실천으로 옮기고 있다.

(4) 착한 전기는 가능하다

마지막 주제는 우리가 참고했던 소책자의 제목을 그대로 따온 '착한

1. 착한 전기를 위한 대안
- 탈핵 에너지 수업, 탈송전탑

2. 우리가 할 수 있는 활동 Ⅰ
- 설문지 만들고 설문조사 후 결과 나타내기

3. 우리가 할 수 있는 활동 Ⅱ
- 캠페인 릴레이 UCC 만들기

전기는 가능하다'로 아이들과 함께 착한 전기를 위한 대안을 생각하도록 계획했다. 그동안 우리가 알게 된 여러 가지 내용을 정리하는 수업이면서, 무엇인가 아이들이 해 볼 수 있는 활동을 만들어 보기로 했다. 아이들이 답답한 현실에 무기력하게 좌절하는 것이 아니라, 개선을 위한 행동에 적극 참여하는 진정한 시민이 될 수 있게 돕는 것이 이 통합수업의 가장 큰 목표였기 때문이다.

첫 번째 질문은 아이들이 전기에 대해 몰랐던 여러 가지 사실들과 인권으로 보장받아야 할 중요한 가치, 후손을 위한 환경의 문제 등에 대해 폭넓게 정리할 수 있도록 '우리는 독일처럼 탈핵 할 수 없는 거예요?'라는 제목으로 수업을 시작하며 아이들에게 물었다. 대답은 지식채널e〈독일의 행복한 불편〉이라는 영상으로 대신하며 아이들이 생각해 볼 시간을 주었다. 아이들은 그동안 배운 내용을 마음에 되새기며, 우리나라도 탈핵국가가 될 수 있음을 생각하였다.

두 번째 질문은 '우리는 무엇을 할 수 있을까?'였다. 한 해 동안 '시민으로서 참여해야 함'을 가르쳐 온 우리에게 아이들의 대답은 감동적이었다. 아이들은 참여의 중요성에 적극 공감하고 우리가 의사표현을 할 수 있는 방안들을 깊이 있게 고민했다. 착한 전기를 위해 우리가 할 수 있는 대안을 묻자 정말 다양한 의견들이 쏟아져 나왔다. 아이들은 '주변에 알려요, 현수막을 걸어요, 캠페인을 해요' 등의 의견을 내놓았다.

전기에 관해 주변 사람들에게 많이 알려야겠다는 목표에 도달하기 위해, 첫 번째는 설문조사를 통해 내 주변에 있는 사람들에게 '나쁜 전기'에 대해 알리기로 하였고, 두 번째는 캠페인 UCC를 제작하여 유튜브에 올리기로 하였다.

첫 번째, 설문조사는 아이들이 모둠별로 전기에 관한 설문지 문항을 직접 만들도록 하였다. 완성된 설문지는 각자 5부씩 복사해서 내 주변에 있는 사람들에게 설문을 하였다. 모둠별로 받아온 설문지를 모아 내용을 분석하고 그래프로 나타내 보도록 하여, 수학과 4단원 비율 그래프의 성취기준도 달성할 수 있었다(주어진 자료를 띠그래프와 원그래프로 나타낼 수 있다. 비율 그래프를 해석하고, 이를 설명할 수 있다). 완성된 그래프를 해석하는 과정을 통해 설문조사 결과 알게 된 점과 우리가 더 노력해야 할 점을 보고서로 작성하여 공유했다.

두 번째, 캠페인 UCC 릴레이 만들기는 각자 전하고 싶은 캠페인 문구를 정해서 적어 보고, 사진을 찍은 후 영상으로 만들었다. 아이들은 '신재생 에너지, 미래를 생각한다면 선택이 아닌 필수입니다', '오늘의 탈핵, 내일의 행복' 등의 메시지를 담아 캠페인 사진을 찍었다. 캠페인 문구 작성부터, 영상 제작의 배경음악 선정까지 아이들이 모든 활동의 주체가 되어 만들었기에 더욱 의미 있는 활동이었다.

설문조사를 실시하는 것, 캠페인 UCC를 제작하는 것은 전기에 관한 사실을 주변에 알리고자 하는 목표에 도달하기에 충분했다. 수업의

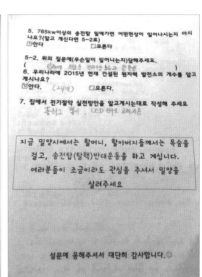

설문지 작성 및 설문하기

캠페인 UCC 만들기

마무리는 우리가 생각하는 '나쁜 전기란~, 착한 전기란~' 무엇인지 문장으로 표현하는 활동이다. 이를 통해 수업에서 느낀 점들을 공유하는 시간을 가졌다.

3. 수업 돌아보기

Q. 설문지 문항 작성할 때 포함되면 좋은 항목은 무엇이 있을까요?

A. 설문 소주제만 제시하고, 세부 문항을 2~3개 정도 고민해서 작성해 보도록 하면 될 듯해요. 설문지 양식은 아이들이 학교폭력 설문지 등을 해 본 경험을 떠올리게 하고 예시 자료를 제공하면 됩니다.

소주제 예시(교사 예시): 소주제별로 문항 2~3개 정도

1. 전기발전에 대해 묻기-'전기를 아껴 씁니까?', '우리가 쓰는 전기는 어떻게 만들어질까요?' 등

2. 발전소 종류 묻기, 핵발전소에 대해 묻기-'원자력발전소가 몇 개인지 아십니까?', '원자력발전소는 우리나라에 현재 네 군데, '25기'가 작동 중… 필요하다고 생각하십니까?' 등, '위험에 대해 얼마나 알고 있습니까?' 등

3. 송전탑에 대해 묻기

4. 어떻게 생각하는지 묻기

5. 우리가 할 수 있는 일 묻기

Q. 통합수업의 평가는 어떻게 진행했나요?

A. 수학, 과학 영역에 초점을 두고 평가했어요. 과학의 교과서 관련 내용은 따로 평가했고 통합수업 관련 평가는 대안 에너지 조사 및

발표를 관찰평가 위주로, 수학에서는 자료를 그래프로 나타내고 해석하는 능력, 국어에서는 편지 쓰기를 평가했어요.

가정통신문

6학년 주제통합수업 안내

착한 전기, 나쁜 전기

(수업 기간 ○월 ○일~○월 ○일)

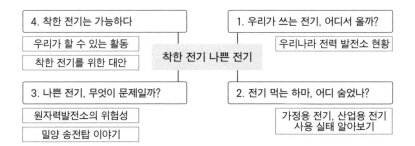

4. 착한 전기는 가능하다
우리가 할 수 있는 활동
착한 전기를 위한 대안

1. 우리가 쓰는 전기, 어디서 올까?
우리나라 전력 발전소 현황

착한 전기 나쁜 전기

3. 나쁜 전기, 무엇이 문제일까?
원자력발전소의 위험성
밀양 송전탑 이야기

2. 전기 먹는 하마, 어디 숨었나?
가정용 전기, 산업용 전기 사용 실태 알아보기

날씨는 제법 서늘하지만 울긋불긋 단풍의 아름다움이 느껴지는 10월입니다. 미세먼지의 궂은 날씨 속에 건강에 주의하시기 바라며, 이번에 진행되는 6학년 주제통합수업에 대한 안내를 드리고자 합니다.

우리에게 정말 없어서는 안 되는 소중한 전기! 전기가 우리에게 미치는 영향력은 매우 크다고 할 수 있습니다. 개인이 들고 다니는 휴대폰 충전부터 가정에서 사용하는 가전, 전열기구, 나아가 공장에서 제품을 생산할 때 사용되는 전기까지 전기는 우리에게 꼭 필요한 것입니다. 하지만 전기는 우리가 쉽게 사용할 수 있는 것이 아닙니다. 전기가 우리에게 오기까지 많은 과정을 거치게 되고, 그 과정에서 발생하는 다양한 문제점들도 있습니다.

따라서 이번 주제통합수업에서는 과학 1단원 '전기의 이용' 단원과 연계하여 전기의 성질과 작용을 배우고 우리가 사용하는 전기는 어디서 오는지 알아보려 합니다. 또한 우리 가정에서 쓰는 전기와 산업에서 쓰는 전기들을 비교하여 우리가 사용하는 전기 사용의 실태에 대하여 알아볼 것입니다. 이후에는 전기가 만들어지는 과정과 전달되는 과정 속에서 나타나는 문제점과 위험성에 대하여 알아보고, 나아가 우리에게 꼭 필요한 전기를 어떻게 하면 올바르게 사용할 수 있을지에 대한 대안을 제시해 보고, 실천하는 수업을 진행하고자 합니다.

수업이 진행되는 기간 동안 가정에서도 전기에 대해 아이들과 많은 대화를 나누어 주시면 좋겠습니다. 학부모님의 관심이 아이들의 수업을 더욱 풍요롭게 합니다. 우리 아이들이 값진 경험을 할 수 있도록 많은 관심과 응원 부탁드립니다.

20○○. ○. ○.
○○초등학교장 ○○○

우리나라 발전소 현황

1. 지도에 발전소의 위치를 표시하시오(화력-빨간색, 원자력-파란색).

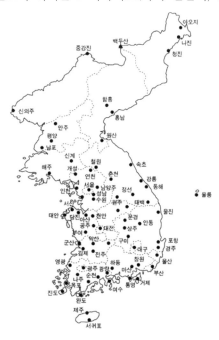

2. 표시된 발전소의 위치를 보고 우리나라 발전소의 특징에 대하여 생각해 보세요!

※ 주요 발전소 위치

	경기도	강원도	충청도	전라도	경상도	제주도
화력	인천, 수원 영흥도	강릉, 동해 삼척, 영월	태안, 당진 서천, 아산	군산, 여수 광양	울산, 하동 부산, 포항 구미	제주
원자력				영광(한빛)	부산(고리) 경주(월성) 울진(한울)	

전기 먹는 하마, 어디 숨었나?
우리 집 전기 요금 계산해 보기

1. 부모님께 우리 집의 최근 1년간의 전기 사용량과 전기 요금을 알아보기

☞ 〈TIP〉 인터넷으로 한전 사이버지점(http://cyber.kepco.co.kr)을 방문하여-조회-납부/납부내역 조회/고객번호를 넣으면 최대 2년의 요금 조회가 가능합니다.

☞ 〈TIP〉 아파트 거주 가정은 관리사무실에 문의하거나 아파트아이 (https://www.apti.co.kr/)를 통해 알아볼 수 있습니다.

월	사용량	월	사용량
1		7	
2		8	
3		9	
4		10	
5		11	
6		12	

2. 사용량이 특별히 많은 달을 조사해서 그 원인을 알아보고 이유를 적어 봅시다.

특별하게 많았던 달	
원인 알아보기	

1. 전력 소비량 증가

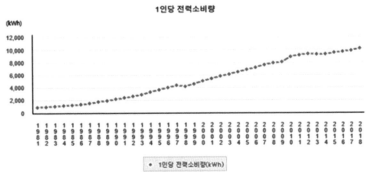

출처 : 한국전력공사,「한국전력통계」, 에너지경제연구원,「에너지수급통계」
· 자료 : 에너지경제연구원,「2019 에너지통계연보」 2020

2. 서울시 에코마일리지 가입하기 http://ecomileage.seoul.go.kr
   ※ 에코마일리지는 전기, 수도, 도시가스 중 2개 항목 이상이 등록되고, 6개월간 쌓인 에너지 사용량이 이전 연도 같은 기간(최근 2년) 평균 사용량 대비 10% 이상 감축한 가정에게 인센티브를 제공하는 사업입니다.

3. 한국전력 사이버지점 http://cyber.kepco.co.kr/

   1) 한국전력 사이버지점에서 전기 요금 확인하기

   2) 스마트 한전 앱 다운받아 확인하기

2.

슬기로운 노동생활
노동이 존중받는 세상을 꿈꾸는 수업

#6학년_수업 #진로교육_대신_노동교육 #당연한_권리
#근로자의_날_말고_노동자의_날 #아동노동반대운동 #우리는_미래의_노동자다!

1. 수업 들어가기

교사 여러분, 노동이라는 말을 들으면 무엇이 떠오르나요?

학생 1 저는 청소하시는 분이 생각나요.

학생 2 공사장에서 일하시는 분이요~

교사 구체적으로 어떤 이미지인지 설명할 수 있을까요?

학생 1 음… 뭔가… 더럽고 힘든 일을 하는 사람?

교사 그러면 노동자는 어떤 직업을 가진 사람일까요?

학생 2 공사장, 청소… 이런 일을 하는 사람들?!

우리는 노동과 노동자라는 단어에서 무언가 불편함을 느낀다. 노동자라는 말 앞에 추가적인 설명을 덧붙이면 더욱 그렇다. 일용직 노동자, 감정 노동자, 외국인 노동자. 이러한 명칭에서는 만성적인 피로, 차별과 함께 삶의 아픔이 느껴진다. 노동이 존중받지 못하는 한국 사회에서 이들 노동자로 사는 것은 얼마나 고역인가.

2016년, 노동자 1인당 노동시간이 대한민국은 OECD(경제협력개발기구) 국가 중 1위 멕시코에 이어 2,069시간으로 2위를 차지했다. 우리나라 노동자들은 OECD 평균인 1,764시간보다 305시간이나 많이 일한다. 노동자 10명 중 7.8명이 야근을 하고 일주일 평균 야근일수는 4일이다. 2017년엔 어떠했는가? 우리나라는 2,024시간으로 세계 3위를 차지했다. 순위는 1계단 하락했으나 여전히 평균 노동시간을 한참 넘기는 2,000시간이 넘는 수치다. 노동자 1인당 평균 노동시간이 가장 짧은 독일은 1,356시간, 두 번째로 짧은 덴마크는 1,408시간이다. 아직 갈 길이 멀다.

이러한 상황에서 우리 사회 노동교육의 목표는 어떤 가치를 지향해야 할까? 수업에 앞서 우리 교사들은 노동교육의 철학과 방향을 논의하는 데 한참이 걸렸다. 노동을 '일하는 즐거움', '신성하고 보람찬 일'로 포장하는 과거의 노동교육과 달리 현대의 노동 현실을 그대로 반영하는 노동교육, 노동 사회의 다양한 불합리함에 맞서 그 대안을 고민하는 노동교육을 하고 싶었다.

우리 교육노동자들 중 학창 시절에 제대로 된 노동교육을 받아 본 사람은 얼마나 될까? 나는 부끄럽지만 초등 아이들의 발달단계에 맞는 노동교육에 대해 생각해 본 적이 없었다. 학교에서 진로교육이라는 이름으로 직업교육이 이루어지고 있으나, 학생들이 노동자로서의 정체성을 기르고 노동자의 권리를 제대로 배우기엔 턱없이 부족하다. 학교 진로교육은 대부분 "너의 재능을 노력으로 갈고닦으면 무엇이든 할 수 있어!"라는 식의 꿈, 희망, 노력을 강조한다. 우리 아이들이 꿈이 아닌 현실에서 산다는 것을 깨닫기 전에 노동교육이 필요하다. 직장에서 부당한 대우를 받을 때, 알바비를 받지 못하고 쫓겨날 때, 노동교육을 받지 못한 우리 아이들은 어떻게 대처할 수 있을까?

공공부문 비정규직 노동자 70만 명 중 35만 명은 학교에서 근무하는 노동자다. 급식 노동자, 청소 노동자, 학교 업무 노동자. 우리는 아이러니하게도 차별이 공공연하게 일어나고 있는 교육현장에서 아이들에게 꿈을 펼치라 요구한다. 다른 이와 더불어 살아가는 방법을 가르치는 곳이 학교라면, 아이들에게 노동을 존중하는 태도와 연대하는 방법을 가르쳐야 한다. 모든 교사들이 한 사람의 교육노동자로서 학생들이 노동정체성을 확립할 수 있는 수업을 고민할 때, 이 수업이 작게나마 도움이 될 수 있었으면 좋겠다.

2. 수업 펼치기

1) 수업의 개요

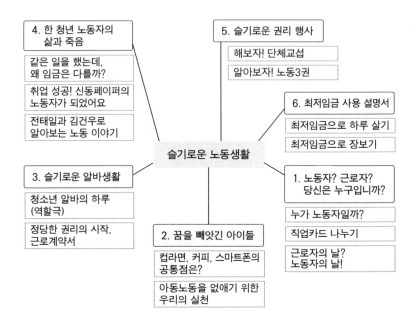

수업을 개발하며 6학년 아이들이 꼭 알아야 할 노동 관련 개념과 현실을 반영하는 이슈들을 소주제로 삼았다. 노동과 노동자, 아동노동, 청소년 노동과 권리, 노동3권, 비정규직 문제와 해결 방안, 최저임금 등이다.

노동이 무엇인지 제대로 배워 본 적도 없는 교사들은, 본격적으로 노동수업이 꼭 필요하다는 데 동의하고 소주제별로 수업을 만들 때마다 상세한 협의를 거쳤다. 그리고 각자가 맡은 부분을 몇 번이고 수정하며 서로 확인하는 나날들이 이어졌다. 소주제별로 맡아 만든 수업은 자기 반 학생들을 대상으로 먼저 수업해 본 뒤, 아이들의 수준에 다소 어렵거나 활동하기 힘든 부분이 있으면 즉각적으로 피드백이 이루어졌

다. 먼저 수업한 반에서 얻은 팁으로 그다음 반은 더욱 완성도 있는 수
업을 할 수 있었다.

2) 수업 내용

	소단원명	소단원 주요 내용	관련 성취기준	차시량
1	노동자? 근로자? 당신은 누구입니까?	•노동과 노동자의 의미 •노동의 역사 •노동과 근로의 차이 •노동자의 날 •주 52시간 근로제로 알아보는 현대의 노동문제	•사회(공통) [교사개발] 현대 사회에서 일어나는 다양한 노동문제 를 탐구하며 노동의 의미와 노동자 권리의 중요성을 인 식하고, 노동을 존중하는 태도를 기른다.	2
2	꿈을 빼앗긴 아이들	•아동노동의 의미와 아동노동 문제의 현실 •아동노동 반대 운동 •공정무역	[6사02-01] 인권의 중요 성을 인식하고 인권 신장을 위해 노력했던 옛사람들의 활동을 탐구한다.	2
3	슬기로운 알바생활	•청소년의 노동 현실 •청소년 노동자의 권리 •근로계약서의 의미와 작성 방법 •청소년 노동자가 부당한 현실 에 대응하는 방법	[6사02-02] 생활 속에서 인권 보장이 필요한 사례를 탐구하여 인권의 중요성을 인식하고, 인권 보호를 실 천하는 태도를 기른다.	3
4	한 청년 노동자의 삶과 죽음	•인물로 알아보는 과거와 현재 의 노동환경 •비정규직의 의미와 현실 •공정한 노동 •동일노동 동일임금 원칙	[6사05-04] 민주적 의사 결정 원리(다수결, 대화와 타협, 소수 의견 존중 등)의 의미와 필요성을 이해하고, 이를 실제 생활 속에서 실 천하는 자세를 지닌다.	3
5	슬기로운 권리 행사	•노동3권의 의미와 역사 •모의 단체교섭	[6사06-04] 광복 이후 경 제성장 과정에서 우리 사회 가 겪은 사회 변동의 특징 과 다양한 문제를 살펴보 고, 더 나은 사회를 만들기 위하여 해결해야 할 과제를 탐구한다.	3
6	최저임금 사용 설명서	•최저임금의 개념과 올해의 최 저임금이 얼마인지 알기 •최저임금과 생활의 관계		3

3) 수업의 실제

(1) 노동자? 근로자? 당신은 누구입니까?
- 노동과 노동자의 의미 이해하기

1. 노동에 대한 생각 나누기
- 포스트잇을 칠판에 붙여 노동이란 단어를 듣고 떠오르는 생각 나누기

2. 누가 노동자일까?
- 다양한 직업카드를 보고 노동자와 노동자가 아닌 사람을 구분하기
- 자원봉사자, 축구 선수, 대통령, 공시생, 선생님, 편의점 알바, 유튜버 등등

3. 노동의 의미 알기
- 노동의 넓은 의미와 좁은 의미에 대해 알기
- 수업의 이해를 돕기 위해 좁은 의미의 노동으로 노동의 개념을 제한하기: 임금, 고용, 생산수단
- 좁은 의미의 노동을 이해한 후 직업카드 다시 구분하며 노동의 뜻을 명확하게 하기

4. 노동과 근로의 차이점 알기
- 포털사이트에 5월 1일 검색하기
- '근로자의 날'과 '노동자의 날' 중 어떤 것이 맞는지 대화 나누기
- 지식채널e 〈당신은 누구입니까〉 편 보기
- 근로라는 말 대신 노동의 제 이름을 찾아 주어야 함을 이해하기

5. 노동자의 날과 그 의미는?
- 노동자의 날 유래 알기

6. 저녁이 있는 삶을 위해
- 주 52시간 감축 근로제에 대한 기사 읽고 생각 나누기
- 쉬지 않고 열심히 일하는 삶이 좋은 삶일까? 짧은 주제 글쓰기 하기

초등학교 6학년을 대상으로 노동 주제 수업을 개발하고 드디어 첫 수업을 시작했다. 첫 수업의 주제는 '노동이란 무엇인가?'가 되었다. 아이들에게 노동을 잘 이해할 수 있는 '본격 노동 주제 수업'을 시작한다고 선언하니 몇몇은 고개를 갸우뚱했다. 노동이라는 단어를 들어 본 적은 있어도 수업에서 제대로 배워 본 적은 없다고 했다. 수업의 주요 활동을 마인드맵으로 그리고 궁금하거나 더 알고 싶은 것들에 대해 질문을 받으며 한 시간이 훌쩍 지나갔다.

나중에 아이들이 그린 마인드맵을 확인하니 복잡한 생각이 들었다. 마인드맵을 일찍 완성하여 시간이 남는 친구들에게 슬기로운 노동생활이라는 주제와 어울리게 꾸미거나 색칠하라고 했는데, 화살표를 삽 모양으로 그리거나 가운데 주제 망 모양을 안전모와 망치 모양으로 그리는 등, 노동에 대한 아이들의 편견을 확인할 수 있었기 때문이다. 굳이 노동이 무엇인지 구체적으로 질문하지 않아도 아이들의 생각을 알 수 있었다. 아이들에게 노동은 그저 '육체노동, 위험한 일, 청소와 공사' 등 고된 작업일 뿐이었다.

쉽고 재미있으면서도 아이들이 노동에 대해 막연하게 갖고 있는 편견을 부술 수 있는 도입 활동에는 무엇이 있을까? 재미있는 활동이 떠오르지 않아 고민하다가 20개 정도 직업카드를 나누어 주고 노동자를 구분하는 활동을 해 보기로 했다. 직업카드의 일부는 자원봉사자, 공

직업카드로 노동자 구분하기 활동

주부를 노동자로 인정해야 할까?   지식채널e〈당신은 누구입니까?〉중 한 장면

시생 등 임금을 받지 않는 직종을 넣어 노동의 개념을 명확하게 이해
할 수 있게 했다. 또한 우리나라 대통령, 축구 선수 손흥민 등을 넣어
노동자는 초라하다는 인식을 불식시킬 수 있도록 했다.

정답을 공개하기 전에, '일하는 모든 사람'이라는 노동자의 넓은 의
미에서 벗어나 의미를 좁혀 생각해 보기로 했다. '생산수단을 갖춘 다
른 사람이나 단체에게 고용되어 일을 하고, 그 일의 대가로 임금을 받
는 사람'이라는 노동의 좁은 의미를 알려 준 뒤 다시 한번 직업카드를
구분해 보았다.

아이들과 하나하나 카드를 보며 노동자가 맞는지 아닌지 확인했다.
노동자가 아닌 경우에는 왜 그런지 이유를 따져 보았다. 이 활동을 통
해 우리들의 노동자에 대한 편견을 확인할 수 있었고 노동자의 명확한
의미에 대해서도 잘 이해하게 되었다.

이번에는 아이들에게 스마트폰을 꺼내어 5월 1일이 무슨 날인지 포
털사이트에 검색해 보도록 했다. "근로자의 날!"이라는 대답이 돌아왔
다. "누군가는 이날을 가리켜 노동자의 날이라고 하고, 다른 사람들은
근로자의 날이라 합니다. 도대체 누구의 말이 맞는 걸까요? 노동자, 근
로자. 둘 중 어떻게 부르는 게 맞는 걸까요?" 질문해 보았다. 아이들은
뭔가 다른 느낌이 들긴 하는데, 정확히는 모르겠다고 했다. 이전 사회
시간에 활용했던 『손바닥 헌법책』을 꺼내 헌법에서는 노동을 무엇이라

부르는지 찾아보기로 했다. 헌법 32조에는 "모든 국민은 근로의 권리를 가진다"는 문장이 있었다. "우리나라 최고 법인 헌법에서 근로라고 했으니 근로가 맞는 말 아닐까요?" 아이들이 이야기했다.

그 답을 확인하기 위해 지식채널e 〈당신은 누구입니까?〉 영상을 보며 이야기를 나누었다. 영상 초반에는 조국 민정수석이 헌법에 등장한 '근로'를 '노동'으로 바꾸는 개헌안의 취지를 설명하는 부분이 등장한다. 또한 근로의 '부지런히 일하다'라는 뜻이 일하는 사람들이 아닌 고용주의 입장에서 성실한 태도를 강제하기 위해 쓰였다는 것을 알려준다. 아이들에게 한자가 어려울 수 있어 풀어서 설명해 주었다. 특히 노동은 어떠한 정치적 이념이나 사상이 들어간 용어가 아니라는 것, 오히려 노동을 편향된 개념으로 생각하는 것이 잘못되었다는 것, 노동이 당당히 제 이름으로 불릴 수 있어야 한다는 것에 대해서도 이야기했다.

끝으로 초등학생들의 수준에 약간 심오한 주제이기는 하지만 주 52시간 감축 근로제에 대해 이야기를 나누었다. 아이들 수준에 맞게 쉽게 바꾼 기사문을 함께 읽으며 질문을 던졌다. "일주일에 두 번 이상 야근하며 긴 시간 동안 노동하는 삶은 행복한 삶일까요? 여러분이 생각하는 적당한 노동시간은 하루 몇 시간인가요?" 물론 아이들은 제대로 노동해 본 적이 없어, 쉽게 대답하지 못했다. 구체적으로 이해하진 못하더라도 이제껏 생각해 보지 못한 지점에 대해 생각해 보는 계기를 마련해 주고 싶었다.

노동이 특정한 누군가에게만 집중되는 것이 아니라, 누구나 비슷한 시간으로 여유롭게 노동하는 공정하고 행복한 노동 사회를 꿈꾼다. 회사로 향하는 월요일 아침의 발걸음이 무겁지 않은 그런 사회. 언젠간 가능할까?

(2) 꿈을 빼앗긴 아이들
- 아동노동이 사라진 세상을 위하여

1. 동기유발: 컵라면, 원두커피, 축구공, 스마트폰의 공통점은 무엇일까?
- 공통점: 모두 아동노동으로 생산되는 제품들

2. 아동노동이란?
- 아동노동이 무엇인지 알아보고 여러 형태의 아동노동 소개

3. 아동노동의 현실 알기
- 팜 농장 아이들을 통해 아동노동의 현실 알아보기
- 팜 농장 아이들을 착취하는 다국적 기업의 횡포
- 여러 가지 아동노동 사례 소개

4. 아동노동을 위해 우리는 무엇을 할 수 있을까?
- 아동노동 문제 해결을 위해 우리가 할 수 있는 일 고민하기

5. 아동노동을 없애는 첫걸음, 공정무역 알아보기
- 노동자의 노동에 정당한 값을 지불하는 공정무역에 대해 이해하기

6. 공정무역 실천하기: 공정무역 가게 인터뷰하기
- 공정무역 초콜릿 구입해서 먹어 보기
- 반 대표가 직접 공정무역 가게 찾아가서 사장님과 인터뷰하고 반 친구
  들과 소감 나누기

현대 사회는 사회, 정치, 경제, 문화 다방면으로 나날이 발전을 거듭
하고 있다. 문명과 과학의 발전으로 인해 첨단 문물과 정보의 홍수 속
에서 현대 사람들은 풍요로운 삶을 산다. 도시의 사람들은 여유롭게
커피 한잔을 마시면서 스마트라이프를 즐기고 명품 옷으로 치장하여
도시를 누빈다. 허나 이러한 밝은 면 뒤에는 현대 사회를 살아가고 있
는 사람들이 놓치는 어두운 부분이 존재하기 마련이다. '아동노동'도

그중 하나이다.

수업에 본격적으로 들어가기에 앞서 컵라면, 원두커피, 축구공, 스마트폰의 사진을 보여 주면서 아이들에게 이 물품들의 공통점을 물어보았다. 이렇게 흔한 물건들이 아동노동으로 생산된다는 점은, 그만큼 우리 일상에 아동노동이 만연해 있다는 증거다.

위의 물건들이 아동노동으로 생산되었다는 점을 알려 준 후에, 본격적으로 공부하면서 아동노동의 현실을 알아보았다. 전 세계의 어린이 10명 중 1명은 학교에도 가지 못하고 일터에서 가혹한 노동에 시달려야 한다. 또래의 아이들, 그보다 훨씬 어린아이들도 노동착취를 당한다는 사실을 알고 아이들의 분위기는 숙연해졌다. 또한 인신매매, 전쟁동원, 성매매나 음란물 제작, 금지 약물 생산, 위험한 작업 등의 분야에서 아동노동이 이뤄지고 있는 현실에 많은 아이들이 충격을 받았다.

다음으로는 팜 농장에서 이뤄지는 아동노동의 사례를 통해 아동노동의 처참한 현실에 대해서 구체적으로 알아보았다. 라면이나 과자, 화장품 등에 광범위하게 사용되는 팜유가 무엇인지 알려 주고, 팜유가 주로 아동노동으로 재배되고 있는 현실을 말해 주었다. 팜 농장에서는 20m 높이의 나무에서 어린이에게 열매를 따게 하는 등 처참한 환경 속에서 아동노동이 이루어지고 있었다. 다국적 기업 소유의 팜 농장에서 이런 일이 비일비재하게 일어나고 있다는 사실을 소개하며 아동노동 착취의 근본적 원인 중 하나가 다국적 기업의 횡포에 있다는 걸 알게 되었다. 다국적 기업은 겉으로 볼 땐 개발도상국을 돕는 것처럼 보이지만 오히려 인건비와 지대가 저렴한 개발도상국의 어려운 상황을 이용하고 있었다.

아이들에게 질문했다. "인도네시아나 필리핀 같은 국가에 태어난 아이들은 왜 일해야만 할까요?" "돈이 없어서", "집이 어려워서", "가족들의 생계를 책임져야 해서" 등 다양한 대답들 속에 이런 대답도 있었다.

"운이 없어서예요."

앞에서 대답한 것처럼 어느 나라에서 태어나는지의 여부는 어떤 잘못이나 원인이 있어서가 아니라 단순히 우연과 운에 불과하다. 우리가 아동노동이 없는 한국에 태어난 것은 운이 좋았던 것이다. 그러므로 우리나라에서 일어나는 일이 아니라고 모른 척하는 것은 무책임하다. 누군가를 안쓰럽게 여기고 보살필 여유가 있는 환경에서 태어났다는 것은 그만큼 책임감을 가져야 할 의무와 연결된다.

팜유의 현실과 길게 이어진 질문을 통해 아동노동이 개인만의 문제가 아니라 기업과 국가라는 큰 범주와 관련되어 있다는 사실과 우리 모두에게도 책임이 있음을 알 수 있었다. 이어서 새우 다듬기, 쓰레기 줍기, 벽돌 나르기 등 또 다른 아동노동의 사례들을 살펴보며 다시 한 번 아동노동의 심각성을 이야기했다.

다음으로 우리가 아동노동 문제 해결을 위해 무엇을 할 수 있는지에 대해 알아보았다. 첫 번째 방법은 '아동노동 반대 운동'에 동참하는 것이었다. "우리의 작은 행동으로도 이러한 현실이 변할 수 있을까요?" 의문점을 갖는 친구들도 있었다. 그래서 아동노동 반대 운동이 시민의 실천과 행동으로 이어졌던 사례를 소개했다. 축구공을 만드는 아동들에게 정당한 보수를 지불하지 않았다는 뉴스가 언론에 등장한 후, 세계적인 기업 나이키가 소비자 불매운동으로 곤혹을 겪었던 사례다.

우리도 할 수 있다! 아동노동을 완전히 없애는 일은 어렵더라도, 우리가 노력하면 아동노동환경을 개선하는 데 도움을 줄 수 있다. 아이들의 수준에서 쉽게 실천할 수 있는 방법으로 다국적 기업에 직접 문제 해결을 촉구하는 이메일 보내기를 제안했다.

사이트가 모두 영어로 구성되어 있어 아이들에게 어려울까 걱정했는데, 나의 이메일 주소를 입력하고 메일을 보내고 싶은 기업의 로고를 클릭하면 자동으로 아동노동 반대를 촉구하는 내용의 메시지가 입력된다. 이후로는 Take action(행동하기) 버튼만 누르면 되었다. 시범을 보여 준 후 함께 동참해 달라고 이야기하니 그날 클래스팅에 아이들의 실천 완료 인증샷이 올라왔다.

두 번째 해결책으로는 노동자에게 정당한 임금을 지급하는 공정무역 물품 사용하기를 제안했다. 단적으로 말해, 아동이 노동을 하게 되는 이유는 성인이 노동으로 버는 돈으로 생활하기 충분치 않기 때문이다. 그렇기에 경제 선진국은 아동노동이 없는 데 비해 국민소득이 낮은 개발도상국에서는 아동이 노동의 한 축을 담당할 의무가 생기는 것이다. 공정무역은 아동노동의 직접적인 해결 방법이라고 볼 수는 없지만, 근본적으로 아동노동을 없애는 데 보탬이 되는 실천 방법이 된다.

공정무역 상품에 대해 친근감을 느끼게 하기 위해 공정무역 초콜릿을 구입하여 모둠별로 하나씩 나누어 주며 맛볼 수 있도록 했다. 정직한 원료와 정당한 노동으로 생산된 제품이어서 그런지 아이들은 왠지 시중 제품보다 더 맛있게 느껴진다고 했다. 구입처를 묻는 아이들도 있었다. 공정무역에 대해서 배운 뒤에는 일반적인 상품과 공정무역의 유통과정을 그림으로 비교해 주며 아이들이 쉽게 이해할 수 있도록 했다.

마무리 활동으로는 우리 지역의 공정 무역 가게를 찾아보고 가게를 운영하는 분을 찾아가는 인터뷰를 진행했다. 모든 친구들이 함께 방문

공정무역 초콜릿을 수업시간에 맛있게 나누어 먹는 아이들

하면 좋겠지만, 가게들의 규모와 편의성을 고려할 때 반에서 2명씩 대표를 뽑을 수밖에 없었다. 대표들은 인터뷰가 끝난 뒤 인터뷰 결과를 정리하여 반 친구들에게 알려 주기로 했다. 대표를 선발하는 과정은 경쟁률이 높았다. 각 반에서 2명씩 선발하여 6개 반이 2팀으로 나뉘어 공정무역 가게 두 곳을 인터뷰하기로 했다. '베스트빈'과 '나눔공정카페' 두 곳을 선정하여 교사들이 아이들을 데리고 사장님을 만났다. 인터뷰 진행에 앞서 아이들에게 미리 생각해 볼 거리가 담긴 활동지를 나누어 주어 인터뷰가 원활하게 진행될 수 있도록 했다. 물론 자유롭게 질문할 수 있는 시간도 있었다. 아이들도 직접 공정무역 가게의 운영 철학을 사장님께 들으니 공정무역의 필요성에 대하여 공감하는 모습을 볼 수 있었다.

보통 공정무역을 할 수 있는 물건은 커피나 초콜릿 정도밖에 없다고 생각하는데, 차나 건망고와 같은 상품도 다양하게 갖추어져 있었다. 두 사장님은 공통적으로 "공정무역 상품이 비싸다고 생각하면 안 된다. 대량생산되는 시중 제품에는 기업의 이윤을 위해 당연히 지불해야 할 돈이 빠져 있으니 공정무역 상품이 상대적으로 비싸다고 느껴지는 것이다"라고 하셨다. 교사들 역시 윤리적 소비와 상생에 대해 느낀 점이 많은 하루였다. 학교에 돌아온 아이들은 자신이 인터뷰한 내용과 느낀 점을 친구들에게 열심히 알려 주었다.

공정무역 가게에서 사장님을 인터뷰하는 아이들

사회 〈슬기로운 노동생활〉 주제 수업
-공정무역 인터뷰를 한 날, 수업일기

슬기로운 노동생활 두 번째 주제였던 '꿈을 빼앗긴 아이들'
에서 배웠던 공정무역 기억하시나요?

그래서 지난주 금요일 오후 공정무역카페를 다녀왔습니다.
우리 반에서는 민채와 예서가 함께해 주었어요. 예서는 베스
트빈 카페로, 민채는 나눔공정카페를 다녀왔습니다.

생산자에게 정당한 대가를 줄 수 있는 공정무역으로 우리
가 마시는 음료 한잔이 네팔의 어린이를 일터가 아닌 학교로
보내는 데 도움이 된다니 뿌듯하네요.

음료도 맛있게 먹고, 아름다운 나눔을 실천하시는 카페 사
장님과 인터뷰를 진행했어요. 좋은 말씀도 많이 해 주시고, 초
등학생의 수준에 맞게 초등학생이 할 수 있는 착한 소비, 윤리
적 소비에 대해 쉽게 알려 주셔서 좋았습니다. 공정무역카페
에서 건망고와 초콜릿을 구입해 와서 살짝 맛만 봤습니다.

진지하게 인터뷰에 임하는 우리 아이들 대견합니다! 서신
동에 있는 공정무역카페에는 차만 파는 게 아니라 다양한 제
품도 판매하고 있고 베스트빈 카페 2층엔 북카페도 있다고
하니, 부모님과 함께 방문해 보는 것도 좋은 실천일 것 같습
니다.

-수업이 진행된 후 6학년 3반 클래스팅에 올린 글 발췌

(3) 슬기로운 알바생활
 - 노동하는 청소년의 권리, 아는 만큼 보인다!

1. 동기유발(드라마 영상 〈도깨비〉)
 - 드라마 〈도깨비〉에서 사장과 알바의 이상적인 관계가 드러난 장면
   보기

2. 청소년 알바생의 하루 역할극
 - 실제로 일어날 수 있는 상황을 만들어 역할극으로 표현하기

3. 근로계약서 작성해 보기
 - 근로계약서 바르게 작성하는 방법 배우기
 - 근로계약서 작성하기
 - (주)신동페이퍼와 근로계약 맺어 보기

4. 퀴즈로 알아보는 근로기준법
 - OX퀴즈로 근로기준법 맞혀 보기

5. 청소년 근로기준법 10계명 알아보기
 - 청소년 근로기준법 바르게 알기

6. 청소년 알바시급 능력평가
 - 다양한 상황의 알바비 계산해 보는 시험 보기

7. 가랜드 만들기
 - 알게 된 내용이나 노동 인권 침해 사례 등을 가랜드에 표현하여 교실
   꾸미기

  슬기로운 노동생활의 세 번째 주제는 '슬기로운 알바생활'이다. 다양
한 이유로 아르바이트(시간제 근로)를 하거나 실습을 목적으로 현장에
서 성인들과 동일한 노동을 하는 청소년이 많다. 그러나 많은 경우, 일
하는 청소년은 자신들의 권리를 제대로 보장받지 못한다. 노동현장에

서 일어나는 부당한 일들을 예방하고 스스로를 지키기 위해서는 일하는 청소년의 노동 권리를 아는 것이 매우 중요하다. 이 수업으로 아이들이 부당한 노동환경에 처했을 때 자신의 최소한의 권리를 당당하게 요구하며, 자신의 권리는 자기 스스로 알고 지킬 수 있는 힘을 가진 청소년으로 성장하길 기대한다.

동기유발로 드라마 〈도깨비〉에서 통닭집 사장과 청소년 알바생의 첫 만남과 일을 하는 과정에서 겪은 일을 보여 주었다. 이 영상은 고용주와 피고용인의 이상적인 관계가 드러나는 장면을 재미있게 표현한 것인데, '드라마 속 사장님! 현실도 과연 이럴까?'란 작은 의문을 가지고 역할극 대본을 받아 각 모둠별로 역할극을 연습했다.

청소년 알바생의 부당한 일상을 훑어보는 역할극 장면과 청소년 근로기준법 OX퀴즈

역할극 대본은 청소년 노동 인권을 다룬 도서와 미디어에서 청소년 노동자가 흔히 접하는 노동 상황을 조사하고, 그것을 바탕으로 여섯 개의 상황을 추려 그에 따른 대본을 교사가 직접 만들었다. 여섯 가지 상황의 역할극 제목을 살펴보면 '나의 최저시급', '내가 수습기간이었다고?', '지각벌금이랑 물건 파손비를 내라고?', '왜 내 월급을 제때 안 줘?', '쉬는 날 나와서 일했는데, 억울해!', '일하다 다쳤는데 내 돈으로 치료를? 게다가 그동안 일한 돈도 못 받는다고?'이다. 위의 대본들을 각 모둠별로 나누어 주고 각자 맡은 역을 실감 나게 연습한 뒤 교실 무

대에 올렸다. 다른 모둠의 역할극을 보는 과정에서 청소년들이 어떤 문제에서 부당한 일을 겪게 되는지 재미있게 알 수 있었다. 역할극이 끝나고 난 뒤 이런 상황을 지혜롭게 잘 극복할 수 있을지 같이 이야기를 나누어 보았다. 대부분의 아이들 반응은 '알바를 하려면 계약서를 꼼꼼히 봐야겠다', '계약서 쓰는 것도 알아야 될 것 같다', '좋은 사장님을 만나야겠다' 등의 반응이 나왔다. 자연스럽게 근로계약서 작성하는 방법을 공부하게 되었다.

근로계약서는 실제 청소년 표준근로계약서를 복사하여 아이들과 함께 하나하나 훑어보면서 같이 작성해 보았다. 계약서상의 어려운 용어들은 따로 설명해 주었다. 방금 전 해 본 역할극에서, 근로계약서를 작성하지 않거나 제대로 살펴보지 않아서 발생한 상황도 있었기에, 아이들은 계약서를 최대한 꼼꼼하게 작성하려고 노력했다. 이 근로계약서는 다음 수업에서 실제로 사용될 것으로 가상의 회사인 (주)신동페이퍼와 계약을 체결하게 했다. 계약 사항대로 (주)신동페이퍼에 입사하는 것이라고 알려 주니 '우리가 진짜 노동자가 되어 시급을 받게 되나요?'라며 흥미로워했다.

근로계약서 작성이 끝나고 난 뒤 청소년의 권리를 지켜 줄 수 있는 '청소년 근로기준법'에 대해 살펴보았다. 'O×퀴즈'로 청소년 근로기준법에 대해 얼마나 알고 있는지 알아본 뒤, '청소년 근로기준법 10계명'을

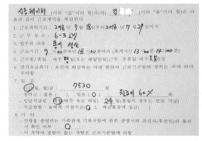

아이들이 작성한 청소년 표준근로계약서, 청소년 알바시급 능력평가를 보는 아이들

알아보기 수업에서 아이들이 의아해했던 점들에 대해 자세히 설명을 해 주었다. 그리고 최저임금으로 간단한 알바비 계산도 하면서 천천히 청소년 근로기준법에 대해 알아보았다. 또한 청소년 근로기준법을 알아도 노동현장에서 발생하는 문제들을 스스로 해결할 수 없을 때 어떻게 하면 되는지에 대해서도 알려 주고, 청소년의 임금체불·최저임금·직장내 성희롱 문제는 영상을 보면서 다시 한번 해결 방법을 알려 주었다.

'슬기로운 알바생활' 수업의 목표는 구체적으로 청소년 근로기준법을 숙지하는 것이 아니다. 그저 아이들이 역할극을 통해 청소년의 노동 현실이 뭔가 잘못되었다는 느낌과 함께 우리가 청소년 노동권에 대해 제대로 알아야겠다는 의지를 갖도록 하는 것이었다. '아, 내가 노동을 하다가 부당한 일을 당했을 때 무슨 권리가 있었는데…'라는 정도의 기억이나 경험을 떠올리며 배웠던 내용을 스스로 인터넷이나 책으로 찾아보는 정도면 충분하지 않을까?

(4) 한 청년 노동자의 삶과 죽음
 - 전태일과 김건우, 우리의 노동환경은 얼마나 달라졌을까?

1. 동기유발: 전태일 열사 떠올리기
- 전태일 열사 떠올리며 현재 노동환경이 얼마나 나아졌을지 생각하기

2. 비정규직이란?
- 비정규직에 대해 알아보기

3. 비정규직, 뭐가 문제야?
- 비정규직의 문제점 파악하기

4. 신동페이퍼 공장에서 일하기
- 색종이로 가로, 세로 길이 1cm인 정사각형 오려서 제출하기

5. 노동 임금 받기
- 이전 수업에서 작성했던 근로계약서를 참고해서 사탕으로 임금 받기(정
  규직은 3개, 비정규직은 1개)
- 같은 일을 했는데도 다른 임금을 받는 것에 대한 문제점 느끼기

6. 비정규직, 이대로 괜찮을까?
- 비정규직 문제에 대한 해결 방법 모둠별로 논의하기
- 모둠칠판에 적고 공유하기
- 다른 나라의 비정규직에 대한 법 알아보기

7. 더 생각해 보기
- 사회 이슈 비정규직, 정규직 전환 문제에 대해 생각해 보고 근본적인
  문제 해결법이 무엇인지 생각해 보기
- (미술시간 연계) 종이 모자이크로 '동일노동 동일임금' 문구 만들기

이 수업은 전태일 열사의 희생을 되짚어 보며 '50여 년이 지난 지금
은 노동환경이 얼마나 나아졌을까?' 질문하며 시작한다.

2016년 5월 28일, 서울 지하철 2호선 구의역에서 안타까운 사고가
일어났다. 스크린도어를 홀로 수리하던 김건우 군이 지하철에 치여 숨
졌다. 숨진 김 군의 가방 속에 들어 있던 컵라면 하나가 온 국민을 울
렸다. 2인 1조의 노동 원칙은 지켜지지 않았고 지금도 다른 현장에서
는 하청업체 비정규직의 사건 사고가 끊이지 않는다. 이러한 영상을 보
며 아이들은 현재 노동환경의 단면을 볼 수 있었다.

김건우 군의 사례를 설명하며 아이들에게 새로운 용어인 비정규직
에 대해서 설명해 주었다. 청년층 비정규직 비율이 높아지고 있는 것과
우리나라 비정규직은 전체 임금노동자의 50%에 해당할 정도로 많다
는 사실에 아이들은 깜짝 놀랐다. 사실 이번에 준비하면서 교사인 우
리도 '이렇게 많아?' 하면서 놀랐던 기억이 있다.

비정규직의 가장 큰 문제는 지속적인 경제성장과 사회 안정이 어렵다는 점일 것이다. 경제성장 유연화를 위해 도입된 정책이지만 노동자 입장에서는 언제 해고될지 모르는 불안이 계속될 것이고 실업률은 높아지며 결국에는 경제성장도 저해할 것이다. 또한 회사와 노동자가 절반씩 보험금을 부담해야 한다는 이유 등으로 비정규직의 사회보험 가입률이 낮다. 사회보험에 가입하지 않는다면 일하다 다쳐도, 일을 그만두어도 제대로 된 수당과 보상을 받지 못하게 된다.

아이들과 정규직과 비정규직 사이의 점점 커지는 임금 격차에 대해 알아보았다. 10년 전과 비교해서 임금 격차가 2배 이상으로 벌어진 그래프를 살펴보았다.

다음으로는 아이들의 마음에 와닿을 수 있는 이야기를 도입했다. 비정규직 노동자 김 모 씨의 사연을 읽어 보고 이야기를 나누었다.

"서울 소재 대학교 졸업 후 3년간 취업 준비에 매달렸던 김 모씨는 비정규직으로 대기업에 취업해서 정규직으로 전환되지 않을까 하는 기대감으로 회사에 다녔다. 하지만 그는 최근 이러한 기대를 버렸는데 그 이유는 내부 차별도 심하고 경력도 제대로 인정받기 어려운 현실 때문이다."

이 사연을 읽고 아이들은 '차별'이라는 단어에 흥분했다. 어떻게 같은 직원인데 차별을 할 수가 있느냐며 똑같이 취업 준비하고 공부해서 취업했을 텐데 억울하겠다고 이야기했다. 이어서 드라마 〈미생〉의 클립 영상을 보았다. 비정규직 '장그래'가 탕비실에서 다른 직원들에게서 "어차피 곧 있으면 잘려서 나가게 될 거다"라는 뒷말을 듣는 장면과 명절에 회사에서 나오는 선물이 정규직과 비정규직이 달라 속상함을 느끼는 장면이다. 아이들은 실제로 이런 일이 일어나느냐고 물었다. 사실 선생님도 경험해 보거나 직접 본 건 아니라서 확답은 못하지만 많은 사람들이 공감하는 데에는 다 이유가 있을 거라고 대답해 주었다.

다음 활동으로 신동페이퍼 공장에서 종이 만들기를 했다. 지난번 '슬기로운 알바생활' 수업에서 신동페이퍼 근로계약서를 써 본 활동과 이어진다. 근로계약서에는 살짝 트릭을 숨겨 놓았다. 미리 근로계약서 오른쪽 하단에 작게 '비', '정'이라고 써 놓았었다. '비'는 비정규직, '정'은 정규직을 뜻한다. 지난 시간에 근로계약서를 무작위로 나누어 주었기 때문에 누가 비정규직인지 정규직인지는 모르는 상태에서 시작했다.

"여러분, 지난 시간에 모두 신동페이퍼 회사에 취직했지요? 이번 시간부터 근무를 시작할 거예요. 여러분은 종이를 오리는 업무를 맡았어요. 모두 자와 가위를 준비해 주세요."

아이들은 어리둥절했지만 곧 그 상황 속으로 빠져들었다. 우리는 무슨 일을 하게 될까? 돈은 얼마를 받는 걸까? 초롱초롱한 눈으로 선생님을 바라보았다. 아이들의 업무는 색종이를 가로, 세로 1cm의 정사각형으로 50개를 오리는 것이다. 아이들은 곧바로 종이 오리기에 착수했다. 치수를 정확하게 재기 위해서 고군분투하는 모습이 인상 깊었다.

힘들어하는 아이도 있었고, 비교적 쉽게 해결하고 옆 친구를 도와주는 아이도 있었다. 교사는 미리 채점 기준표를 마련해서 아이들의 근무 태도를 평가했다. 이것도 역시 우리의 큰 그림이었는데, 평가 자료

신동페이퍼에 취직하여 열심히 종이를 생산하는 아이들

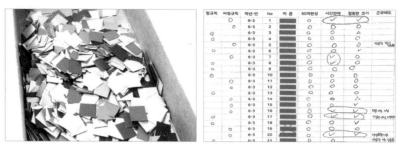

아이들이 생산한 종이와 신동페이퍼 근무실적표

는 다음 수업 '슬기로운 권리 행사'에서 모의 노사협상 때 근거 자료로 활용될 것이다.

업무가 끝난 후 노동 임금을 받는 시간이 되었다. 아이들은 근로계약서를 가지고 나왔다. 교사는 오른쪽 하단에 적힌 표시를 확인하고 정규직에게는 사탕 3개를, 비정규직에게는 사탕 1개를 주었다. 정규직 아이들은 사탕을 받고 '감사합니다!' 하면서 좋아했지만, 그 뒤에 비정규직 아이에게 사탕을 1개만 주자 순간 당황하는 표정이 보였다. 의아해하고 당혹스러운 표정이 생생하게 나타났다. 어떤 아이는 "선생님, 저 더 주셔야 돼요"라고 말했다.

임금 지불이 끝나고 이상한 점을 찾아보았다. 어떤 점이 이상했냐고 묻자 아이들은 임금이 다르다는 점을 지적했다. 근로계약서를 확인하라고 하자, 아이들이 숨어 있던 비정규직, 정규직 글자를 보고 경악을 했다. 정규직이기 때문에, 비정규직이기 때문에 임금이 달랐던 거라고 설명하니 "비정규직이든 정규직이든 우리는 같은 일을 했는데 왜 다르게 받은 거예요?"라며 따지듯 물었다. 정규직 아이들은 다른 친구들보다 사탕을 더 받아서 양심에 찔린, 미안하다고 이야기했고, 비정규직 아이들은 나도 똑같이 열심히 했는데 억울하다고 이야기했다.

다음으로 '비정규직과 정규직은 같은 대우를 받아야 할까?'라는 질문에 대한 답을 찾기 위해 모둠 토론을 했다. 아이들은 대부분 똑같이 일을 했으면 똑같은 돈을 받았으면 좋겠다는 생각을 내놓았다. 아무래도 종이 자르기 업무 이후에 사탕 보상 차별에 대한 충격이 컸던 것 같았다. 그리고 비정규직을 정규직 직원으로 바꿔야 한다는 목소리도 있었다. 하지만 이렇게 단순한 문제일까?

이 부분에서는 생각을 확장하기 위해 몇 가지 질문을 던졌다. 비정규직을 무조건 정규직으로 채용하는 게 맞을까? 비정규직이라는 자리도 필요할 때가 있지 않을까? 비정규직보다 더 열심히 준비해서 몇백 대 일의 경쟁률을 뚫고 정규직으로 채용된 사람은 억울함을 느끼지 않을까? 아이들은 서로 질문하고 토론하며 의견이 엇갈리고, 정해진 답이 없다고 하는 친구들도 있었다.

이어서 비정규직에 대한 다른 나라의 법들을 살펴보았다. 영국, 프랑스 등의 복지제도가 잘 갖춰진 유럽 국가는 대부분 비정규직을 보호하기 위한 사회 안전망이 두텁다. 또한 본질적으로 임금과 노동시간 문제에서 정규직, 비정규직 간에 차이가 없어서 그에 따른 갈등도 적다고 한다.

더 나아가 현재 이슈가 되고 있는 공공부문에서 실시 중인 비정규직의 정규직 전환 문제에 대한 영상을 감상했다. '씨리얼'에서 제작된 〈비정규직이 갑자기 정규직이 되는 게 말이 돼?〉라는 제목의 영상이다. 비정규직과 정규직 두 일자리의 노동시간과 임금을 비교하며 불공정함을 드러내고, 공공부문에서의 비정규직 정규직 전환에 대한 찬성과 반대, 양면의 이야기를 다룬다. 아이들은 양쪽의 마음이 다 이해가 간다고 이야기했다. 영상의 마지막에는 '비정규직이 정규직이 되는 것이 공정한가?'라고 묻기보다는 우리가 안정적이고 좋은 일자리 하나 구하기 어려운 세상에 살고 있다는 점을 인식하고, '불안하게 일해야 하는 사회가 공정한가?'에 대해 생각해 보자고 이야기한다. 마지막에 등장한 '불안하게 일해야 하는 사회가 공정한가?'라는 질문에 대해 생각해 보고 배움노트에 수업 소감과 함께 간단히 자신의 생각을 적어 보았다.

다음으로 미술시간과 연계하여 신동페이퍼 회사에서 오린 종이들을 모아서 모자이크 활동을 했다. 각 반별로 '슬기로운 노동생활' 수업 주제 하나하나를 관통하는 문구를 만들었다. 우리 반은 '동일노동 동일임금'이라는 문구를 만들었다. 각 반 작품을 모아 로비에 붙여 전시하며 수업의 의미를 되새겨 보았다.

신동페이퍼 직원으로서 '동일노동 동일임금' 구호에 맞게
모자이크 종이를 붙이는 아이들

주제가 담고 있는 가치를 요약하여 각 반의 '신동페이퍼'에서 협력하여 만든 작품

아이들의 노동을 감독하며 다음 단체교섭 수업을 위해 작성한 해고 통지표

우리 아이들이 일하게 될 사회는 '동일노동 동일임금'의 원칙에 따라 비정규직이든 정규직이든 모두 일한 만큼 정당한 임금을 받는 안전한 사회가 되길 바라며 수업을 마쳤다.

(5) 슬기로운 권리 행사
 - 모의 단체교섭 활동하기

1. 동기유발: 파업에 대한 경험 나누기
- 전주 시내버스 파업, 최근 학교급식노동자(급식) 파업 등 내가 경험한 파업 떠올리기

2. 노동자와 사용자의 관계 알기
- 노동자와 사용자의 관계를 알아보며 노동3권이 필요한 이유 생각하기

3. 노동3권의 역사와 필요성 알아보기
- 과거 노동운동이 일어난 예들을 살펴보며 노동기본권의 필요성 생각해 보기

4. 노동3권의 자세한 내용 알아보기
- 헌법에 보장된 노동기본권 알아보기

5. 역할 정하여 단체교섭 준비하기
- 각자 사 측, 노동자 측 입장을 정하여 모의 단체교섭 상황에서 어떤 주장과 근거를 펼칠 것인지 준비하기

6. 단체교섭하기
- 역할에 맞게 단체교섭 실제로 해 보기

7. 단체교섭 합의문 만들고 서명하기
- 교섭한 내용을 바탕으로 합의 여부를 정하기
- 합의문 만들고 서명하기

'슬기로운 권리 행사' 수업을 만들면서 생각한 목표는 세 가지였다.

1. 노동3권의 내용과 필요성 알기
2. 노동3권에 보장된 노동자의 권리인 단체교섭을 경험하며 노동 인권에 대한 감수성 기르기
3. 단체교섭을 하며 사 측, 노동자 측의 입장을 이해하며 협상하기

아이들에게 물어보니 노동자 이미지뿐만 아니라 '파업'에 대한 이미지도 부정적이었다. 노동기본법에 명시되어 있지만 색안경을 끼고 보는 이들이 여전히 많고, 우리의 일상과 떼어 놓을 수 없는 개념인데도 자신과는 상관없는 것처럼 느끼는 어른들이 많기에 수업을 개발하기가 더욱 조심스러웠다.

파업에 대한 인상을 나눈 후 '불편함을 초래하는데도 불구하고 노동자들이 파업을 하는 이유는 무엇일까?'란 질문으로 본격적인 수업을 시작했다. 아이들은 "사장의 힘이 노동자보다 강하기 때문이고, 노동자 여럿이 뭉쳐도 사장을 이길 수 없기 때문"이라고 답했다.

'그러면 지금보다 자본가의 힘이 강했던 과거에는 어떤 일이 벌어졌을까? 과거의 노동자는 무엇을 위해 싸웠을까?'란 질문을 던지며 자연스럽게 노동절 이야기와 전태일 열사 이야기를 하게 되었다. 이미 배웠던 내용이라 사람답게 살기 위해 노동자에게 권리가 필요하다는 부분에 공감하였고, 많은 사람들의 노력과 희생으로 노동기본법이 정착되었다는 점을 이야기하며 노동3권(노동기본법)의 역사에 대해 이야기를 나누었다.

노동3권을 설명하며 『손바닥 헌법책』에서 노동3권을 명시한 부분을 찾아보았다. 노동3권 중 최후의 수단은 단체행동권(파업)으로 이는 헌법에서 정당히 보장된 권리다. 사용자에게 노동 중단이라는 강수를 두

는 것은 헌법에 분명히 명시되어 있는 권리라는 것을 알게 되었다. 파업은 노동자들이 인간답게 살기 위해 보장된 권리라는 것을 공부하며 '파업이란 무엇인가'란 처음의 질문에 나름대로 해답을 찾았다.

이제 노동자의 권리 추구를 활동으로 직접 경험해 볼 차례다. 활동으로 모의 단체교섭을 준비했다. 한 선생님이 구한 독일의 노동교육 자료 중 모의 단체교섭 대본을 초등 수준으로 쉽게 변형했다. 자료 중 표, 그래프 등의 자료를 치밀하게 분석하는 부분은 과감히 생략하고, 사 측과 노조 측이 협의하는 일련의 과정을 경험하며 노동기본권을 내면화하는 데 더 의의를 두었다.

먼저 학생들을 반으로 나누어 사용자 측과 노조 측으로 나누고 자료를 나눠 주었다. 노사 양측이 상황을 객관적으로 알 수 있는 공통 읽기 자료와 우리 측의 근거를 구성할 수 있는 자료이다. 해고 문제, 노동환경, 임금협상이라는 세 가지 주제에 따라 회사의 입장, 노조의 입장을 정하고 자료를 분석하여 자신의 입장에 어울리는 타당한 근거를 준비하게 했다. 해고 문제만 하더라도 '노동법', '공정한 해고의 기준', '노동자들의 생존권' 등 고려할 요소들이 다양하게 들어 있어 입체적이고 추상적인 사고가 요구된다. 아이들에게 자신이 속한 입장에 따라 명확하게 주장과 근거를 구성할 수 있도록 조언을 해 주었다. 사 측을 맡은 아이들에게는 기업의 이윤추구 목적을, 노조 측 아이들에게는 노동자들의 생존권과 기본권을 이야기하며 단체교섭 과정에서 반드시 지켜 내야 할 것이 무엇인지를 잘 생각해 볼 수 있도록 했다. 1시간의 단체교섭 준비 시간을 주고 모의 단체교섭이 시작되었다. 단체교섭 활동을 하며 교사는 아이들이 생각하기 힘든 부분에 대해 안내하는 질문을 던지며 좋은 근거를 찾을 수 있도록 도와주었다.

단체교섭은 서로의 입장 차이가 명확하기에 쉽게 결착이 나지 않는 문제이며, 노사의 우열을 가리기가 힘들다. 실제 상황에서도 수차례 교

노사 측으로 나뉘어 교섭을 준비하는 아이들과 1차 단체교섭 장면

섭을 통해 노사 합의가 이루어지기도 하고 협상이 결렬되기도 한다. 본 수업에서는 단체교섭이 결렬되는 상황, 즉 갈등의 상황 역시 경험할 수 있도록 시간제한을 두었다. 의견을 주고받는 가운데 낯선 말들이 오가기도 했지만 여러 차례 협상을 거친 뒤 '노동자들도 큰 폭의 임금 인상을 주장하지 않을 테니 회사 역시 실적을 이유로 노동자들을 해고하지 말자' 등 협상의 여지가 있는 말들이 조금씩 오고 갔다.

첫 번째 단체교섭 시간이 마무리되고, 양측에 전략을 구성할 수 있는 여유 시간을 주었다. 상대방의 의견을 반영하여 절충안을 내놓거나 전략을 수정하는 시간이었다. 이때 아이들에게 우리 쪽에서 반드시 지켜 내야 할 것과 타협을 해도 되는 것은 무엇인지 분명히 구분하도록 안내했다. 그리고 재협상 이후의 과정에 대해서도 간략히 설명했다. 교사들은 완전합의, 부분합의, 결렬 등의 입장에 따라 이후의 주장을 어떻게 이끌어 나갈지 조언했다.

2차 교섭의 시작. 처음에는 강하게 나오던 아이들이 점점 합의의 물꼬를 터 나갔다. '임금을 동결하는 대신 노동자들을 해고하지 않는다', '당장은 아니지만 3년 안에 작업 시설을 현대화하겠다' 등등 서로의 이견을 조금씩 좁혀 가는 모습을 드러냈다. 절대 포기할 수 없는 것을 명확히 주장하면서도 상대방의 의견에 공감하여 조금씩 의견을 좁혀 나가는 모습이 사뭇 대견했다. 하지만 또다시 일정 부분에서 더 이상의 진전을 보이지 못하고 2차 협상을 마무리했다.

　이제는 교사가 나설 시점이라고 판단하여 중재자로서 아이들의 의견을 요약해 칠판에 적고 이를 바탕으로 양측의 이견을 좁혀 가는 데 조금씩 조언을 건넸다. 다행히 합의사항이 도출되어 합의문을 쓸 수 있었다. 협의 내용도 훌륭했다. '이미 해고된 사람들에게는 회사의 상황이 나아지면 최우선 복직을 시키겠다'거나, '3년 안에 직원 복지를 위해 소음 및 열 방지시설을 설치하겠다' 등 서로의 입장을 이해하고 절충 지점을 찾은 아이들이 대견했다. 이렇게 합의문을 작성하고 각 대표가 만나 기념촬영을 하는 것으로 단체교섭은 마무리되었다.

합의문을 작성하고 서명하는 아이들

　수업을 마치고 아이들의 소감을 물어보니 '토론 수업처럼 재미있었다', '중간중간 고구마처럼 답답했는데 마침내 협의가 이루어져 뿌듯하다' 등 다양한 반응이 나왔다. 우리들 역시 준비를 하며 '과연 초등학생 수준의 단체교섭이 가능할까? 아이들이 어려워하진 않을까?'란 의문이 들었지만 일련의 과정에 진지하게 참여하여 훌륭히 합의를 이끌어 낸 모습을 보니 어려운 수업을 시도한 보람이 느껴졌다. 부디 오늘의 이 경험이 노동자로서 자신의 권리를 정당하게 쟁취하는 데 도움이 되기를, 더 나아가 모두 함께 잘 살 수 있는 방법을 모색하는 지혜로운 어른이 되기를 바란다.

모의 단체교섭: 상황과 역할

문제 상황	• 최근 신동페이퍼 직원들 50명에게 회사는 해고를 통보했다. • 이에 신동페이퍼 노동조합은 해고 문제뿐만 아니라 근무환경, 임금 등의 문제도 함께 회사와 단체교섭을 하려고 한다.
역할 분담	★ 신동페이퍼 경영진 〈목적〉 • 회사의 이익과 발전 • 노동자들의 생활 〈역할〉 • 회사의 이익을 최대한 생각해서 협상을 진행한다. • 회사의 여유 자금은 20억 원밖에 없으므로, 직원들의 요구사항을 다 들어줄 수는 없다. • 자료를 꼼꼼히 살펴 각 문제에 대해 회사의 입장을 정하고 노동조합을 설득한다. ★ 신동페이퍼 노동조합(노조) 〈목적〉 • 신동페이퍼 노동자의 이익 • 해고 취소 • 직원들의 불만과 요청 전달: 노동자들의 근무조건에 대한 여러 문제 해결 〈역할〉 • 노동자의 이익을 최대한 생각해서 협상을 진행한다. • 각 문제에 대해 노동조합 입장을 정하고, 회사를 설득한다.

단체교섭 자료: 노조 편

〈문제 1〉 해고	• 자료 1: 우리 지역 일자리 상황 - 우리 지역은 신동페이퍼만큼 큰 회사가 없어 일자리가 없음 - 우리 회사 노동자들은 종이를 만드는 기술 외에 다른 기술이 없어 다른 지역 으로도 취직이 힘듦 • 자료 2: 근로기준법 중 "해고" - 제23조(해고의 제한) ① 사용자(회사)는 근로자에게 <u>정당한 이유 없이 해고(부당해고)를 하지 못 한다.</u> - 제24조(경영상 이유에 의한 해고의 제한) ① 회사가 곤란해져 근로자를 해고하려면 필요에 의한 것이어야 한다. ② 위의 경우 회사는 해고를 피하기 위한 노력을 다하여야 하며, <u>공정한 해고 의 기준을 정해서 알려 주어야 한다.</u>(해고에 있어서 불공정한 차별 금지) - 제26조(해고의 예고) ① 사용자(회사)는 근로자를 해고할 때 <u>최소한 30일 이전에 예고해야 한다.</u> → <u>노조 입장: 회사는 능력 점수가 낮은 순으로 공정하게 해고했다고 주장하 는데, 종이 생산 능력을 어떻게 점수로 평가할 수 있는가? 정말 공정한가?</u>
〈문제 2〉 근무 환경	• 자료: 직원들의 질병으로 인한 결근율 - 기계에서 열과 소음이 발생해 직원들이 질병과 심한 스트레스에 시달리고 있다. - 신동페이퍼 회사의 질병결근율(아파서 회사를 쉬는 비율)은 8%로 다른 종 이 회사들의 2배다. 이에 우리는 에어컨(5억 원), 소음방지장치(5억 원) 설 치를 요구한다. - 직원들의 질병률이 낮아져 출근을 잘하게 되면 회사의 이익에도 도움이 된다.
〈문제 3〉 임금	• 자료 1: 다른 종이 회사와의 임금 비교 **종이 회사별 시급** | 송천페이퍼	오송페이퍼	송북페이퍼	신동페이퍼	화정페이퍼	평균임금 | |---|---|---|---|---|---| | 9,300원 | 9,100원 | 8,500원 | 8,000원 | 7,000원 | 8,500원 | • 자료 2: 우리의 요구사항 - 우리는 10%의 임금인상을 요구한다. - <u>지금의 임금은 종이회사 평균임금보다 적기 때문이다.</u>

단체교섭 자료 : 경영진 편

〈문제 1〉 해고	• 자료 1: 우리 회사의 이익 감소! **신동페이퍼의 연도별 이익** | 연도(년)	2014	2015	2016	2017
---	---	---	---	---
이익(억 원)	300	275	255	235	 – 연도별 회사 이익은 점점 줄어들고 있는 상황 – 2017년에는 최악의 이익을 기록 • 자료 2: 근로기준법 중 "해고" – 제24조(경영상 이유에 의한 해고의 제한) ① 회사가 곤란해져 근로자를 해고하려면 필요에 의한 것이어야 한다. ② 위의 경우 회사는 해고를 피하기 위한 노력을 다하여야 하며, 공정한 해고의 기준을 정해서 알려 주어야 한다.(해고에 있어서 불공정한 차별 금지) → 회사 입장: 이익 감소라는 최악의 상황 속에서 50명을 해고하는 것은 회사가 망하지 않기 위해 어쩔 수 없는 일이며, 능력 점수를 매겨 해고하였음

〈문제 2〉 근무 환경	• 자료: 회사의 어려운 상황에 맞지 않는 요구다! – 노조는 직원들의 질병률과 건강한 생활을 위해 에어컨(5억 원), 소음방지장치(5억 원) 설치를 요구한다. – 그러나 회사의 여유 자금은 20억 원으로 에어컨, 소음방지장치에 많은 돈을 쓸 수 없다. – 에어컨, 소음방지장치를 설치하려면 은행 빚을 내야 하는 상황이다. – 게다가 신제품인 고급 종이 개발을 위해 연구비, 기계 구입비도 필요하다.

〈문제 3〉 임금	• 자료 1: 다른 종이 회사와의 임금 비교 **종이 회사별 시급** | 송천페이퍼	오송페이퍼	송북페이퍼	신동페이퍼	화정페이퍼	평균임금
---	---	---	---	---	---
9,300원	9,100원	8,500원	8,000원	7,000원	8,500원	 – 지금의 임금은 종이 회사 평균임금보다 적지만, 종이 회사가 아닌 우리 지역 다른 회사들(평균 7,500원)보다는 높은 수준이다. – 이익 감소라는 어려운 상황에서 회사의 생존을 위해 무작정 임금을 올릴 수는 없다. – 우리 지역은 집값, 생활비, 아이들 학원비 등이 저렴하여 다른 지역보다 생활하는 데 많은 돈이 들지 않는다.

(6) 최저임금 사용 설명서
– 최저임금으로 하루 살아 보기

1. 최저임금으로 하루 살기
- 최저임금이 법으로 보장된 권리임을 이해하기
- 우리나라의 2018년 최저임금이 1시간에 7,530원임을 알기
- 모든 금액의 지불은 가상 통장으로 이루어짐, 가상 통장 적는 방법 안
  내하기
  (1시간의 최저임금은 현재와 동일하게 7,530원으로 함
  하루 6교시이므로, 6시간 노동의 임금을 미리 받음
  7,530원×6시간＝45,180원)
- 하루를 살아 보기(임금을 받은 후 바로 지불해야만 하는 것들, 경우에
  따라 지불해야 하는 것들)

2. 최저임금으로 장보기
- 우리나라 2시간 최저임금인 15,060원으로 식재료 구입하기
- 나라별 최저임금 알아보기(장보기 사진 자료)
- 최저임금으로 한 달 살기 게임하기

3. 물건의 값을 노동시간으로 바꿔 보기
- 내가 가진 물건을 노동시간으로 바꿔 보기
- 과제: 부모님의 손을 잡아 보고, 간단한 소감 클래스팅에 올리기

> 모든 국민은 근로의 권리를 가진다. 국가는 사회적·경제적
> 방법으로 근로자의 고용의 증진과 적정임금의 보장에 노력하
> 여야 하며, 법률이 정하는 바에 의하여 최저임금제를 시행하
> 여야 한다.
> –대한민국헌법 제32조 1항

최저임금은 헌법에 보장된 권리이다. 최저임금은 해마다 인상되고 있지만 아이들은 최저임금이 적정한 수준인지 체감하기 어렵다. 아이들에게는 최저임금이라는 말도 생소하고 어렵다. 이에 슬기로운 노동생활의 마지막 수업은 '최저임금으로 하루 살기'라는 주제로 실제 하루를 살아 보면서 체험하고자 했다.

먼저 『손바닥 헌법책』에 나와 있는 헌법 제32조 1항을 다 함께 읽어 본 후, 아이들과 수업을 했던 2018년도의 우리나라 최저임금이 1시간 노동에 7,530원이라는 것을 알아보았다. 이를 기준으로 우리가 생활하는 6교시 수업을 6시간 노동시간으로 계산하여 7,530원×6시간=45,180원으로 하루를 살아갈 것임을 안내했다.

45,180원이 주어진 상태에서 가상의 통장에 지출금액을 기록하고, 다음으로 꼭 지불해야 할 필수 비용을 기록한 후, 선택적으로 지불할 금액을 자신의 하루 생활에 따라 기록하게 했다. 꼭 지불해야 할 금액의 항목은 급식비, 세금, 임대료, 교통비, 수업료로 정했고 선택적으로

최저임금으로 영화 티켓을 구매하여 영화를 관람하고 마켓에서 간식을 구입하는 아이들

지불할 금액의 항목은 문화생활비, 화장실 사용료, 간식비, 복도 통행료로 정했다.

수업이 진행되는 시기가 방학을 며칠 앞두었을 때라 학년 행사로 영화 이벤트를 하기로 했었는데, 이날 최저임금으로 생활하기 수업을 하면서 겸사겸사 영화 상영 이벤트를 하게 되었다. 각 반이 영화 상영관이 되어 아이들이 직접 보고 싶은 영화를 골랐다. 교사들은 영화 티켓과 간식을 구입할 수 있는 마켓을 준비했다. 아이들에게 영화 관람료는 문화생활비, 간식은 간식비로 지출하여 가상 통장에 기록하게 했다.

'최저임금으로 하루 살기'가 끝나고 생각 나누기를 할 때 아이들 반응을 정리해 보았다.

"최저임금으로 생활하려니, 뭔가 돈이 많이 부족했어요."
"최저임금이 좀 적은 것 같아요. 최저임금을 더 올려주면 간식을 더 많이 사 먹을 수 있었을 텐데 아쉬워요."
"기본적으로 꼭 지출해야 할 돈을 쓰니까 남은 돈이 8,000원 정도밖에 되지 않았어요. 이 돈으로 간식도 사 먹어야 하고 급식도 먹으러 가야 하고~ 잔액을 남긴 친구들도 있었지만, 저는 마이너스가 되었어요. 저는 파산했어요."
"처음에 돈을 받았을 때, 4만 원이 넘어서 많다고 생각했는데, 최저임금으로 하루 살기 쉽지 않네요!"

'최저임금으로 하루 살아 보기' 체험을 한 다음 날은 최저임금으로 장보기 활동과 물건 값을 노동시간으로 바꿔 보는 활동을 했다.

먼저, 인터넷에서 한때 화제가 되었던 풍성한 식재료가 식탁 위에 놓인 사진 한 장을 아이들에게 보여 주며 '무슨 사진일까?'라는 질문으로 수업을 시작했다. 영국의 2시간 최저임금으로 장보기를 한 사진임을 알려 주고, 이번 시간에는 우리도 우리나라 2시간 최저임금 15,060원으로 가족의 밥상을 차리기 위한 장보기를 해 보겠다고 안내했다.

실제로 15,060원의 현금을 가지고 직접 마트에 가서 장보기를 하면 아이들은 훨씬 실감 나고 즐겁겠지만, 현실적으로 불가능하기에 우리는 인터넷 마켓을 이용하여 가상으로 장을 보기로 했다. 아이들은 스마트폰을 이용하여, ○○마트 앱에 접속하여 살 물건의 값을 알아본 후, 가진 돈으로 무엇을 살 수 있는지 가상으로 장보기를 했다.

2시간의 최저임금인 15,060원으로 장보기를 해 본 아이들은 우리나라의 최저임금으로는 풍성한 밥상을 차리기 힘들다는 것을 알 수 있었다. 그리고 영국이 특이한 것 아닐까라는 반응을 보였다. 이어서 세계 여러 나라의 최저임금으로 구입한 식재료 사진들을 살펴보며 다양하게 이야기를 나누었다. 멕시코를 제외한 대부분의 나라에서는 우리나라보다 훨씬 풍성한 식재료를 구입할 수 있었다. 특히 유럽에 있는 나라들은 대부분 최저임금이 우리나라보다 높아 풍성한 식탁을 차릴 수 있었다. 이와 더불어 '빅맥지수'(1시간의 최저임금으로 빅맥 버거를 몇 개 살 수 있는지 비교한 표)를 살펴보았는데, 대부분의 선진국들은 2~3개의 버거를 살 수 있었지만, 우리나라는 1.36개를 살 수 있어서 한눈에 비교하기 편했다.

스마트폰에서 우리나라 2시간 최저임금으로 장을 보는 아이들과 작성한 구입 목록

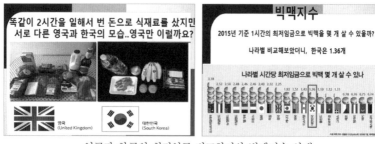

영국과 한국의 최저임금 비교하기와 빅맥지수 안내

　이처럼 우리나라 2시간 최저임금으로 장보기를 하고 나서, 다른 나라의 최저임금과 비교해 본 아이들은 우리나라의 최저임금이 비교적 낮음에 동의하며, 최저임금이 더 높아져야겠다는 생각을 자연스레 하게 되었다.

　장보기 활동을 마친 후에는 간단한 게임이 있어 아이들이 해 볼 수 있도록 안내했다. 최저임금으로 살기 수업을 만들기 위해 자료를 수집할 때, 〈시사IN〉 기자가 최저임금으로 한 달을 실제로 살아 보는 경험을 하고, 이를 기록한 글을 보았다. '최저임금으로 한 달 살기' 기사를 쓰기 위해 〈시사IN〉 신입 기자인 김연희·이상원 기자가 체험을 통해 정말 최저임금으로 노동자의 안정적인 생활이 가능한지를 검증해 본 것이다. 일자리를 구해 고시원에 살며, 진짜 최저임금 노동자로 한 달간 살고 난 후의 경험을 토대로 만들어 놓은 게임을 아이들과 함께 해 보았다.

　간단한 웹 게임이지만, 게임 속에서 아이들은 어버이날이 와서 선물을 사야 하고, 여자 친구와 야구 경기 관람을 가야 하는 경우 '돈도 없는데… 어쩌지?'라면서 한숨을 쉬곤 했다.

　최저임금으로 살아 보기를 경험해 보는 마지막 활동은 우리 일상 속 물건의 값을 노동시간으로 바꿔 보는 것이다.

　'내가 저녁에 시켜 먹은 ○○치킨! 치킨 1마리를 먹으려면 얼마나 노

동을 해야 할까?'라는 발문으로 수업에 들어갔다. 다음으로 최저임금
인 7,530원을 가지고 치킨의 값을 노동시간으로 계산해 볼 수 있도록
했다. 치킨 1마리는 18,000원÷7,530원=약 2.39시간, 즉, 치킨 1마리를
먹으려면 2.39시간(2시간 20분 정도)의 노동이 필요하다는 것을 알아보
는 활동이었다.

활동 이후 게임을 만들게 된 실제 인물인 〈시사IN〉 기자가 경험했
던 하루의 짧은 일과를 영상으로 보여 주었다. 이상원 기자의 하루는
면도를 하는 것에서 시작되는데, 어느 날 면도기가 고장 나자 이 기자
는 돈을 아끼기 위해 인터넷으로 가장 저렴한 면도기를 구입한다. 그렇
게 구입한 만 원짜리 면도기, 그런데 사용해 보니 면도가 잘되질 않는
다! '몇 시간 알바를 해서 번 돈인데…' 하며 쓴 돈을 매우 아까워하는
장면으로 영상은 마무리된다.

여기까지 본 후, 아이들에게
'여러분이 가지고 있는, 또는 가
지고 싶은 물건은 몇 시간을 노
동해야 살 수 있을까?'라고 다시
질문을 했다. 아이들은 평소 자
신들이 당연하게 가지고 싶어 하
는 최신형 스마트폰, 방과 후에
가야 하는 영어학원비, 갖고 싶

물건 값을 노동시간으로 바꾸어 보기

은 브랜드의 가방이나 신발 등의 값을 노동시간으로 계산해 보는 활
동을 했다.

활동을 끝낸 아이들은 자신의 생각 이상으로 많은 노동을 해야 그
물건을 살 수 있다는 것을 알았다. 그러면서 자연스레 부모님의 노동
에 대해서까지 생각을 확장했다. 이에 활동의 마무리 과제로 가족을
위해 일하시는 부모님께 감사하는 마음을 전하며, 부모님의 손을 잡아

보고 느낀 점을 클래스팅에 올리기로 했다.

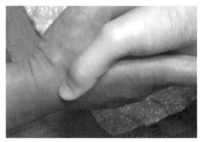

클래스팅에 올린 아이들의 활동 소감과 부모님의 손

- 그냥 손을 잡을 땐 보들보들하고 아무 느낌이 없었지만 자세히 보니 손도 건조하고 예전 일하기 전보다 훨씬 거칠해졌다.
- 아빠 손이 거칠고, 굳은살과 상처가 있어서 마음이 아팠다.
- 아빠가 궂은일을 하셔서 손이 거칠다. 앞으로는 아빠를 많이 도와 드려야겠다.
- 우리 엄마 손은 부드럽다 하지만 글씨를 많이 쓰셔서 손이 부어 있거나 염증이 생겨 있을 때가 있어서 엄마 손을 볼 때면 속상하다. 엄마 손은 그래도 여전히 부드럽고 예쁘다!! 엄마 사랑해요♥
- 엄마 손을 만져 보았는데 우리들을 위해서 고생하시는 것 같았다. 그래서 엄마께 죄송스러운 마음에 설거지와 빨래 널기를 해 드렸다. 엄마 사랑해요~~~♥♥♥

수업을 계획하고 준비하면서 아이들이 잘 이해할까, 의미 있게 남는 수업이 될까를 교사로서 늘 고민하고 고민한다. 그렇게 수업을 준비해서 실천하는데, 그때마다 아이들은 배움을 통해 어른들이 생각하는 것 이상으로 성장한다는 것을 경험하게 된다. 슬기로운 노동생활 수업에서도 최저임금에 대해 몸으로 체험하고 이해해 보는 것 이상의 배움과 성장이 있었다고 느낀다. 노동의 위대한 가치와 우리 부모님께 감사하는 마음, 앞으로 어른이 되어서도 내가 살아갈 사회에 필요한 그 무엇까지 담은 수업이었다.

최저임금 가상 통장 　　　　　　물건의 값을 노동시간으로 바꾸면?

3. 수업을 마치며

'슬기로운 노동생활' 수업을 마치고 아이들과 함께 과천 잡월드로 현장체험학습을 가게 되었다. 당시 잡월드의 교육노동자들은 '비정규직의 정규직화'를 목표로 투쟁하고 있었다. 직업과 노동의 세계를 가르치는 현장에서 투쟁하는 교육노동자들을 보니 참 아이러니하다는 생각이 들었다. 씁쓸한 마음을 갖고 서명용지에 서명을 하고 있는데, 아이들이 '우리도 하겠다'며 거들었다.

혹자는 이야기할지도 모른다. 과연 초등학생 단계부터 노동교육이 필요할까? 한창 꿈과 희망에 부풀 아이들에게 사회에 대해 부정적인 가치관을 갖게 할지도 모르는 노동수업을 꼭 해야 할까?

안타깝지만 우리가 사는 현실은 파라다이스가 아니다. 세상은 빛으로만 이루어져 있는 것이 아니라 빛에 드리운 그림자의 영역이 분명히 존재한다. 아동노동, 비정규직 차별과 같은 문제들은 그 그림자에 속하는 영역들이다. 게다가 초등학교 6학년 학생들은 무엇이든지 배우는 대로 빨아들이는 스펀지가 아니다. 어른들처럼 이미 나름의 자아와 세계관을 구축하고 있다. 주변의 어른과 자신을 둘러싼 세계에 대해 '왜 안 돼?', '꼭 그래야 해?' 의심하고, 의문이 싹트는 성장의 시기에 아름다운 세상에 대해서만 알려 주는 수업은 기만적이다.

'슬기로운 노동생활'은 빛과 그림자를 함께 살펴보는 수업, 의심하고 고민하는 과정에서 나와 세계의 관계 맺음을 돌아보는 수업, 공감과 연대의식을 키우는 수업, 앎에서 삶의 현장으로 나아가는 수업이었다. 이 수업을 통해 아이들뿐만 아니라 교사들의 노동자의식, 노동정체성도 견고해졌다고 생각한다. 우리 아이들이 밝고 빛나는 곳만 지향하는 게 아니라, 낮고 어두운 곳을 살피며 함께 고민하고 아파할 줄 아는 감수성을 지닌 아이들로 성장하길 바란다. 조금 더 나은 세상을 위해 힘을 보태는 진정한 시민이자 노동자로.

4. 수업 돌아보기

Q. '노동자'의 의미를 '일하는 사람들'이라는 넓은 의미를 넘어서서 꼭 상세하게 다루어야 할까요?

A. '일한다'라는 노동의 사전적인 의미를 모르는 친구들은 없을 거예요. 물론 자영업자나 자영농 같은 직업군을 노동자가 아니라고 말하긴 힘들어요. 하지만 아이들이 노동자에 대해 가지고 있는 편견이나 고정관념을 없애기 위해서는, 오히려 정확하게 노동자의 요건(생산수단이 있는 다른 사람에게 고용되어 일을 하고 그 대가로 임금을 받는)에 대해 알려 주어야 한다고 생각했어요.

Q. 사실 비정규직 문제는 정확한 답이 없잖아요? 정규직 입장에서

는 비정규직을 정규직화했을 때, 불공정하다고 생각할 수도 있고
요. 수업에서 비정규직 문제를 다룰 때 어떻게 접근해야 할까요?

A. 중요한 것은 이 문제로 정규직과 비정규직 노동자가 대립하는 것
이 아니라 비정규직이 생길 수밖에 없는 우리 사회의 구조적인
문제로 관점을 전환하는 거예요. 공정이 사회적 화두로 떠오른
요즘, 정규직의 입장에서 '비정규직의 정규직화'를 요구하는 것이
오히려 역차별 아니냐? 하는 의견도 충분히 있을 수 있어요. 하
지만 이것은 개인의 문제가 아니라, 사용자의 입장에서 부당 대
우와 해고가 쉽도록 비정규직을 만들어 내는 우리 사회의 문제
예요. 비정규직의 정규직화가 역차별이라는 생각에는, "비정규직
노동자들은 정규직 노동자들보다 능력이 부족하다"라는 전제가
깔려 있어요.

　우리가 비정규직 제도에 대해 의문을 가지고, 비정규직 문제
해결을 요구하지 않으면, 나중에 우리 아이들이 노동자가 되어
있을 때 노동환경은 더욱 악화되어 있을 거라는 점도 꼭 알려 주
세요.

5. 이렇게 평가할 수 있어요

1.　　평가 기준 노동자 권리의 중요성을 인식한다.
　　　평가 시기 수업 마무리
　　　평가 방법 "노동자에게 파업은 왜 필요할까?" 생각 글쓰기

2.　　평가 기준 노동의 의미를 이해한다.
　　　평가 시기 '노동자? 근로자? 당신은 누구입니까?' 소단원 수업

을 마치고

평가 방법 왜 근로 대신 노동이라는 말을 써야 할까?

생각 글쓰기

3.　　평가 기준 현대 사회의 다양한 노동문제를 이해한다.

평가 시기 최저임금 사용 설명서 소단원 수업을 마치고

평가 방법 행복한 삶을 위해 최저임금은 얼마가 되어야 할까?

내 생각 발표하기

3.

촛불로 일으킨 민주주의
대선을 통해 민주주의와 친해지는 수업

#대통령선거 #촛불집회 #민주화 #공약 #참정권

1. 수업 들어가기

'촛불로 일으킨 민주주의' 수업은 2017년 5월 9일에 치러지는 대선을 계기로 만든 수업이다. 이 수업은 2016년 11월 촛불집회가 만들어 낸 역사적인 성과를 학생들과 공유하고 싶은 마음에서 계획되었다. 제목을 무엇으로 할까 고민하다가 지난 몇 년간 잃어버렸던 민주주의를 되찾았다는 의미를 담고 싶어 '일으키다'라는 표현을 사용했다. 대선 계기 수업이지만, 선거의 소중함과 더불어 민주주의의 소중함도 다시 한번 되새기는 기회로 삼고자 했다. 대통령을 선출하는 시기의 수업이어서 학생들이 대통령 후보들의 공약을 분석하고 모의 투표를 해 보는 것도 의미 있을 듯했다. 공보물을 수업 자료로 활용하면 현장감을 느낄 수 있기에 적극적으로 활용하기로 했다. 선거가 치러진 다음 날에 새롭게 선출된 대통령에게 편지를 써 보는 것도 좋은 경험이 될 것 같아 추진해 보았다. 교사들은 학생들이 세상을 향해 목소리를 내고 그에 따른 피드백을 받는다면 그것만으로도 수업의 목적을 이룰 수 있을 거라고 판단했다.

그리고! 우리는 청와대로부터 답장을 받았다. 학생들은 문재인 대통령의 부인인 김정숙 여사로부터 편지를 받고 자신들이 낸 목소리에 세상이 답을 주었다는 것에 무척 감동했다.

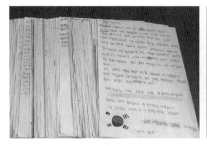 

청와대로부터 받은 답장

2. 수업 펼치기

1) 수업의 개요

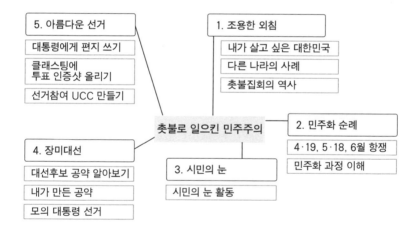

수업은 크게 다섯 가지 소주제로 나뉜다.

첫 번째, '조용한 외침' 수업은 청소년이 촛불집회에 참여해서 발언하는 영상을 보여 주며 시작한다. 촛불집회의 역사와 더불어 왜 우리가 촛불을 들고 거리로 나와야 했는지 이야기를 나누었다. 그리고 촛불집회와 비슷한 평화시위인 홍콩의 우산혁명에 대한 이야기를 들려주었다. 우리가 누리는 자유, 민주주의, 평등 등의 소중한 가치는 그냥 이루어진 것이 아니라 우리들의 자랑스러운 외침과 투쟁 속에서 이루어졌음을 다시 강조했다. 또 탄핵과 조기 대선으로 이어진 현재 대한민국의 현실이 슬프지만 민주주의와 공정한 나라를 향해 한 걸음 더 나아가는 소중한 시간임을 이야기했다.

두 번째, '민주화 순례' 수업에서는 반세기 동안 우리가 이루어 낸 민주주의의 역사를 간략하게 알아보았다. '순례'라는 단어를 사용한 이유는 민주화 과정에서 수많은 수난과 희생이 있었음을 강조하기 위함이었다. 이는 수난을 딛고 일어선 자랑스러운 역사라는 의미도 담고 있다. 우리는 이 수업을 통해 간단하게라도 민주화 과정을 공부하기로 했는데, 민주화 과정의 굵직한 사건인 4·19 혁명, 5·18 민주화운동, 6·10 민주항쟁 정도만 다루었다.

세 번째, '시민의 눈' 수업에서는 '부정선거 기획'을 해 보았다. '내가 부정선거를 하고자 하는 사람이라면 어떤 기획을 할까?'를 상상해 보았다. 그리고 시민이 자발적으로 만든 단체인 '시민의 눈'에 대해 알아보았다. '시민의 눈'이 공정선거를 위해 어떤 일을 하고 있는지, 어떻게 참여할 수 있는지 알아보며 시민단체의 필요성, 주권자로서의 권리를 지키기 위해 노력하는 것이 얼마나 소중한지 이야기 나누었다.

네 번째, '장미 대선' 수업은 참정권을 얻기 위해 노력했던 사람들에 대해 이야기하며 시작했다. 선거 공보물을 가져다가 주요 후보 5명의 공약을 분석하며 맘에 드는 공약을 붙여 보았다. 또 모의 대통령 선거를 하며 공약 만들기, 유세하기, 투표하기 등의 활동을 했다. 이 수업은 아이들이 주요 정당 및 후보, 공약 등에 관심을 갖게 계획되었는데 기대했던 성과를 거두었다.

다섯 번째, '아름다운 선거'는 이 수업의 마무리 활동이다. 선거참여 UCC 만들기, 당선된 대통령에게 편지 쓰기, 부모님과 함께 투표소에

가서 투표 인증샷을 찍어 각 학급 클래스팅에 올리기 등의 활동을 했다.

2) 수업 내용

	소단원명	소단원 주요 내용	관련 성취기준	차시량
1	조용한 외침	• 촛불집회의 역사 • 다른 나라의 사례 • 내가 살고 싶은 대한민국	[도덕] 책임을 다하는 생활의 의미와 중요성을 알기 [미술] 조형 요소와 원리의 특징을 이해하고 효과적으로 표현하기	2
2	민주화 순례	• 민주화 과정 이해 • 4·19, 5·18, 6월 항쟁	[사회] 우리나라 민주화 과정에 대한 이해를 바탕으로 생활 속에서 참여와 민주주의를 실천하는 태도(예: 관용, 대화, 타협, 절차 준수 등)를 갖는다.	2
3	시민의 눈	• '시민의 눈' 활동 이해	[사회] 우리나라 민주화 과정에 대한 이해를 바탕으로 생활 속에서 참여와 민주주의를 실천하는 태도(예: 관용, 대화, 타협, 절차 준수 등)를 갖는다. [듣기·말하기(8)] 자신의 말이 상대에게 미칠 영향이나 결과를 예상하여 신중하게 말한다.	3
4	장미 대선	• 대선 후보 공약 알아보기 • 내가 만드는 공약 • 모의 투표하기	[국어] 토의를 통하여 일상생활의 문제를 해결하는 태도를 지닌다, 적절한 이유나 근거를 들어 주장하는 글을 쓴다. [도덕] 공동체 의식을 갖고 공익을 추구하는 생활의 중요성을 이해하기	4
5	아름다운 선거	• 선거참여 UCC 만들기 • 대통령에게 편지 쓰기 • 투표 인증샷 찍기	[국어] 적절한 이유나 근거를 들어 주장하는 글을 쓴다, 쓰기의 과정을 이해하고 과정에 따라 글을 쓴다. [사회] 우리나라 민주화 과정에 대한 이해를 바탕으로 생활 속에서 참여와 민주주의를 실천하는 태도(예: 관용, 대화, 타협, 절차 준수 등)를 갖는다. [실과] 정보 기기의 종류, 특성, 기능을 이해하여, 생활 속에서 다양한 방법으로 활용한다.	4

본 수업의 성취기준은 2009 개정 교육과정 기준임.

3) 수업의 실제

(1) 조용한 외침

●1차시

1. 동기유발: 촛불집회 속 학생 발언 영상(선택)
- http://reurl.kr/4B6D9694SW

2. 우리는 언제 촛불을 들었나?
- 2002년 효순이·미선이 사건
- 2008년 미국산 광우병 소고기 수입 반대
- 2014년 세월호 침몰 진상 규명
- 2016년 박근혜 퇴진 요구

3. 촛불을 밝힌 사람들
- 나라를 바꾸기 위해 촛불을 밝혔던 사람들 찾아보고, 나를 돌아보기

4. 우리가 함께하는 이유
- 〈우리가 함께하는 이유〉 노래 듣기

●2차시

1. 동기유발: '노란 우산'으로 외치다
- 홍콩의 노란 우산: 홍콩 시민이 행진하게 된 이유와 '우산'을 들게 된
  이유 살펴보기

2. 우리의 외침을 바라보는 시선
- 외국인 인터뷰 영상: http://reurl.kr/4B6D9699YY
- CNN, 촛불시위 생중계 영상 보기

3. 자랑스러운 너의 외침
- 장애인 편의시설 요구, 임산부 주차공간 확대 요구, 청소년 두발 자유화

요구 사례 알아보기

4. 내가 사는 대한민국
   - 촛불 종이접기
   - '내가 사는 대한민국'에 외치고 싶은 말 적어 보기

첫 번째 소주제인 '조용한 외침' 수업은 2차시로 구성했다. 1차시는 민주주의 수업의 첫 단추이기 때문에 아이들의 삶과 관련 있는 흥미롭고 의미 있는 동기유발이 필요했다. 고민 끝에 비슷한 또래의 청소년이 촛불집회에서 발언하는 영상을 짧게 보여 주었다. 총, 칼, 수류탄 같은 무기가 아니라 오로지 촛불을 들고 소신 있는 자기 발언을 했을 뿐인데 이 조용한 외침으로 인해 많은 변화가 일어났다고 말하자, 한 학생이 "조용하지만 힘이 있네요!"라고 응답했다. 그리고 자연스럽게 촛불집회가 언제 어떠한 계기로 시작되었는지 그 역사를 알아보기로 하고 수업을 시작했다.

촛불집회의 역사는 2002년 효순이·미선이 사건부터 2008년 미국산 광우병 소고기 수입 반대, 2014년 세월호 침몰 진상 규명, 2016년 박근혜 전 대통령 탄핵까지 크게 네 가지로 소개했다. 2002년 효순이·미선이 사건은 대규모 촛불집회의 신호탄이자, 촛불을 들게 된 이유(효순이·미선이를 반딧불에 비유하여 우리도 함께 밤하늘을 비춰 주자는 의미)를 알 수 있는 사건이다. "이 사건으로 미군 장갑차 운전병 및 관제병은 어떻게 되었을까?" 하고 묻자 아이들은 "당연히 벌 받았겠죠"라고 답했다. 예상과 달리 재판에서 그들이 무죄 판결을 받았다고 하자 아이들은 분노했다. 교사는 그 당시 국민들도 이에 분노해 촛불을 들기 시작했다고 말해 주었다. 아이들은 촛불을 들었던 국민들의 마음을 이해하는 듯했다. 예나 지금이나 한미 SOFA협정에 문제점이 많기

때문에 그 부분을 다루고 싶었으나 흐름에서 벗어나는 주제라 다루지 못했다. 수업 협의를 할 때 다음 기회에 다루기로 선생님들과 이야기를 나누었다.

2008년 미국산 광우병 소고기 수입 반대 집회를 소개할 때에는 광우병 소고기가 실제로 인체에 유해한지 여부에 초점을 맞추지 않았다. 그 당시 경찰의 폭력으로 집회에 참석했던 만화가 박건웅 씨가 부상을 당했는데, 이 소식을 접한 만화가들이 경찰의 폭력에 대응한 자세에 대해 살펴보고자 했다. 이들은 똑같은 폭력으로 대응하지 않고 조용하게 자신들의 목소리를 냈다. 광우병 소고기 수입에 반대한다는 주제로 릴레이 만화를 그리기 시작한 것이다. 이러한 만화가들의 효과적이고 평화적인 대응으로 더 많은 사람들이 평화적으로 집회에 참여할 수 있었다. 인터넷에서 만화를 검색해 볼 수 있는데, 아이들이 이해하기에 다소 어려워서 보여 주지는 않았다.

그 후 세월호 진상 규명과 박근혜 전 대통령 퇴진을 위한 촛불집회는 아이들도 잘 알고 있기 때문에 직접 집회에 참석해 보았던 경험과 소감, 세월호를 보고 와서 느낀 점 등에 대한 이야기를 나누었다. 그리고 세월호가 인양되기까지의 길고 긴 과정, 박근혜 전 대통령 퇴진을 위해 2016년 10월부터 매주 이어진 집회 등을 통해 우리는 무엇을 얻었는지 되돌아보며 조용한 외침의 힘을 마음으로 느꼈다.

세월호 사건

끝으로 〈우리가 함께 하는 이유〉라는 노래를 들었다. 수업에서 아이들이 꼭 느꼈으면 하는 마음들이 노래의 가사에 잘 드러나 있어 더욱 좋았다. 노래를 들은 후 우리가 밝혔던 촛불의 의미를 2줄로 정리해 보았다. '우리의 마음을 포기하지 않고 말하는 것', '촛불의 작은 희망이 켜지면 아주 큰 희망이 생긴다', '꺼지지 않는 촛불은 포기하지 않는 사람이다', '진실의 승리를 위해 거짓을 밝히는 것', '시민들이 진짜 나라의 주인임을 다시 알게 해 주는 것' 등과 같은 대답이 나왔다.

'조용한 외침' 2차시 수업에서는 '내가 사는 대한민국에 외치고 싶은 것'이 무엇인지 고민해 보는 데 초점을 맞추었다. 그래서 우리의 외침은 불편하고 부당한 삶의 구석구석을 변화시키는 자랑스러운 외침이며, 지금도 많은 사람들이 변화를 외치고 있음을 먼저 알려 주었다.

동기유발에서는 홍콩의 노란 우산 행진을 소개했다. 우리나라의 촛불집회와 비슷한 문화가 외국에도 있다는 것을 알면 흥미로워할 것 같았다. 홍콩은 중국 남부의 특별 행정구로, 1997년 영국에서 중국으로 반환된 후 국방과 외교를 제외한 영역에서 독립성을 가지고 있는 도시이다. 홍콩의 최고책임자를 뽑는 데 중국이 관여해서 후보를 정해 주자, 민주적인 결정권을 달라고 외치며 행진했다. 아이들에게 "그런데 왜 노란 우산을 들고 행진했을까?"라고 물으니 "노란색이 희망을 상징해서" 혹은 "그날 비가 와서" 등의 대답을 했다. 노란 우산을 들었던 이유는 경찰 진압 과정에서 뿌려 대는 물대포와 최루가스를 막고 이에 맞서서 꿋꿋이 행진하기 위해서였다. 홍콩의 노란 우산 행진은 평화의 가치를 실천한 행진이며 민주주의에 대한 국민의 열망이 담겨 있기에 의미 있는 동기유발 자료라고 생각했다.

외국에서도 우리의 촛불집회를 관심 있게 보고 있다는 사실을 광화문 광장의 외국인 인터뷰 영상, CNN 중계 영상을 통해 보여 주었다. 아이들은 외국인들이 이렇게까지 좋게 생각할지 몰랐다며 어리둥절해

했다.

그런 다음 국민들이 모여 대규모 시위를 하는 현장이 아니더라도 삶의 현장에서 목소리를 낼 수 있음을 세 가지 사례를 통해 살펴보았다. 휠체어를 타는 지체장애인들이 투표권을 행사할 수 있도록 투표장 입구에 경사로를 설치해 달라고 요구한 것, 임산부의 건강과 편의를 위해 넓은 주차공간을 확보해 달라고 한 것, 개성을 살리고 드러낼 수 있는 권리를 달라는 청소년들의 두발 자유화 외침. 아이들은 두발 자유화를 향한 외침에 관심이 많았다. 과거에는 귀밑 3cm 규정이 있었고 염색이나 파마는 상상도 할 수 없었다는 것에 대해 저마다 한마디씩 했다. 현재 익산의 일부 중학교에는 아직도 엄격한 두발 및 복장 규정이 있다는 것을 알고, 이해할 수 없다는 듯 고개를 젓기도 했다.

다음으로 내가 사는 대한민국에 외치고 싶은 것을 찾아 적어 보았다. 나뿐만 아니라 우리 가족, 친구, 이웃에게 필요한 것은 무엇인지, 평소에 어떤 점이 불편했는지, 우리가 권리를 침해당하고 있었던 것이 무엇인지 고민해 보았다. 한 학생은 학원을 마음대로 쉴 수 있는 권리를 달라고 했다. 엄마의 강압에 못 이겨 하루도 쉬지 못하고 공부해야 하는 자신의 삶에 대한 불만이 깊어 보였다. 공부하는 것은 나인데 쉬는 것도 내가 결정할 수 있어야 하는 게 아니냐고 말했다. 자전거를 즐겨 타는 학생은 사전거 도로가 울퉁불퉁해서 넘어지게 되니 자전거 도로를 보수해 주기를 원했다. 가족과 저녁을 함께 먹고 오붓한 시간을 보내고 싶은데 엄마의 퇴근이 너무 늦으니 가족의 행복을 위해 칼퇴근을 할 수 있게 해 달라고 요구하는 학생도 있었다. 평소에는 외쳐야 한다고 생각지도 못한 것들이지만 드러내 놓고 보니 정말 변화할 필요가 있는 것들이었다.

마지막으로 A4 용지를 가지고 촛불 종이접기를 한 후 자신의 외침을 적어 다 같이 게시했다. 학급 클래스팅에 올리니 '우리 아이가 많이 커서 이제 이런 생각도 할 줄 안다'며 기특해하는 부모님들이 계셨다.
이 수업의 가장 큰 성과는 아이들이 자신의 삶에서 변화의 필요성을
조금이나마 바라볼 줄 알게 된 것이라고 생각한다.

내가 대한민국에 외치고 싶은 것

(2) 민주화 순례

1. 4·19 혁명
- 〈효자동 이발사〉 편집본 시청
- 4·19 혁명의 발생 원인과 전개 알아보기
- 4·19 혁명의 의미 알아보기

2. 5·18 민주화운동
- 5·18 민주화운동의 발생 원인과 전개 알아보기
- 전두환 대통령에 대한 평가

3. 6·10 민주항쟁
- 6·10 민주항쟁의 발생 원인과 전개 알아보기
- 6·10 민주항쟁의 의의 알아보기
- 4·19, 5·18, 6·10 민주화운동의 공통점 알아보기

두 번째, '민주화 순례' 수업은 지난 반세기 동안 우리가 이루어 낸 민주주의의 역사를 간략하게 알아보는 시간이다. 소단원의 제목에 '순례'라는 단어를 사용한 것은 우리가 누리고 있는 민주주의가 이루어지기까지 수많은 사람들이 죽고 다치는 등 고난의 시간이 있었다는 것을 강조하기 위함이다. 5학년 사회과 성취기준 중에 "우리나라 민주화 과정에 대한 이해를 바탕으로 생활 속에서 참여와 민주주의를 실천하는 태도(예: 관용, 대화, 타협, 절차 준수 등)를 갖는다"가 있지만, 현대사를 배우지 않은 5학년 아이들이 해당 성취기준에 도달하기는 어렵다. 그래서 우리는 이 단원에서 간략하게 전체적인 흐름만 알 수 있도록 협의하고, 민주화 과정의 굵직한 사건인 4·19 혁명, 5·18 민주화운동, 6·10 민주항쟁 정도만 다루기로 했다.

처음에는 학생들에게 4·19 혁명, 5·18 민주화운동, 6월 민주항쟁을 가르친다는 것에 대해 걱정이 많았다. 아이들이 선사시대, 삼국시대보다 더 낯설게 느끼는 근현대사이기도 했고, 더더욱 생소한 정치 관련 수업이기 때문이다. 어려운 부분일 수밖에 없기에 이 소주제는 주로 교사들이 아이들에게 이야기를 들려주는 방식으로 진행했다. 4·19 수업에서는 실제 이승만 대통령의 음성을 신기해했고, 어떻게 저러한 사건들을 영상으로 찍었는지에 대해 호기심을 보였다.

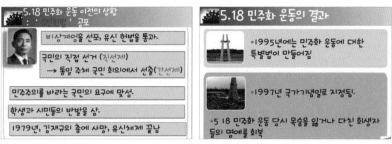

5·18 민주화운동 상황과 결과

　5·18 수업은 5·18 즈음하여 다시 계기 교육을 할 예정이라 간단한 진행과정만 가르쳤다. 아이들은 우리나라 군대가 우리나라 사람들을 때리고 죽였다는 사실을 믿지 못하는 것 같았다. 전두환 대통령이 살아 있느냐고 묻는 아이들도 있었다. 현대사를 가르칠 때마다 대한민국의 대통령들이 역사적으로 긍정적인 평가를 받지 못하는 현실을 가르쳐야 한다는 안타까움과 불편함이 존재한다. 이 수업에서도 그랬다. 5학년 아이들에게 어디까지 가르쳐야 할 것인지 고민이 되었다.

　6월 항쟁으로 인해 대통령 직선제를 이루어 냈다고 이야기했더니 아이들은 대통령을 국민이 직접 뽑기 시작한 게 그다지 오래되지 않았다는 사실에 놀라워했다.

　세 가지 굵직한 사건을 짧은 시간에 배우다 보니 아이들이 각 사건들의 구체적인 내용을 헷갈려 했다. 그렇지만 아이들은 현재 대한민국의 민주주의가 이루어지기까지 얼마나 많은 노력이 있었는지에 대해 어렴풋이 깨닫는 것 같았다. 어려울 것이라 예상했던 이 수업이 생각보다는 의도한 목표를 달성한 것 같아 다행스러웠다.

(3) 시민의 눈

1. '부정선거 기획' 해 보기
- 내가 부정선거를 하고자 하는 사람이라면 어떤 기획을 할까?(모둠 활동)

2. 선거관리위원이 되어 보기
- 선거관리위원에 묻고 싶은 질문 베스트 5 만들기
- 컴퓨터 프로그램, 전자개표, 수개표에 대해 생각해 보기
- 토의토론: 차기 선거에서는 어떤 개표 방식을 선택해야 할까?

3. 시민의 눈
- 투표함 지킴이 영상 시청: http://go9.co/JhZ 6분 58초
- 시민의 눈 홍보 영상: http://go9.co/JhY 1분

4. 마무리: 꽃피는 봄, 장미 대선
- 5월 9일 장미꽃 피는 시기에 치러짐. 지금까지 대선은 겨울에 치러졌는
  데, 이번에는 탄핵으로 인해 꽃피는 봄에 치러짐

　세 번째 '시민의 눈' 수업에서는 '부정선거 기획'을 했다. '내가 부정
선거를 하고자 하는 사람이라면 어떤 기획을 할까?' 상상해 보았다. 아
이들이 상상한 것은 대부분 '자신을 찍으라고 협박한다', '자신의 표를
미리 만들어 넣는다'였다. 협박의 수위가 좀 높게 나와서 좀 당황스럽
기도 했다. 다음으로 모둠별로 선거관리위원에 묻고 싶은 질문 '베스트
5'를 만들어 보고, 시민이 자발적으로 만든 단체인 '시민의 눈'에 대해
알아보았다. '시민의 눈'이 어떤 운동을 벌이고 있는지를 영상을 통해
알아보고, 기사 검색도 했다. 이 단체가 어떤 일을 하고 있는지, 어떻게
참여할 수 있는지 알아보았다. 부재자 투표함 지키기, 투표소 참관인
으로 참여하기 등에 많은 인원이 필요하므로 더 많은 신청이 필요하다

는 것, 직접 참여하지 못하는 경우 후원금을 보내는 방법 등 참여 방법에 대해 알아보았다. 마무리로 시민단체의 필요성, 주권자로서 권리를 지키기 위해 노력하는 것이 얼마나 소중한지 이야기 나누며 수업을 마쳤다.

(4) 장미 대선

1. 어렵게 얻은 참정권
- 참정권 영상 보기: 지식채널e 〈어렵게 얻은 참정권〉
- 참정권이란 무엇일까?
  여성과 노예가 참정권을 얻기 위해 했던 노력 알아보기

2. 대선 후보 공약 알아보기
- 모둠별로 대선 후보의 공약 알아보기

3. 내가 만든 대선 공약
- 모둠별로 후보자와 정책보좌관이 되어 대선 공약 만들어 보기
- 준비물: 4절 색지, 보드마커

4. 모의 투표하기
- 친구들의 공약을 분석하여 모의 투표하기
- 모의 투표 학습지 사용

이 수업의 목표는 2017년 장미 대선 후보자들의 공약을 분석하고, 학생 스스로가 공약을 만들어 봄으로써 민주시민의 주체적인 역할을 간접적으로 경험해 보는 것이다. 먼저 참정권에 대해서 배웠다. 그리고 나서 참정권의 정의를 간단한 자음 퀴즈를 통해 알아보았다. 참정권이 모두에게 공평하게 돌아가기 위해 노력한 사람들에 관한 지식채널e 영상도 보았다.

다음에는 장미 대선 후보자들의 공약을 분석했다. 아이들이 집에서 미리 가져온 공보지를 살펴보고 후보별로 마음에 드는 공약들을 오려 붙였다. 절반으로 자른 전지와 유성매직을 모둠별로 나눠 준 후, 주요 후보인 5명의 공약을 분석해 보았다. 처음에는 후보자들의 공약이 무엇인지 잘 파악하지 못하는 아이들이 많았다. 후보자들의 대표적인 슬로건을 공약으로 이해하는 아이들이 많아 공약이 무엇인지부터 설명했다. 설명을 듣고 나자 아이들은 공약을 잘 찾아냈다. 공약을 찾아서 쓰는 것이 힘들 것 같아 오려 붙이게 했더니 간단했다.

처음에 공약 분석 수업을 계획했을 때는 후보자 이름만 쓰고 그 아래에 공약을 쓰거나 붙이는 단순한 활동이었는데, 아이들이 후보자의 사진을 이용해서 멋진 공약 분석물을 만들어 냈다. 덕분에 후보자 간의 공약이 더 확실하게 구분되어 좋았다.

다음에는 아이들이 대통령 후보가 되어 자신들과 관련된 공약을 직접 만들어 보았다. 네 명 중 한 명이 대통령 후보자가 되고 세 명은 정책보좌관이 되었다. 각 모둠이 추구하는 바를 담아 당 이름도 정하고, 선거 벽보를 관찰해서 선거 포스터에 들어가야 하는 것들에 대해 생각해 보게 했더니 아이들은 선거 포스터에 후보자 이름, 번호, 사진, 간단한 공약이 들어간다는 것을 쉽게 파악했다. 후보자 사진은 아이들이 직접 초상화로 그리기로 했다. 사진을 사용할 때보다 시간이 더 오

대통령 후보 공약 분석

모의 투표 후보들의 공약

래 걸렸지만, 아이들이 직접 그린 것이어서 후보자의 특징이 익살스럽게 잘 나타났다. 아이들이 직접 공약을 만드니 추상적이고 구체적이지 않은 것들도 있었다. 또, 이전에 대통령 후보자들의 공약을 분석해 본 경험이 있어서 그것과 비슷하게 공약을 만드는 경향을 보이기도 했다. 그래서 학생들에게 우리의 삶과 직접적으로 관련된 것들을 생각해 보자고 조언했다. 평상시 학생들이 학원 가는 것을 싫어했기 때문에 '초등학생이 다니는 학원을 없애겠다' 등의 공약같이 자신들이 정말로 원하는 것을 써 보자고 제안했다. 그랬더니 학생들은 평상시 불만이었던 것들에 대한 개선점을 공약으로 적기 시작했다. 아이들은 진짜 정책보좌관과 후보자가 된 것처럼 서로를 '후보님', '보좌관님'이라 부르며 재미있게 활동을 했다.

마지막으로는 후보자들이 직접 나와서 자신의 공약을 발표하고 유세를 한 후, 모의 투표를 실시했다. 다른 당의 핵심 공약들을 정리하는 학습지를 나눠 주었더니 발표에 더 집중하며 들었다. 발표를 다 듣고, 가장 적합한 후보자를 선택하고, 그 이유를 적어 보았다. 아이들은 대부분 맘에 드는 공약을 제시해 준 후보자를 선택했다. 개표 후 당선자를 발표했더니 당선되었다는 사실만으로도 정말 기뻐했다.

수업을 하고 보니 아이들은 생각했던 것보다 정치에 대해 관심이 많았다. 텔레비전이나 부모님과의 대화를 통해 들은 내용이 많아서

인 듯했다. 아이들이라 잘 모를 거라고 은근히 무시했던 것 같아 미안했다.

아이들이 자신만의 공약을 만든 것을 보니 평상시 학교생활에 대한 불만 사항을 간접적으로 파악할 수 있었고, 이를 학급 운영에 참고해도 좋을 것 같았다. 우리 학년은 회장이나 반장을 뽑지 않기 때문에 아이들이 공약을 만들어 보고, 투표를 하고, 개표하는 과정들을 신기해하고 좋아했다.

(5) 아름다운 선거

1. 동기유발: 선거참여 독려 영상 보기
- http://reurl.kr/4B6D96A8KQ
  2016 서울시 선관위 선거 UCC 콘테스트 대상 작품(1분 10초)
- http://reurl.kr/4B6D96A9MT
  2016 서울시 선관위 선거 UCC 콘테스트 우수상 작품(2분 9초)

2. 선거참여 UCC 콘테스트
- 다양한 방법으로 UCC 영상 만들기: 그림, 표어 그려 넣기, 역할극 동영상으로 찍기
- 우리 반 작품 감상하고 대표 UCC 뽑기
- 다른 반 작품 돌려보기

3. 대통령에게 편지 쓰기
- 우리가 정치에 참여하는 방법
- 당선자에게 부탁하는 편지 쓰기

4. 선거 인증샷 클래스팅에 올리기
- 부모님과 함께 장미 대선 참여: 인증샷 찍어 클래스팅에 올리기
- 19대 대선에서 달라진 인증샷 찍기

다섯 번째, '아름다운 선거'는 '촛불로 일으킨 민주주의' 수업을 마무리하는 수업이다. 촛불집회를 시작으로 우리의 민주화 과정을 살펴보고, 공정한 선거를 위한 시민들의 노력, 대선 후보들의 공약을 알아보는 동안 어느덧 선거일이 다가왔다. 선거일 전에, 먼저 선거참여 UCC를 모둠별로 만들어 보았다. 아직 UCC나 동영상 만들기 등이 익숙하지 않은 아이들에게 2016년 서울시 선관위 선거 UCC 콘테스트에서 수상한 작품을 예시로 보여 주었다. 아이들 눈높이에서 제작된 영상들이고, 길이가 길지 않아서 아이들이 쉽게 이해할 수 있었다.

그래도 쉽게 시작하지 못하는 아이들을 위해 미술 수업과 연계하여 '선거 독려 포스터'를 그리는 시간을 가졌다. 우리가 왜 선거에 참여해야 하는지, 짧은 글과 간단한 그림으로 정확하게 A4 한 장에 녹여 내는 아이들을 보니 그동안의 '촛불로 일으킨 민주주의' 수업이 헛되지 않았음이 느껴져 뿌듯했다.

선거 독려 포스터를 한 장씩 손에 쥐고 아이들이 동영상을 찍고 편집하여 짧게는 30초 정도의 UCC를 만들어 클래스팅에 올렸다. UCC 내용을 모둠 친구들과 구상하며 아이들은 아름다운 선거에 대해 더 많이 생각하고 이야기를 나누었다. 처음엔 'UCC 콘테스트'로 수업을

 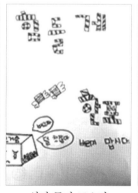 

선거 독려 포스터

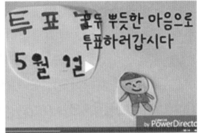

선거참여 UCC

구상했지만, 아이들이 모두 적극적으로 참여하는 모습을 보고 수업을 수정했다. 우수한 UCC를 뽑지 않고, 다른 친구들의 의미 있는 작품을 같이 살펴보는 것으로 UCC 콘테스트 수업을 대신했다. 우리 반 친구들의 작품을 살펴보고 다른 4개 반 아이들의 UCC를 살펴보았다. 실제 친구들이 나오는 영상을 보니 아이들이 반가워하며 더 잘 집중했다. 친구들이 모두 잘 만들었다며 칭찬하고 감탄하는 아이들 모습에 웃음이 났다. 아이들은 자신들이 알고 있던 노래의 가사를 바꿔 부르기, 그림으로 표현하기, 수업시간에 배운 내용을 자막으로 넣기 등 여러 가지 형식으로 선거참여의 중요성을 표현했다.

선거참여 독려 활동을 하고 나서, 선거일에는 부모님과 함께 장미 대선에 참여하는 방법으로 투표소를 방문해 인증샷을 찍어 클래스팅에 올리도록 했다. 투표소 앞에서 인증샷을 찍어 SNS에 게시할 때 특정 후보의 기호를 표시한 것으로 오해할 수 있는 엄지손가락 들기, 손가락으로 V 그리기 등이 그동안은 금지됐지만, 19대 대선에서는 가능해졌다는 점을 미리 안내했다. 많은 부모님이 기꺼이 같이 참여해 주셨고, 클래스팅에 올라온 사진에 아이들끼리 서로 댓글을 달면서 칭찬하는 모습이 보였다.

선거 다음 날, 아침부터 새로운 대통령 이야기, 선거 이야기로 교실이 시끌시끌했다. 아름다운 선거 수업 마지막은 '새 대통령에게 편지 쓰기'였다. 우리가 정치에 참여하는 방법으로 대통령에게 좋은 정치를 부탁하는 편지 쓰기를 했다. 편지에 어떤 내용을 적으면 좋을지, 가정, 학교, 국가를 생각했을 때 더 좋게 바뀌었으면 하는 부분은 무엇인지, 편지를 쓸 때 어떤 점에 주의해야 하는지를 자세히 설명하고 생각할 수 있도록 아이들과 같이 이야기한 후 편지 쓰기에 들어갔다. 아이들은 진짜 새 대통령이 이 편지를 읽는지 궁금해했고, 선생님이 실제로 우편으로 보내 줄 것이라고 약속하니 눈빛이 진지해졌다. 아이들은 편지에 축하 인사, 응원뿐 아니라 대통령에게 바라는 점을 빼곡히 써 내려갔다. 미세먼지, 경제문제, 사회적 약자 배려, 공약 실천, 자신들이 살고 있는 지역의 발전 등 꽤 여러 분야에 대해 자세한 내용을 편지에 써 내려갔다.

　수업을 마치며 아이들과 새롭게 알게 된 점이나 느낀 점 등을 이야기해 보았다. 앞으로도 우리 사회에서 일어나는 일이나 정치에 관심 갖는 사람이 되기를 약속하면서 아름다운 선거, 촛불로 일으킨 민주주의 수업을 마무리했다.

4.

누구나 꽃이 피었습니다
뉴스를 보다 속이 터질 때 하는 수업

#인권신장 #5학년 #어린이인권 #남성·여성인권 #노인인권

1. 수업 들어가기

김 교사 선생님들~ 어제 뉴스 봤어요? ○○지역에서 일어난 아동 학대 사건 말이에요. 아휴, 요즘 뉴스에서 나오는 사건 보면 너무 끔찍하네요.

박 교사 그뿐만인가요? 그제는 △△시에서 장애인 혐오 사건도 있었 잖아요.

오 교사 눈떴다 하면 말도 안 되는 학대 범죄에 혐오 사건에⋯ 정말 아이들 키우기 무서운 세상이네요.

이 교사 이런 게 다 인권문제죠. 표면적으로는 인권을 중요하게 여기 는 세상이지만 아직도 그렇지 못한 경우가 많아요.

김 교사 맞아요. 입으로는 인권, 인권 하지만 이게 세상 속에서는 잘 실천이 안 되니까 그러는 거죠. 함께 행복해야 하는데 나만 행복 하려고 하니까 그러는 것 같아요. 에휴⋯.

박 교사 아! 선생님들~ 우리 5학년 1학기 사회에 인권 단원이 있는 데 우리 아이들이 함께 살아가는 방법을 배우는 수업으로 만들 어 보면 어떨까요?

김 교사 그거 좋은 생각이네요. 교과서에 나오는 자료로 수업하는 것 도 좋지만 아이들이 인권을 제대로 알아보고 실천할 수 있는 진 짜 수업을 만드는 거예요.

오 교사 아이들의 생활과 좀 밀착시켜서 만들어 보면 어떨까요?

김 교사 음. 그럼 아동들로부터 시작해서 주변 사람들로 확대시켜도 좋을 것 같아요. 엄마 아빠면 여성, 남성 인권이나 할머니, 할아 버지면 노인 인권? 그렇게요.

이 교사 그럼 이런 인권 사례들과 관련된 그림책이나 영상 같은 것도 넣어서 구성하면 좋을 것 같아요. 아무래도 교과서보다는 이런 자료들이 더 몰입도 잘되고 아이들에게 느끼는 바를 주지 않을까요?

김 교사 캠페인처럼 아이들이 흥미롭게 참여할 수 있거나 몸을 움직일 수 있는 활동들도 넣으면 좋겠네요. 기왕이면 좀 재미있게 배워야죠.

박 교사 이렇게 다양한 인권 침해 사례를 접하다 보면 인권 감수성도 높아질 것 같아요.

오 교사 세상에는 다양한 사람이 있다는 것을 알고 그 차이를 인정하는 것 자체만으로도 정말 큰 공부죠. 나의 인권을 지키는 것만큼 타인의 인권을 지켜 주는 것도 중요하다는 것을 깨달았으면 좋겠네요.

김 교사 그러게요. 아이들도 정의로운 사회 만들기에 힘을 보탤 수 있다는 사실을 이 수업을 통해 스스로 알았으면 좋겠어요. 한번 고민하면서 수업을 만들어 봅시다.

2. 수업 펼치기

1) 수업의 개요

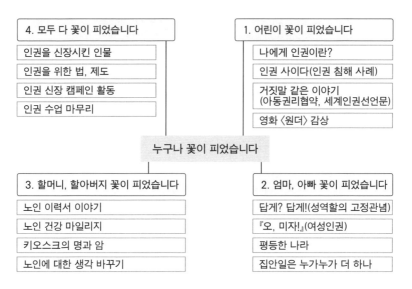

2) 수업 내용

	단원명	실행 시기	주요 내용	성취 기준	차시량
1	어린이 꽃이 피었습니다	7월	• 영화〈원더〉시청 • 거짓말 같은 이야기 -내가 살아가면서 필요한 것들(마인드맵 그리기) -그림책:『거짓말 같은 이야기』 -아동권리협약, 세계인권선언문(주요 내용) 알아보기 • 인권 사이다 -우리 생활 주변에서 볼 수 있는 인권 침해 사례 살펴보기(학교생활, 장애인, 다문화, 노동자 관련) -내가 할 수 있는 일, 하고 싶은 말 나누기 • 나에게 인권이란? -내 손바닥을 본뜬 그림 안에 인권에 대한 생각을 쓰고 오려 붙이기	[교사개발] 나의 생활을 돌아보며 가까운 곳부터 인권을 찾을 수 있다. [6사02-02] 생활 속에서 인권보장이 필요한 사례를 탐구하여 인권의 중요성을 인식하고 인권보호를 실천하는 태도를 기른다. [6국01-07] 상대가 처한 상황을 이해하고 공감하며 듣는 태도를 지닌다. [6도03-01] 인권의 의미와 인권을 존중하는 삶의 중요성을 이해하고, 인권 존중의 방법을 익힌다.	[교사개발] 다른 사람들의 삶에 대한 공감을 통해 인권 감수성을 높인다.	6

2	엄마, 아빠 꽃이 피었습니다	7월	• 답게? 답게!(성역할의 고정관념) • 그림책: 『오, 미자!』(여성 인권) -미자 씨에게 보내는 응원 • 그림책: 『평등한 나라』 -평등하게 색칠하기 • 집안일은 누가 누가 더 하나 -관찰하기 -우리 집의 장점, 고쳐야 할 점	[6사02-02] 생활 속에서 인권보장이 필요한 사례를 탐구하여 인권의 중요성을 인식하고 인권보호를 실천하는 태도를 기른다. [6국01-02] 의견을 제시하고 함께 조정하며 토의한다. [6국05-05] 작품에 대한 이해와 감상을 바탕으로 하여 다른 사람과 적극적으로 소통한다.	[교사개발] 다른 사람들의 삶에 대한 공감을 통해 인권 감수성을 높인다.	3
3	할머니, 할아버지 꽃이 피었습니다	7월	• 노인 이력서 이야기(경제적 약자) -노인이 일자리를 찾는 이유 -영상: 〈100세 인생 일자리를 찾습니다〉 • 노인 건강 마일리지 이야기(건강, 신체적 약자) • 키오스크의 명과 암 이야기(정보통신기술의 약자) • 노인에 대한 생각 바꾸기	[6사02-02] 생활 속에서 인권보장이 필요한 사례를 탐구하여 인권의 중요성을 인식하고 인권보호를 실천하는 태도를 기른다.		2
4	모두 다 꽃이 피었습니다	7월	• 인권을 신장시킨 인물 -인권을 위해 힘쓰신 분 -개별 조사 발표하기 -5학년이 주는 인권상(학급-학년 전체) • 인권을 위한 법, 제도 -헌법 제10조 살펴보기 -국가인권위원회 알아보기 • 인권 신장 캠페인 활동(자신이 가장 중요하게 생각하는 인권 관련) • 마무리 -인권여행 보드게임 -정의로운 출발선 그리기 -인권이 무너지면 전부가 무너집니다(공익광고) 살펴보기	[교사개발] 인권 신장을 위한 여러 사람들의 노력을 통해 내가 할 수 있는 일을 찾아 실천할 수 있다. [6사02-03] 인권보장의 측면에서 헌법의 의미와 역할을 탐구하고 그 중요성을 인식한다. (변경 전: 설명한다) [6사02-01] 인권의 중요성을 인식하고 인권 신장을 위해 노력했던 옛사람들의 활동을 탐구한다.		4

3) 수업의 실제

(1) 어린이 꽃이 피었습니다

1. 영화 〈원더〉 감상
- 감상 학습지 작성하기

2. 거짓말 같은 이야기
- 내가 살아가면서 필요한 것들 마인드맵 그리기
- 그림책『거짓말 같은 이야기』읽기
- 이야기 속 친구들에게 필요한 것(권리) 생각해 보기
- 아동권리협약, 세계인권선언문(주요 내용) 알아보기

3. 인권 사이다
- 우리 생활에서 볼 수 있는 인권 침해 사례 살펴보기(학교생활, 장애인, 다문화, 노동자 관련)
- 내가 할 수 있는 일, 하고 싶은 말 나누기

4. 나에게 인권이란?
- 내 손바닥 그림에 인권에 대한 생각을 쓰고 오려 붙이기

인권수업 '누구나 꽃이 피었습니다'의 수업열기 활동이자 '1. 어린이 꽃이 피었습니다'의 첫 번째 수업 활동으로 〈원더〉라는 영화 감상을 선택했다. 어렵게, 심각하게 느껴질 수 있는 인권수업을 아이들의 수준에서 부드럽게 시작하기 위한 것이 그 이유이다. 〈원더〉는 선천적 안면기형으로 태어난 '어기'의 이야기로 편견과 차별이 가득한 세상에서 어기는 특별함으로 인해 상처도 받지만 끝까지 용기를 내어 그 안에서 작은 변화를 일으킨다는 이야기다.

다르다는 것에는 누구나 익숙하지 않다. 그렇기에 나와 다른 누군가

영화 〈원더〉 감상하기

에게 먼저 손 내밀고 친절하기는 어려울 수 있다. 〈원더〉를 통해 다름을 인정하고 친절이 일상생활처럼 반복되면 쉬워질 것이며, 친절은 또 다른 친절을 낳게 된다는 것을 우리 아이들에게 알려 주고 싶었다. 아이들은 이 영화를 보고 어기는 어떤 사람인지, 어기에게 친절하지 않은 상황에서 어기는 어떤 느낌일지, 친구가 손을 내밀었을 때 어땠을지 등 감상 활동지에 자신의 생각을 정리했다. 아이들은 어기가 느낀 세상의 편견에 대한 아픔에 충분히 공감했는데, 어떤 아이는 따돌림을 당한 적이 있던 자신의 이야기를 꺼내 놓기도 했다. 아이들의 마음속에는 따뜻함과 친절함이 존재한다. 하지만 친절의 첫걸음을 어렵게 생각하고 있었다. 어떻게 해야 아이들의 내면에 용기를 심어 줄 수 있을까? 앎과 동시에 실천으로 옮기는 배움을 가르쳐야겠구나 다짐하게 된 첫 번째 수업이었다.

그림책 『거짓말 같은 이야기』는 지구촌 곳곳에서 일어나는 자연재해, 전쟁, 가난, 기아 등으로 인해 어린이들이 고통을 받는 이야기들을 담담하게 담아내고 있다. 이 책을 통해 우리가 평범하게 생활하는 동안 세상의 다른 한편에서는 거짓말 같은, 거짓말이면 좋을 것 같은 일들이 일어나고 있다는 것을 알려 주고 싶었다. 그리고 일상생활에서 아이들이 '어린이라면 당연히 누려야 할 권리'가 무엇인지 알았으면 좋겠다고 생각했다. 일상적인 생활 속에서 평범한 우리 아이들에게 '살아가면서 필요한 것들'에 대해 생각해 보고 마인드맵으로 나타내는 활동으로 '거짓말 같은 이야기' 수업을 시작했다. 마인드맵의 시작은 눈으로 쉽게 볼 수 있는 집, 옷, 돈, 음식, 가전제품 등과 같은 물질적인 내용으로 시작했지만 가족, 사랑, 친절, 존중, 깨끗한 환경 같은 돈으로 환산할 수 없는 진지한 개념들로 발전하며 생각의 범위가 넓혀지는 것을 볼 수 있었다.

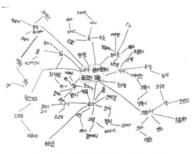
내가 살아가면서 필요한 것들

그림책 『거짓말 같은 이야기』 읽기

『거짓말 같은 이야기』를 함께 읽은 후 그림책 속 아이들에게 필요한 것들이 무엇인지 이야기를 나누었다. 수업의 첫 단계에서 살아가면서 필요한 것들에 대해 미리 생각해 보았기 때문에 아이들은 각 인물들에게 필요한 것들이나 주고 싶은 것들에 대해 어렵지 않게 이야기를 나눌 수 있었다. 이야기를 나누는 동안 책 속의 아이들이 고통스러운 상황을 벗어날 수 있도록 해 주고 싶어 하는 우리 아이들의 따뜻한 마음을 느낄 수 있었다. 『거짓말 같은 이야기』에 이어 어린이와 청소년의 인권을 보호하기 위한 어른들의 약속인 UN아동권리협약과 세계인권선언문의 주요 내용에 대해서도 알아보았다. 어린이로서 누려야 할 당연한 권리가 있다는 것을 알고 이 권리를 행사하면 좋겠다는 교사의 욕심을 담아 수업을 진행했다.

세 번째 수업 활동인 인권 사이다는 아이들이 생활 주변에서 접할 수 있는 인권 침해 사례를 제시하고 그 상황에서 사건의 당사자들에게 해 주고 싶은 말이나 내가 할 수 있는 일을 요즘 말로 '사이다'처럼 속 시원하게 제시해 보는 활동이다. 인권 침해 사례로 학교 안에서 일어 나는 친구들 간의 갈등, 주변 이웃들에게서 볼 수 있는 다문화가정 관 련 사례, 장애인 관련 사례, 노동자 관련 사례를 제시했다. 각 사례별로 피해자에게 용기를 주는 말이나 가해자에게 하고 싶은 말을 포스트잇 에 적은 후 생각 모음판에 모아 보았다. 모둠 활동으로 더 다양하게 의 견을 나누면 좋았을 텐데 코로나19 상황에서 아이들의 생각을 최대한 표현하기 위해서 생각한 것이 생각 모음판이었다. 활발한 소통은 하 지 못했지만 다행히도 생각 모음판에서 다양한 아이들의 감정과 생각 을 볼 수 있었다. 그 안에서 공감, 가해자에 대한 분노와 질책, 안타까 움, 격려, 용기, 배려 등을 볼 수 있었다. "여러분은 특별한 사람이에요. 이상한 사람이 아니에요. 절대 자책하지 마세요.""틀린 것이 아니에요. 다른 거예요. 그러니까 항상 당당하게!"와 같이 정말 힘이 될 만한 말 들이었다. 그리고 "부당한 상황에서는 신고를 하거나 어른들에게 도움 을 청할 것이다"와 같이 직접 상황에 뛰어들겠다고 하는 적극성도 보 였다. 아, 아이들의 친절함이 점차 꽃을 피우고 있었다.

마무리 활동으로 '나에게 인권이란?' 무엇인지 손바닥 그림을 그려 그 안에 표현하기를 했다. 손바닥을 본떠 그림을 그리고, 자신들이 이 해한 인권의 개념을 쓰거나 인권을 지켜 나갈 때 필요한 친절, 배려, 존중과 같은 가치와 덕목들을 손가락 하나하나에 적기도 했다. 인권에 대해 아이들이 생각한 내용을 살펴보면서 나도 모르게 고개가 끄덕여 졌다.

'어린이 꽃이 피었습니다'를 마치면서 든 생각은 '시작이 반'이라는 것이다. 처음 인권수업을 준비할 때에는 많은 고민이 있었다. 인권이라 는 것 자체가 눈에 보이지 않는 개념이고 그 범위가 넓어 아이들이 인

| 인권 사이다 생각 모음 | 우리가 생각하는 인권이란? |

권의 개념을 이해하기 어려울 것 같았다. 하지만 첫 번째 소단원이 끝나고 아이들은 인권의 개념에 대해 충분히 잘 받아들였으며 인권 감수성도 상당히 높다는 것을 알게 되었다. 그리고 그것을 표현할 용기와 방법을 조금만 끌어내 주면 충분히 행동할 수 있을 것이라고 확신하게 되었다. 이어지는 인권수업에서의 교사의 역할에 다시 한번 무게감을 느끼며 '어린이 꽃이 피었습니다'를 마친다.

(2) 엄마, 아빠 꽃이 피었습니다

1. 답게? 답게!(성역할의 고정관념)
- 여자는 여자답게, 남자는 남자답게 행동하기
- 역할을 바꾸어 여자는 남자답게, 남자는 여자답게 행동하기
- 이상한 점, 느낀 점 등 활동 소감 나누기

- 내가 여자여서, 남자여서 들었던 말들 떠올려 보고 느낀 점 나누기
- 나답게 살기 다짐하기

2. 그림책 『오, 미자!』(여성인권)
- 그림책 『오, 미자!』 읽기
- 여자라서 할 수 없는 일이 있을까? 고민해 보기
- 미자 씨에게 보내는 응원의 글쓰기

3. 그림책 『평등한 나라』
- 그림책 『평등한 나라』 읽기
- 평등하게 색칠하기

4. 집안일은 누가 누가 더 하나
- 우리 집에서 집안일을 누가 하는지 관찰하기
- 우리 집 상황의 장점과 고쳐야 할 점 생각하기
- 내가 도울 수 있는 일 찾아 실천하기

'엄마, 아빠 꽃이 피었습니다' 수업은 제목에서도 알 수 있듯이 성역할의 고정관념과 여성 인권을 주로 다루는 수업이다. '답게? 답게!' 수업은 아이들의 성역할 고정관념을 깨기 위한 수업이다. 먼저 아이들은 자기의 성별에 맞게 여자답게 혹은 남자답게 행동해 보고, 반대로 여학생은 남자답게 행동하고 남학생은 여자답게 행동해 보았다. 여자답게, 남자답게라는 말 자체가 잘못된 것이기에 이것을 아이들이 알았으면 좋겠다고 생각하며 수업을 구성했다. 행동하기 다음으로는 자기가 여자라서 혹은 남자라서 들은 말을 떠올려 적어 보도록 하고 친구들 앞에서 발표하고 공유했다. 아이들의 이야기 속 많은 부분에서 비슷한 경험을 들을 수 있었고 아이들은 교사가 군이 여러 가지 발문을 하지 않아도 자신의 이야기를 자연스럽게 꺼내 놓고 친구들의 이야기에 공감했다. 마치 아이들의 상담시간 같았다. 많은 아이들이 너도나도 손

을 들고 서로 자신의 이야기를 하려고 했다. 아이들이 실컷 이야기를 나눌 수 있도록 많은 시간을 주었다. 이 활동 후에는 자신이 좋아하는 색을 골라 자기 이름을 쓰고 '나답게' 살아가기로 다짐했다. 다양한 색의 종이를 교실 앞에 두고 아이들이 선택해 가도록 했다. 아이들만큼이나 다양한 색의 이름표가 만들어졌다. 교사가 더 다양한 색의 종이를 준비했다면 더 다양한 이름표가 나왔을 텐데 하는 생각이 들었다. 이 수업이 끝나고 아이들의 얼굴이 조금 더 밝아 보이는 것을 느낄 수 있었다.

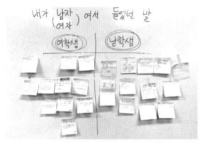
내가 여자여서, 남자여서 들었던 말 나누기

나답게 살기 다짐하기

'답게? 답게!' 수업에 이어 그림책 『오, 미자!』를 보았다. 이 책에는 다섯 명의 '미자'라는 이름의 여성 노동자들이 나온다. 건물 청소부, 스턴트우먼, 택배기사, 전기기사, 이사 도우미로 활동하는 이들의 하루를 통해 아이들이 많은 것을 느끼기를 바랐다. 교사가 굳이 설명해 주지 않아도 책 장면 장면에서 우리 주변 사람들의 인권에 대해 관심을 갖고 생각할 수 있지 않을까? 그림책 속 미자 씨에 대해 공감을 해 보는 이야기를 나누고 응원의 한마디를 써 보았다. 아이들의 짧은 응원글 끝에 "힘내세요!"라는 말이 더욱 크게 다가온다. 우리 아이들이 교실 밖에서 또 어른이 되어서도 이렇게 주변 사람들에게 "힘내세요"라는 말을 건넬 줄 아는 사람이 되길… 그리고 여자여서 남자여서 할 수

그림책 『오, 미자!』 읽기

미자 씨에게 보내는 응원의 한마디

없는 일은 없다는 것도 같이 생각하길 바란다.

『오, 미자!』 그림책에 이어 같이 본 또 한 권의 책은 『평등한 나라』이다. 글 밥이 많지 않아 아이들에게 보여 줄 때 그림을 더 잘 살펴볼 수 있도록 한 쪽, 한 쪽을 한참 보여 주었다. 이 책은 여러 곰들의 등장으로 시작한다. 날씬한 곰, 예쁜 곰, 아름다운 곰, 사랑스러운 곰 하면 어떤 성별이 떠오를까? 정의로운 곰, 용감한 곰, 자랑스러운 곰 하면 어떤 성별이 떠오를까? '답게? 답게!' 수업을 한 이후임에도 우리 아이들은 여전히 성역할의 고정관념을 가지고 있구나 하는 생각이 들었다. 한 번의 수업으로 오랜 시간이 쌓여 만들어진 고정관념을 깰 수는 없어도, 흔들고 의문이 들게 할 수는 있지 않을까? 조금씩 아이들의 변화가 있으리라 기대하며 책을 읽어 나갔다. 책을 모두 읽고 색이 칠해져 있지 않은 마지막 장을 아이들에게 복사해 주고 자유롭게 색질하는 활동을 했다. 파랑 곰도 유모차를 밀 수 있고, 분홍 곰도 서류가방을 메고 어딘가로 가는 등 아이들은 채색하면서 다양한 모습의 곰이 다양한 색으로 살아갈 수 있다는 것을 생각하게 될 것이다.

마지막으로 아이들이 자신의 집에서 집안일을 누가 하는지 주말 동안 관찰하고 이야기 나누는 시간을 가졌다. 이 수업에서는 집안일을 남녀가 서로 나누어서 해야 한다고 가르쳐 주기보다 집안일을 한두 사람이 많이 하고 있다는 것을 관찰을 통해 아이들이 느끼고, 남녀를 떠

그림책 『평등한 나라』 읽기

평등하게 색칠하기

나 가족 구성원이 집안일을 같이 해야 한다는 것을 알게 하고 싶었다. 아이들과 가족의 구성원으로 할 수 있는 일이 무엇이 있을지 이야기한 후 집에 가서 실천해 보자고 약속했다. 이 수업을 끝으로 '엄마, 아빠 꽃이 피었습니다' 수업을 마무리했다.

이 수업을 계획하고 여러 가지 활동을 개발할 때에는 성역할의 고정 관념, 성차별, 여성 인권, 남성 인권을 다루려고 했다. 여성 인권을 이야기하다 보면 또 남학생들 중에서는 남자의 인권도 중요하다는 이야기가 나오곤 했다. 누구의 인권을 중요하게 생각한다고 나의 인권이 작아지는 것은 아닌데 이 점이 안타까웠다. 다만 긴 시간 동안 여성의 인권이 소외되어 왔었기에 그것에 대해 더 이야기하면 불공평하다고 아이들이 생각진 않을지 계속 살피고 조심스럽게 이야기를 건넸다. 우리 아이들이 모두의 인권을 존중하고 남자라서 혹은 여자라서 할 수 없는 일은 없으며 조금 힘이 드는 일은 서로가 도움을 주어 해결할 수 있다는 것을 깨닫고 주변의 사람들에게 관심을 갖고 허용할 줄 아는 마음을 지니기를 바란다.

(3) 할머니, 할아버지 꽃이 피었습니다

1. 노인 이력서 이야기를 듣고, 공감하기
- 노인이 이력서에 젊었을 적 사진을 붙이는 장면을 보고 그 이유에 대해 생각하기
- 노인이 일자리를 찾는 이유 함께 생각하기
- 〈100세 인생 일자리를 찾습니다〉 영상 시청하기

2. 노인 건강 마일리지
- 노인 건강 마일리지 뉴스 시청하기
- 노인 건강 마일리지 제도가 생긴 배경에 대해 함께 생각하기
- '노화' 현상에 대해 알아보고 이야기 나누기

3. 키오스크의 명과 암
- 키오스크의 명과 암 뉴스 시청하기
- 정보통신장비의 활용을 어려워하는 노인들을 위해 우리가 할 수 있는 일 찾아보기

4. 노인에 대한 생각 바꾸기
- 시간이 흐르면 누구나 노인이 됨을 알기
- 공익광고 '내일의 나' 시청하기

노인의 인권에 대해 배우는 '할머니, 할아버지 꽃이 피었습니다'는 아이들의 공감에 초점을 맞추어 수업이 진행되었다. 어린이와 노인 사이에는 많은 시간의 간격이 존재하고, 우리 아이들이 노인의 문제를 자신과 관련된 중요한 문제로 받아들일지 염려되었다. 수업은 노인들이 겪는 어려움 중 세 가지를 꼽아 관련 이야기와 사진, 뉴스 기사를 시청하고, 이야기를 함께 나누도록 구성했다.

첫 번째는 노인 이력서 이야기이다. 노인이 마디마디 주름진 손으로 이력서에 자신의 젊었을 적 사진을 붙이는 장면을 보여 주며 수업

이 시작된다. 사진 속 노인은 왜 자신의 젊었을 적 증명사진을 붙이고 있을지, 왜 일자리를 구해야 하는지에 대해 아이들과 함께 이야기하며 자연스럽게 노인이 다른 연령과 비교했을 때 상대적으로 경제적 약자임을 느끼도록 했다. 또 삶의 활력으로서의 일자리 개념도 함께 이해하도록 했다. 첫 번째 이야기를 마무리하며 〈100세 인생 일자리를 찾습니다〉 영상을 시청했다. 바리스타, 지하철 택배 등 다양한 직종에서 일하고 있는 노인의 모습을 보며 아이들도 마음 뭉클함과 동시에 대단하고 멋지다며 노인에 대한 인식의 변화를 보였다. 노인 일자리가 많이 늘어났으면 좋겠다고 이야기하는 친구들도 있었다.

두 번째 이야기는 건강 마일리지에 관한 뉴스 영상으로 시작된다. 노인들은 노화 현상으로 인해 신체가 약해진다. 노인들이 가정에서 스트레칭이나 간단한 운동을 꾸준히 실천하도록 하고, 지자체에서는 이에 따른 마일리지를 적립해 준다. 적립된 마일리지는 노인들이 필요한 쌀, 세제 등 생필품으로 교환할 수 있다. 영상을 시청한 후에는 '왜, 건강 마일리지 제도가 생겼을까?'라는 질문으로 아이들을 이끌었다. 왜 노인을 대상으로 건강을 관리하는 사업을 할까? 아이들과의 이야기 속에서 '노화'라는 개념을 자연스럽게 꺼냈다. '노화'는 늙어 가며 신체나 정신이 약해지는 변화를 뜻한다. 태어난 이상, 누구나 노화를 경험하게 된다. 아이들에게 "너희들도 시간이 흐르면 화면에서 보았던 노인들처럼 노화를 겪을 거야. 너희들의 미래를 미리 본 것일 수도 있어"라고 이야기를 해 주었다. 아이들은 멍하니 아무 말도 하지 못했다. 나의 일이 아니라고 생각했고, 우리 부모님의 이야기도 아니라고 생각했던 것이다. 나랑 멀고 먼 이야기가 내 이야기가 되어 버린 순간 아이들은 충격을 받은 듯했다. 아이들과의 대화는 "그럼 우리가 노화를 겪고 있는 노인들에게 할 수 있는 것이 무엇일까?"로 이어졌다. 여기저기서 "도와야 해요"라는 목소리가 들려왔다. 그래, 그렇게 공감할 수 있고, 마음이 움직였으면 되었다!

　세 번째 이야기는 키오스크에 관한 것으로 정보통신기술에 있어 약자인 노인의 모습을 담았다. 극장, 카페, 음식점, 관광지 등 많은 곳에서 키오스크(전자 기기를 통한 종합안내 시스템)를 이용한 주문, 결제, 정보제공 등이 늘어나고 있다. 키오스크의 명과 암 영상에서는 키오스크의 비대면으로 인한 편리성과 불편함을 담았다. 주변에서 볼 수 있는 키오스크 장면이 화면에 나오니 아이들은 "저거 쉬운데!"라는 반응도 보였고, "우리 할머니도 저걸로 주문을 잘 못하서 제가 했어요!"라는 경험담을 이야기하기도 했다. 아이들과 노인의 입장이 되어 보기로 했다. "꼭 주문을 해야 하는데, 키오스크가 어려워 주문을 하지 못하는 상황, 너희들의 기분은 어떨까? 어떻게 해야 해결이 될까?" 너무 답이 정해진 교사의 질문이었지만, 노인의 입장이 되어 현실적인 대안도 찾아보고, 어린이로서 내가 할 수 있는 일도 이야기해 보는 의미 있는 시간이 되었다.

　'할머니, 할아버지 꽃이 피었습니다' 수업은 '노인에 대한 인식 바꾸기'로 마무리된다. 앞서 배운 '노화 현상'을 되짚어 보며, 시간이 흐르면 누구나 노인이 됨을 재차 강조했다. 노인의 인권은 나의 문제이고, 우리 부모님의 문제이고, 선생님의 문제이고, 우리 모두의 문제임을 함

누구나 겪는 노화 현상,
우리가 배려할 수 있는 일

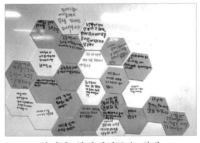

할머니, 할아버지들을 위해
내가 할 수 있는 일

께 이야기 나누었다. 또 이 이야기가 그대로 실려 있는 공익광고 '내일의 나'를 보며, 노인의 문제를 나와 먼 이야기로 생각하지 않고 지금의 내 위치에서 도움을 실천하도록 의지를 다지며 네 번째 수업으로 넘어간다.

(4) 모두 다 꽃이 피었습니다

1. 인권을 신장시킨 인물 알아보고, 투표하기
- 인권 신장을 위해 힘쓴 인물을 개별 조사하기
- 학급별, 학년별 투표하여 인권상 수여하기

2. 인권보호를 위한 법, 제도
- 우리가 모르는 사이 보장받는 인권을 구체적으로 알아보기
- 헌법 제10조 살펴보기
- 국가인권위원회 알아보기

3. 인권 신장 캠페인 활동
- 캠페인 활동지를 만들고, 캠페인 활동하기

4. 인권수업을 마무리
- 인권여행 보드게임 하기
- 내가 생각하는 정의로운 출발선 그리기
- 인권 관련 공익광고 살펴보기

'그래서 인권' 수업의 마지막 단원 '모두 다 꽃이 피었습니다' 수업은 지금까지 인권에 대해서 배운 내용을 심화하고 전체적인 마무리를 하는 단원이다. 지금까지 인권에 대해서 배운 내용을 바탕으로 인권을 신장시킨 인물에 대해서 알아보았다. 먼저 아이들이 잘 알고 있는 방정환 선생님의 노력 및 업적에 대한 의의를 살펴보았다. 그리고 아이들이

각자 다양한 측면의 인권을 위해 기여한 인물들을 조사하고 발표하면서 인권을 신장시키기 위해 열심히 노력한 사람들이 이렇게 많았다는 것을 몸소 느낄 수 있도록 했다. 각자 조사한 내용을 발표 후 학급에서 투표를 진행하여 우리 반 대표 인권상 후보를 뽑았고, 이를 5학년 전체로 확대하여 5학년 친구들과 함께 투표했다. 이 과정에서 다른 반에서 조사한 내용도 알 수 있어서 인권과 관련된 인물에 대해 더 폭넓게 공부할 수 있었다. 정보를 조사하고 인권상 후보 추천을 위한 포스터를 만드는 모습을 보면서 아이들이 얼마나 인권수업에 대해 진지하게 생각하고 있는지를 알 수 있었다. 특히 인권상 후보로 '5학년 담임 선생님들'을 추천한 아이가 있었는데, 추천한 이유는 "선생님들은 인권수업을 학생들에게 가르쳤기 때문에 최소한 100명의 아이들이 인권에 대해 잘 알게 되었다. 그래서 선생님들이 인권 신장을 위해 노력했다고 생각한다"였다. 생각지도 못한 영광이었다. 아이들이 우리 교사들을 이렇게 바라보고 있구나라는 생각에 무척 감동적이었고 인권수업을 하는 보람을 느낄 수 있었다.

이어서 인권을 위한 법, 제도와 관련된 수업을 진행했다. 이렇게 소중한 인권을 어떤 법과 체제로 지키기 위해 노력하는지에 대해 알아보았다. 헌법 제10조의 인권과 관련된 조항을 함께 알아보며 인권의 중요성을 다시금 생각해 보았다. 그리고 국가인권위원회 홈페이지에 접속

5학년 전체 인권상 투표하기

인권상 수상작

하여 국가인권위원회의 성격과 하는 일에 대해 알아보았다. 국가인권위원회에 대해 알아볼 때 한 아이가 "여기는 엄청 힘이 세야겠다. 그래야 인권을 지키지"라고 말하자 다른 아이들도 맞장구를 치면서 진짜 그렇겠다고 했다. 인권은 어떤 이익관계에도 영향을 받지 않는 항상 우선하는 가치라는 점을 아이들은 은연중에 말하고 있었다. 인권의식이 몸에 배는 순간이다.

그리고 인권에 대해 배운 내용을 바탕으로 인권 캠페인 활동을 했다. 더욱 관심을 가져야 한다고 생각하는 인권에 대한 캠페인 문구를 작성한 후 인권 캠페인 활동을 학교에서 진행했다. 코로나로 인해 사회적 거리 두기를 하는 상황

인권 신장 캠페인 활동

이라 중앙현관과 복도에서 서로 간격을 유지하면서 캠페인 활동을 진행했는데, 처음에는 부끄러워 얼굴을 가리기도 하고 자기들끼리 키득거리기도 했지만 이내 자신이 만든 포스터를 당당히 들고 진지하게 참여했다. 지나가는 아이들이 호기심 어린 눈빛으로 다가오는 걸 보며 '그래, 이거지'라는 생각이 절로 들었다. 지나가시던 선생님들도 아이들이 캠페인하는 모습에 관심을 보이며 사진을 찍기도 하셨다. 인권에 대해서 앎으로 남기는 것뿐만 아니라 직접 실천할 수 있는 계기가 되었던 것이 참 의미 있는 활동이었다.

'모두 다 꽃이 피었습니다' 마무리 활동은 인권여행 보드게임 하기와 공익광고 살펴보기이다. 보드게임은 국제엠네스티에서 찾은 자료를 활용했다. 이제까지 배웠던 인권 지식을 활용해 놀이를 하면서 잘못 이해하고 있는 오개념들을 서로 가르쳐 주고 서로 해결이 안 되는 부

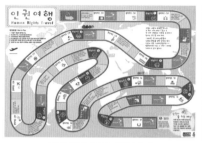

인권여행 보드게임 말판   인권여행 보드게임

분은 교사에게 질문을 했다. 코로나19 상황 때문에 칸막이 친 책상에 거리를 두고 각자 말판과 말을 이용하여 게임을 했지만 아이들은 수업 중에 놀이를 한다는 자체만으로도 즐거워했다. 이런 아이들의 모습을 보면서 함께 하는 동적인 활동을 많이 넣었으면 더 생기 있는 수업이 되었을 텐데 상황이 상황인지라 그렇게 하지 못한 점이 못내 아쉬웠다.

  인권수업을 처음 시작했을 때에는 인권에 대해서 모르는 부분도 많고 들어 본 적만 있지 깊이 있게 생각하지 못한 아이들이 대부분이었다. 하지만 이 수업을 진행하면서 아이들이 인권에 대해 관심을 갖고 깊게 생각해 보면서 실천해 보는 기회를 가질 수 있었다. 그리고 타인을 배려하고 이해하게 되었으며, 학교 생활지도 측면에서도 긍정적인 효과를 발휘했다고 생각된다. 아이들에게 와닿는 인권수업을 만들었다는 점에서 상당히 만족스러웠으며 앞으로도 아이들에게 정말 필요하고 아이들이 즐겁게 공부할 수 있는 입체적인 주제통합수업을 많이 하고 싶다는 바람이 생겼다.

3. 수업 돌아보기

Q. 이 수업을 하면서 어떤 점이 보람 있었나요?

A. 아이들이 인권이 존중되지 않은 사례에서 함께 분노하고 안타까워하며 나의 일처럼 공감하는 점이 보람을 안겨 주었어요. 한 소단원을 마칠 때마다 소감을 글로 적도록 했는데 자신이 직접 겪은 상황이 아님에도 그 상황에 적극적인 감정 표현을 하고 자신이 할 수 있는 점을 찾는 모습이 참 기특했어요.

Q. 수업 중 아이들의 반응이 가장 좋았던 활동은 무엇이었나요?

A. '답게? 답게!' 수업을 참 재미있게 참여했어요. 남자답게, 여자답게 행동해 보기처럼 몸을 움직일 수 있는 활동이기도 했고 자신들이 알게 모르게 가지고 있는 선입견을 짚어 주니 '아차' 하면서 인정하더라고요. 남자라서, 여자라서 들었던 말을 할 때에는 선생님과 친구들이 함께 공감을 해 주니 속시원해하는 아이들도 있고 정말 상담시간처럼 자신의 감정을 터놓을 수 있는 기회였던 것 같아요.

Q. 이 수업을 만들거나 진행하면서 어떤 점이 어려웠나요?

A. '인권'을 주제로 수업을 만들 때 인권의 어느 부분까지 다루어야 할지, 수업 내용의 범위와 깊이를 정하는 것이 참 어려웠어요. 인권의 영역은 정말 광범위하고 때로는 서로 다른 인권끼리 상반된 입장이 될 수도 있기 때문에 교사의 입장에서는 어느 정도의 범위를 수업 내용으로 정해야 할지 고민을 많이 했어요. 여성 인권에 대해 말하면 남자아이들이 여성우월주의라고 생각진 않을지, 이런 거죠. 실제로 수업 중에 한 아이가 "왜 선생님은 여자들

입장에서만 말해요?"라고 해서 이해시키느라 진땀을 빼기도 했답니다.^^

또 한 가지 어려웠던 점은 다른 인권들 중에서도 '노인 인권'에 대한 자료를 찾기 어렵다는 것이었어요. 아동 인권이나 장애인 인권은 그래도 사람들이 문제의식을 갖고 있기 때문에 그림책 같은 자료들도 많았는데, 상대적으로 노인 인권에 대한 자료는 많지 않아서 수업을 만드는 데 어려움을 겪었어요.

Q. 이 수업을 만들거나 진행하면서 아쉬웠던 점은 무엇인가요?

A. 코로나19 상황 때문에 아이들끼리 좀 더 다양하게 소통하거나 함께 할 수 있는 활동이 적었던 것이 아쉬웠어요. 모둠별로 자유롭게 의견을 나누고 몸을 움직이며 할 수 있는 다양한 활동을 함께 했다면 아이들의 생각이 더 많이 성장하고 더 재미있게 수업이 이루어졌을 거예요. 교사 입장에서도 마스크를 끼고 정적인 수업을 하다 보니 아이들의 반응을 알아차리기가 어렵고 진행을 할 때 힘이 들었어요. 일반적인 상황에서 수업 활동을 구성하고 진행하면 훨씬 입체적이고 재미있게 인권수업을 만들고 진행할 수 있었을 것 같아요.

Q. 인권수업에 대한 평가는 어떻게 하셨나요?

A. 인권수업에서 목표로 한 다른 사람들과의 차이를 인정하고 존중하는 것, 공감하는 것, 인권을 존중하는 삶을 실천하는 것은 정의적 측면이 강하다고 생각해요. 그렇기에 지필평가보다는 아이들이 수업 활동을 하는 과정에서 드러나는 전반적인 모습들을 교사가 관찰하고 아이들끼리 상호 평가하는 방법 등을 통해 이루어졌어요. 몇 가지 평가기준을 정하고 각 활동 안에서 평가를 하

였는데요. 첫 번째 평가기준이었던 '인권 침해 사례에 충분히 공감하고 내가 할 수 있는 일을 제시할 수 있는가'는 '어린이꽃이 피었습니다'의 인권 사이다 활동 속에서 아이들이 함께 이야기를 나누는 모습들을 관찰하고, 개별적으로 자신의 생각을 포스트잇에 정리하여 붙인 내용을 보며 평가했어요.

두 번째 평가기준인 '인권을 위해 힘쓰신 분들을 잘 조사하여 인권상 후보 추천을 위한 포스터를 만들 수 있는가'는 '모두 다 꽃이 피었습니다'의 인권상 후보 추천하기에서 인권상 후보에 대해 개별적으로 조사하고 발표하는 과정을 통해 평가했어요. 그리고 학생당 스티커를 두 개 나누어 주어 결과물(포스터)에 투표하는 방식으로 자기평가 및 학생 상호 평가로 활용했어요.

Q. 인권수업에 대해 학부모님과 어떤 방식으로 소통하셨나요?
A. '그래서 인권' 수업에서 이루어진 과정들을 각 반 클래스팅(학급

클래스팅 인권수업 과정 소개

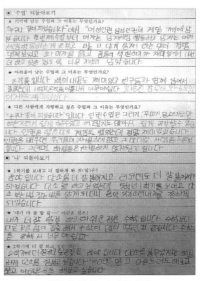

1학기 학생 자기평가서

SNS)에 사진과 소개하는 글로 올림으로써 학부모와 소통을 했어요. 또한 1학기 말에 배부되는 성장 평가 통지문에는 인권수업과 관련한 평가 내용을 기록했고 학생들이 자기평가를 하는 항목으로 기억에 남는 수업, 다른 사람에게 자랑하고 싶은 수업과 그 이유에 대해 기재했어요. 많은 학생들이 인권수업을 가장 기억에 남고 자랑할 만한 수업으로 꼽았고 인권수업에서 배운 내용들을 기록함으로써 학부모님들과도 아이들의 성장을 공유할 수 있었어요.

5.

날아라 독(도를)수(호하는)(우)리
일본의 억지 주장에 가슴이 답답할 때 하는 수업

#독도는_우리_땅 #일본의_억지_주장 #독도_알기 #10월25일_독도의_날

1. 수업 들어가기

김 교사 선생님들~ 이번 2학기에는 어떤 수업을 만들어 볼까요?

이 교사 우선 달력 한번 펼쳐 보고 소스를 얻는 것도 좋을 것 같아요. 우리나라의 여러 기념일 중에서 아이들이 꼭 알아야 하는 날과 관련해서 수업을 만들어 보면 어떨까요?

오 교사 아… 10월엔 독도의 날이 있네요. 독도의 날로 수업을 만들면 어떨까요?

박 교사 좋은 생각이에요. 아이들이 독도를 우리 땅이라고 막연하게는 알고 있어도 왜 우리 땅인지 말할 수 있는 아이들은 거의 없을 거예요.

김 교사 맞아요. 원래 당연한 것을 왜 당연한지에 대해 생각하는 사람들은 거의 없으니까요. 그런데 이게 우리나라만의 생각이란 게 문제지요.

오 교사 일본이 독도를 자기네 땅이라고 하면서 당연한 것이 아닌 게 되어 버렸죠.

박 교사 불편하고 화도 나긴 하지만 피할 수 없는 상황이잖아요. 그래서 우리가 이 수업을 꼭 만들어야 하는 게 아닐까요?

이 교사 그래요. 독도에 대해 우리 국민 모두가 관심을 가지고 지키기 위한 노력이 필요하죠. 특히 미래의 주체이자 배움의 장에 있는 우리 아이들이 알고 있는 것은 정말 중요하다고 생각해요.

이 교사 지피지기면 백전백승이라잖아요. 우리가 이런 문제 상황을 바로 보고, 독도에 대한 애정과 관심을 가지고 지키고자 노력하면 일본도 그런 어처구니없는 주장을 거둘 날이 오지 않을까요?

오 교사 그럼 수업 구성은 어떻게 하는 게 좋을까요?

김 교사 우선 독도가 우리 땅인 이유에 대해 아이들이 알았으면 좋겠어요. 구체적인 근거를 들어서 말이죠. 그리고 일본이 뭐라고 하는지에 대해서도 다루면 어떨까요? 그 억지를 살펴보는 거죠.

오 교사 그래요. 독도 자체에 대해서도 알아보면 좋겠어요. 독도의 자연환경이나 생태계에 대해서 알아보는 활동을 넣어 봐요.

이 교사 그럼 이 수업은 독도의 날에 맞춰서 6차시를 기준으로 하면 어떨까요? 독도의 날에 맞춰서 하거나 수업 차시 구성이 많아지면 그 전날부터 시작해도 좋을 것 같네요.

오 교사 우리 아이들이 이 수업을 마치고 독도가 우리 땅이라고 논리적으로 주장할 수 있었으면 좋겠어요.

박 교사 정말요. 얼마나 멋질까요? 우리도 한번 멋지게 수업 만들어 봐요.

김·이·오 교사 파이팅해 봅시다!^^

2. 수업 펼치기

1) 수업의 개요

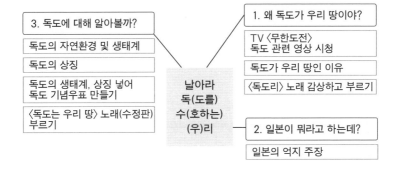

2) 수업 내용

소단원명	시기	소단원 주요 내용	관련 성취기준	차시량
1 왜 독도가 우리 땅이야?	10월	•TV 〈무한도전〉 독도 관련 영상을 시청하고 독도가 우리 땅인 이유 알아보기(〈무한도전〉 '위대한 유산 편-독도') -실효적 지배 -역사적 이유 •〈독도리〉(박명수x딘딘) 노래 감상하고 부르기 -독도가 우리 땅인 역사적 근거 즐겁게 익히기	[교사개발] 우리나라 영토로서 독도가 갖는 중요성과 역사적, 환경적, 정치, 군사적 가치를 이해한다. [교사개발] 독도의 자연환경, 지리적 특성에 대해 이해를 한다. [교사개발] 독도에 대한 지속적인 관심 갖기가 중요함을 알고 우리나라 영토에 대한 관심과 애정을 갖는다. [4음02-02] 상황이나 이야기 등을 표현한 음악을 듣고 느낌을 발표한다. [4미01-02] 주변 대상을 탐색하여 자신의 느낌과 생각을 다양한 방법으로 나타낼 수 있다.	6
2 일본이 뭐라고 하는데?		•일본의 억지 주장 알아보기		
3 독도에 대해 알아볼까?		•독도의 자연환경 및 생태계 알아보기 -독도의 상징 알아보기 -독도의 생태계, 상징을 넣어 독도 기념우표 만들기 -〈독도는 우리 땅〉 노래(수정판) - 가사 빈칸 채우기		

3) 수업의 실제

1. 왜 독도가 우리 땅이야?
- 독도 관련 〈무한도전〉 영상 보기('위대한 유산 편-독도')
- 독도가 우리 땅인 이유 알아보기(실효적 지배, 역사적 이유)
- 〈독도리〉 노래를 들으며 독도가 우리 땅인 역사적 근거 즐겁게 익히기

2. 일본이 뭐라고 하는데?
- 일본의 억지 주장을 담은 영상 시청하기
- 생각하거나 느낀 점 이야기해 보기

3. 독도에 대해 알아볼까?
- 독도의 자연환경과 생태계 알아보기

- 독도의 상징 알아보기
- 독도의 생태계와 상징을 담은 기념우표 만들기
- 새롭게 바뀐 〈독도는 우리 땅〉 노래 듣기
- 〈독도는 우리 땅〉 노래 듣고 가사 빈칸 채우기

'1. 왜 독도가 우리 땅이야?' 수업은 MBC TV 프로그램인 〈무한도전〉 '위대한 유산' 편에서 독도와 관련된 영상을 보는 것으로 시작했다. 이 영상에서는 일본이 독도를 일본 땅이라고 주장하는 이유,

〈무한도전〉 '위대한 유산 편-독도'

독도가 우리 땅인 이유와 근거에 대해 재미있게 설명했다. 아이들은 평소에도 재미있게 시청하고 있는 TV 프로그램인지라 더욱 집중하는 모습을 보였다. TV 속 연예인들이 설민석 강사의 이야기에서 중요한 내용을 필기하는 모습에 몇몇 아이들이 "이런 거는 써 줘야 하는 거야"라며 교사가 말하지 않아도 필기를 했다. 평소에는 쓰라고 해도 안 쓰던 아이들인데 무엇이 적극적인 필기를 가능하게 했을까? 아이들의 등 뒤로 타오르는 불꽃을 본 것 같았다. 이 수업을 하면서 바란 게 이런 것이었다. 가슴으로 배우는 역사. 그다음으로 바라는 목표는 머리로 이해하는 역사. 독도가 우리나라 땅임을 알고 있지만 왜 우리나라 땅인지 명쾌하게 말하지 못하는 사람들이 많다. 하지만 이 수업을 함께한 우리 아이들은 『세종실록지리지』, 『돗토리번 답변서』 같은 역사적 근거 한마디로 독도가 우리 땅임을 설명할 수 있기를 바랐다. 설민석 강사의 강의 다음으로 이어진 박명수와 딘딘의 〈독도리〉 노래 역시 아이들이 좋아하는 힙합 음악이라 그런지 상당히 흥미로워하며 감상했다. 가

사를 나누어 주고 〈독도리〉에 담긴 독도가 우리나라 땅인 이유를 찾아보면서 노래를 함께 따라 불렀다. 반복되는 부분인 "울릉도 독도리~ 동남쪽, 너를 기다리고 있어 여기 독도리", "여기 누구한테 물어~ 여기가 우리 땅인데 별들에게 물어?"를 교실이 아주 떠나가라 불렀다. 마치 누구라도 들으란 듯이 시원하게 불러 대는 아이들을 보며 "그래, 일본, 너희들 제발 좀 들어라"라고 외치고 싶은 '날아라 독수리' 첫 번째 수업이었다.

첫 번째 수업에 이어 '2. 일본이 뭐라고 하는데?' 수업을 시작했다. 지피지기면 백전백승이다. 일본이 왜 독도가 자신들의 땅이라고 주장하는지를 알아보기로 했다. 자료는 초등 아이스크림 사이트에 있는 독도의 날 계기 교육 자료 동영상을 활용했다. 교사들이 많이 사용하는 사이트이기도 하고 계기 교육 영역에 독도 수업에 사용할 여러 자료들이 있어 유용하게 활용했다. 덕분에 수업 자료 준비의 부담을 덜 수 있었다. 일본의 세 가지 억지 주장에 대한 영상 자료를 찾을 수 있었는데, 세 가지 주장을 다 다루기보다 4학년 아이들이 배경지식으로 이해할 수 있는 부분까지만 다루기로 했다. 일본의 억지 주장이 비논리적임을 알아보고, 일본의 교과서 역사 왜곡과 일본 자체에서 독도 홈페이지를 개설하여 독도가 자신들의 땅이라 홍보하는 영상도 함께 살펴보았다. 아이들은 일본의 주장을 보면서 '헐…'이란 표현을 계속했고 고개를 절레절레 흔들었다. 일본이 왜 이렇게 억지를 부리는지에 대해 분하다는 분위기였다. 선생님 또한 매우 억울하고 분한 감정이며 우리가 열심히 공부하고 앎의 힘으로 이겨 내야 하는 것이라고 강조했

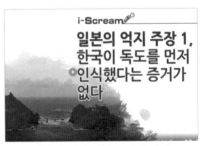

일본의 억지 주장 동영상 시청

다. 아이들은 눈을 빛내며 독도에 대해 열심히 공부해서 일본에게 억지 부리지 말라고 말해야겠다며 결연한 모습을 보였다. 그렇다! 이것이 우리가 '날아라 독수리' 수업에서 바라는 모습이다.

앞의 두 수업에서 독도의 역사적·정치적인 측면을 바라보았다면 세 번째 수업에서는 독도 자체에 대해 알아보고 독도에 대한 애정을 느낄 수 있는 시간을 가져 보기로 했다. 독도의 자연환경과 생태계에 대한 동영상을 함께 시청하고 독도의 상징물들을 검색했다. 그리고 미술 수업과 연계하여 독도의 생태계와 상징을 담은 기념우표를 디자인해 보았다. 독도 지역 캐릭터나 독도의 지형, 독도에 사는 동식물 등을 활용하여 디자인했다. 이어서 새롭게 바뀐 〈독도는 우리 땅〉 노래를 듣고 가사 빈칸 채우기 활동을 진행했다. 이 노래 가사는 기존에 익히 알고 있던 "울릉도 동남쪽 뱃길 따라 이백 리"에서 자연환경의 변화나 주소, 사실에 근거하여 "울릉도 동남쪽 뱃길 따라 87k"로 시작하는 노래로 바뀌었다. 노래를 들으면서 빈칸 채우기 활동을 할 때에는 시험이라도 보듯 집중을 하는 모습들이었다. 그러고 나서 수정된 〈독도는 우리 땅〉 노래를 신나게 불러 보았다. 아이들이 재미있게 독도에 대해 배우면서 독도의 변화와 현재 상황에 관심을 갖는다면 이 수업 역시 목표 달성이다.

독도의 날을 맞아 '날아라 독수리' 수업을 준비하면서 교사인 나부터 독도에 더욱 관심을 갖게 되었고 많은 정보를 알게 되었다. 우리 아이들이 대한민국의 국민으로서 우리나라의 영토인 독도에 관심을 갖고 독도의 영유권에 대해 논리적으로 주장할 수 있게 된다면 더 바랄 것이 없을 것 같다. 미래의 주역인 우리 아이들이 역사적 사실과 논리적 근거로 단단히 무장한다면 일본이 독도를 자기네 땅이라고 주장하는 어처구니없는 상황도 끝날 날이 오지 않을까?

독도 기념우표 만들기

수정된 노래 〈독도는 우리 땅〉 듣고 부르기

3. 수업 돌아보기

Q. 이 수업을 하면서 어떤 점이 보람 있었나요?

A. 사람들이 당연한 것에 대해 깊이 생각하지 않잖아요. 하지만 독
도의 날을 맞아 아이들이 독도가 우리나라 땅이라는 점을 다시
한번 상기할 수 있었다는 것에서 의미 있는 수업이었어요. 우리
아이들이 『세종실록지리지』와 같은 근거를 들어 독도가 우리 땅
이라고 주장을 할 수 있게 된 점도 보람 있었고요. 아무래도 근
거를 동반하는 주장은 힘이 있기 마련이죠.

Q. 수업 중 아이들의 반응이 가장 좋았던 활동은 무엇이었나요?

A. 〈무한도전〉 동영상을 보면서 이야기를 나누었을 때 가장 반응이
좋았어요. 영상에 정말 집중해서 보는 모습을 볼 수 있었고 독도
에 대한 역사적 사실을 하나씩 알아 갈 때마다 아이들의 감정을
고스란히 느낄 수 있는 시간이었어요.

Q. 이 수업을 하면서 어떤 점이 어려웠나요?

A. 아직 우리나라 역사를 배우지 않은 4학년 아이들이라 일제강점

기나 태평양전쟁 같은 역사적 배경지식 없이 수업을 진행하는 점이 어려웠어요. 이런 점들을 어디에서부터 설명해야 할지 고민이 되더라고요. 역사를 배우고 난 5, 6학년 때 조금 더 심화된 내용으로 한 번 더 하면 좋겠다는 생각이 들었어요.

Q. 이 수업을 하면서 아쉬웠던 점은 무엇인가요?

A. 독도의 생태계에 대해 알아보고 독도 기념우표를 만든 수업도 좋았지만 아이들이 직접 독도 수호에 참여할 수 있는 활동이 없었던 점이 아쉬워요. 수업시간을 조금 더 확보해서 독도에 대해 배운 내용을 가지고 독도에 대해 홍보하거나 독도 수호를 위한 동영상이나 포스터 등을 만들어 캠페인 활동을 하는 것도 좋겠습니다.

Q. 독도 수업에 대한 평가는 어떻게 하면 좋을까요?

A. 독도 수업은 정의적인 측면이 강한 수업이라고 생각해요. 독도에 대한 사랑, 관심, 우리나라 영토 수호에 대한 마음이 가장 중요해요. 이 수업을 하고 배운 점, 느낀 점 등을 글로 표현하고 글에 드러난 정의적인 면, 인지적인 면까지 통합적으로 평가하면 좋겠습니다.

영상자료 QR 코드 및 출처

1. QR 코드

QR1.	QR2.	QR3.
〈무한도전〉 '위대한 유산-독도'	〈독도는 우리 땅〉 노래 가사 바뀐 거 알고 있었어?	〈독도는 우리 땅〉(수정판) 노래

2. 일본의 억지 주장 영상 출처

초등 아이스크림 홈페이지

⇨ 창의적 체험활동 계기 교육

⇨ 10월 25일 독도의 날

1) 일본의 억지 주장: 한국이 독도를 먼저 인식했다는 증거가 없다.

2) 일본의 억지 주장: 시마네현 편입은 독도 영유 의사를 재확인하는 것이다.

3) 일본의 억지 주장: 샌프란시스크 강화조약에 독도는 포함되어 있지 않다.

4) 일본의 교과서 역사 왜곡

5) 일본의 도발, 독도 홈페이지 개설

6.

꼬마시민
내가 가진 한 표의 힘을 알게 하고 싶을 때 하는 수업

#4학년_1학기 #선거 #정치 #참여

1. 수업 들어가기

쉬는 시간 아이들의 대화

아이 1 얘들아, 곧 전교어린이회 선거가 있대.

아이 2 와, 우리도 이번엔 투표할 수 있는 거야? 아싸!

아이 3 우리 오빠 친구가 후보로 나온다던데, 나 그 오빠 뽑을 거야!

아이 4 나 아는 누나도. 그 누나는 회장 되면 매점 만들 거래.

아이 1 진짜? 흰우유 말고 초코우유로 바꿔 주면 더 좋겠다.

아이 2 난 잔디구장! 잔디구장 깔아 줄 후보 없나?

아이 3 그런데 전교어린이회 회장, 부회장은 어떤 일 하는 거야?

2. 수업 펼치기

1) 수업의 개요

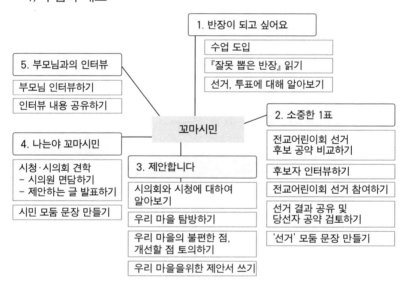

2) 수업 내용

	소단원명	소단원 주요 내용	관련 성취기준	차시량
1	반장이 되고 싶어요	• 수업 도입 • 동화책 『잘못 뽑은 반장』 읽기 • 선거, 투표에 대해 알아보기	[4국02-05] 읽기 경험과 느낌을 다른 사람과 나누는 태도를 지닌다.	4
2	소중한 1표	• 전교어린이회 선거 후보 공약 비교하기 • 후보자 인터뷰하기 • 전교어린이회 선거 참여하기 • 선거 결과 공유 및 당선자 공약 검토하기 • '선거' 모둠 문장 만들기	[4도03-01] 공공장소에서 지켜야 할 규칙과 공익의 중요성을 알고, 공익에 기여하고자 하는 실천 의지를 기른다. [4국01-06] 예의를 지키며 듣고 말하는 태도를 지닌다.	3
3	제안합니다	• 시의회와 시청에 대하여 알아보기 • 우리 마을 탐방하기 • 우리 마을의 불편한 점과 개선할 점에 대하여 토의하기 • 우리 마을을 위한 제안서 쓰기	[4국01-02] 회의에서 의견을 적극적으로 교환한다. [4국03-03] 관심 있는 주제에 대해 자신의 의견이 드러나게 글을 쓴다. [4사03-05] 우리 지역에 있는 공공기관의 종류와 역할을 조사하고, 공공기관이 지역 주민들의 생활에 주는 도움을 탐색한다. [4사03-06] 주민 참여를 통해 지역 문제를 해결하는 방안을 살펴보고, 지역 문제의 해결에 참여하는 태도를 기른다.	6
4	나는야 꼬마시민	• 시청·시의회 견학(시의원 면담하기, 제안하는 글 발표하기) • '시민' 모둠 문장 만들기	[4국01-06] 예의를 지키며 듣고 말하는 태도를 지닌다. [4사03-06] 주민 참여를 통해 지역 문제를 해결하는 방안을 살펴보고, 지역 문제의 해결에 참여하는 태도를 기른다. [교사개발] 시민의 의미와 역할을 탐구하고, 중요성을 말할 수 있다.	4
5	부모님과의 인터뷰	• 부모님 인터뷰하기(과제 제시) • 인터뷰 내용 공유하기	[4국01-05] 내용을 요약하며 듣는다. [교사개발] 투표의 중요성을 이해할 수 있다.	1

※ 본 수업은 2015학년도(성취기준 기준: 2009 개정 교육과정)에 만들어진 것으로 성취기준은 현재 2015 개정 교육과정 성취기준을 반영하여 수정하였음.

3) 수업의 실제

(1) 반장이 되고 싶어요

1. 수업 도입
- 수업 계획 공유하기

2. 『잘못 뽑은 반장』 읽기
- 『잘못 뽑은 반장』 읽기
- 소감 나누기

3. 선거, 투표에 대해 알아보기
- 선거와 투표의 의미 알아보기

이 수업은 전교어린이회 선거를 앞두고 시작했다. 4학년은 학생자치가 본격적으로 시작되는 해이기도 하고 입학 후 처음으로 선거와 투표에 참여하기 때문에 피상적인 경험에 머무르지 않도록 시기를 계획했다(지금은 차기 연도 1학기 회장을 당해 연도 2학기에 선출하는 학교가 많다. 새 학기에 서로 잘 모르는 친구들 사이에서 임원을 뽑는 것보다는 한 해를 지내 보고 그 안에서 후보를 선출하는 것이 더 적절하기 때문이다. 게다가 분주한 새 학기보다는 미리 임원을 선출한 후 새 학기를 시작하면 순조롭게 전교어린이 회장단이 계획한 일을 바로 진행할 수 있다).

아이들은 전교어린이회 선거에 참여할 수 있다는 것만으로도 기대에 부풀어 있었다. 게다가 대통령 선거와 시기가 맞물려 민주주의 사회를 살아가는 우리에게 좋은 공부가 될 것이고 제대로 배워 두면 선거와 투표로 좋은 대표를 뽑는 안목도 생길 거라고 안내했다.

이 수업을 위해 선택한 책은, 주변 선생님들에게 추천을 받아 선정한 『잘못 뽑은 반장』이다. 중학년이면 특히나 반장이 되고 싶어 한다.

책에 등장하는 아이들의 모습은 실제 교실의 모습을 잘 반영하고 있었다. 학업 성적이 높거나 인기가 많은 반장 후보들에게 투표하는 모습, 반장이 되기 위해 갖은 노력을 하는 모습, 생각만큼 반장이 원하는 모습을 보이지 않을 때 비난하는 모습 등 '꼬마시민' 수업에서 아이들과 함께 이야기하고 싶었던 다양한 모습이 잘 그려져 있어 좋았다. 온작품 읽기를 계획한 책은 따로 있어서『잘못 뽑은 반장』의 경우는 꼬마시

『잘못 뽑은 반장』

민 수업 시작 2주 전에 예고하고 틈틈이 읽도록 했다. 1단원은 꼬마시민의 본격적인 수업의 동기유발 정도에 해당하여『잘못 뽑은 반장』책에 대한 소감 나누기는 각 등장인물의 행동에 대한 자신의 의견을 나누는 정도로 마무리했고, 선거와 투표에 대한 간단한 개념을 설명하는 것으로 수업을 마무리했다.

(2) 소중한 1표

1. 전교어린이회 선거 후보 공약 비교하기
- 각 후보들의 선거 홍보지에서 공약 모둠별로 메모하기

2. 후보자 인터뷰하기
- 전교어린이회 선거 후보자 모둠별 인터뷰하기
- 후보들의 인터뷰 내용 비교 검토하기
- 공약의 현실성, 적합성 토의하기

3. 전교어린이회 선거에 참여하기(투표)
- 후보 연설 듣기
- 투표에 참여하기

4. 선거 결과 공유 및 당선자 공약 검토하기
- 선거 결과 분석하기
- 당선자 공약 검토 기록하기

5. '선거' 모둠 문장 만들기
- 모둠별로 '선거' 모둠 문장 만들어 공유하기

　　전교어린이회 선거를 앞두고, 후보들의 선거유세가 한창 진행되던 때. 복도에는 각 후보들의 공약이 담긴 홍보지가 게시되었고, 쉬는 시간과 점심시간을 이용하여 후보들의 연설이 연이어 계속되었다. 시끌벅적하고 놀기 바쁜 쉬는 시간에 전교어린이회 후보들이 연설을 하노라면, 그 연설에 귀 기울이는 학생들은 별로 없었고 아이들이 노는 소리에 묻혀 그냥 지나가기 일쑤였다. 학생은 학교의 주체라지만 낯선 학년의 낯선 교실에 발을 들이기가 쉽지 않았던 후보들에게도 자신의 출마를 설명할 수 있는 기회를 주고 싶었다. 또 우리 반 아이들에게는 제대로 경청해서 후보들의 특징을 판단할 수 있는 기회를 줘야겠다는 생각이 들었다. 모든 선거에서 후보들끼리 토론회를 열어 자신의 공약을 설명하고 서로를 반박할 수 있는 기회를 주는 이유가 무엇인지 아이들이 경험하게 하고 싶었다.

　　일단 아이들에게 후보들의 공약을 조사해 보도록 했다. 아이들의 가장 큰 관심사는 자신이 아는 사람이 후보로 출마했는지가 대부분이고, 지인의 출마 자체가 자신의 자랑인 양 즐거워하며 그 후보를 당선시키기 위해 선거운동을 하는 경우가 많다. 아이들에게 인간관계보다

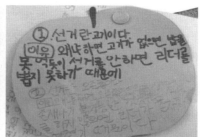

전교어린이회 회장 후보 인터뷰하는 모습　　　선거의 중요성을 강조한 문장

학생 대표의 자격을 판단하는 것이 왜 중요한지 생각해 보며, 홍보지에 쓰여 있는 공약을 조사하도록 했다. 그래서 현실성이 있는지, 학생들에게 실제 도움이 되는 공약인지를 모둠별로 토의해 보도록 하였다.

그런 다음, 모둠별로 전교어린이회 후보들과 약속을 잡아 인터뷰를 진행해 보았다. 인터뷰에 들어갈 질문을 사전에 모둠별로 토론하고 학급에서 함께 공유하였다. 출마 배경과 공약을 묻는 것이 대부분이었지만, 선거인에게도 피선거인에게도 1표의 소중함을 느끼게 하는 인터뷰였던 것 같다.

후보 인터뷰에서는, 초청받은 후보들도 긴장하는 모습이 보였고, 우리 교실에서 인터뷰를 진행함에도 우리 반 아이들 역시 긴장하는 표정이었다. 아이들은 자신들의 질문에 대답하는 후보들의 표정과 말투까지 신경 쓰며 대답을 기록하였고, 후보들은 한 번도 경험하지 못했던 후배들과의 인터뷰에 신중한 태도를 보여, 좋은 활동이라는 생각이 들었다.

전교어린이회 후보들이 모두 돌아간 후, 기록한 것을 토대로 아이들끼리 공약에 대해 토론하고 후보들에 대해 이야기를 나누는 시간을 가졌다. 단, 자신이 누구에게 투표하고 싶은지는 끝까지 비밀로 하도록 하고, 각 후보들의 좋았던 점과 아쉬운 점만 나눠 보도록 했다.

선거 당일, 후보들의 마지막 연설이 방송을 통해 흘러나왔다. 아이들은 자신들이 메모했던 기록물을 보며 후보의 연설을 귀담아들었다. 자칫 지루한 시간으로 끝날 수도 있었을 텐데 사전 활동이 아이들로 하여금 선거에 관심을 가질 수 있는 마중물 역할을 했던 것 같다.

투표가 끝난 후, 그날 오후에 선거 결과가 나왔다. 다음 날 아이들에게 선거 결과를 알려 주었다. 당선자의 공약을 다시 살펴보고 당선자가 공약을 잘 지키는지 잊지 않고 지켜보기로 다짐했다.

일련의 선거과정에 모두 참여한 후, '선거' 모둠 문장 만들기를 하고 소감을 나누어 보았다. 처음 경험했던 선거가 단지 아는 형이나 언니가 출마하는 것에 대한 단순한 기쁨과 1표를 선물하는 것이 아닌, 공약을 기록하고 후보를 검증하는 과정에서 유권자의 중요함을 느꼈다는 말이 나왔다. 어른들의 선거는 더 힘들고 어렵겠다는 말도 있었고 후보들이 많으면 서로 비교하기 힘들겠다는 말도 있었다.

(3) 제안합니다

1. 시청과 시의회에 대하여 알아보기
- 시청과 시의회의 역할, 위치 등 조사하기

2. 우리 마을 탐방하기
- 우리 반 친구들이 사는 곳을 중심으로 마을 탐방하기, 통학로 살펴보기
- 불편한 점과 개선할 점 촬영하거나 메모하기

3. 우리 마을의 불편한 점, 개선할 점에 대하여 토의하기
- 마을 탐방하며 관찰했던 내용을 중심으로 개선할 점 토의하기
- 우리가 할 수 있는 일과 시청에서 할 수 있는 일 분류하기

4. 우리 마을을 위한 제안서 쓰기
- '우리 마을의 개선할 점'에 대하여 시의원에게 제안하는 글 쓰기

2015 개정 교육과정에서는 '주민자치'에 대한 성취기준이 삭제되었다. 하지만 이 수업을 진행하던 2017년에는 '주민자치'와 '주민참여'가 4학년 성취기준에 있었기에 어렵고 추상적인 이 부분을 어떻게 아이들 삶에 닿게 할지 고민이 많았다. 그래서 결정했던 체험학습이 시의회 견학과 마을 탐방이었다. 직접 우리 아이들이 사는 동네를 탐방하여 문제점을 찾아보고 이를 시의회 견학에서 제안해 보도록 수업을 계획했다(시청과 시의회의 역할을 아이들이 이해하기는 어렵다. 지금 생각해 보면, 주민자치가 4학년에서 삭제된 것은 환영할 만한 일이다).

아이들과 시청 및 시의회에 대한 기초조사를 마치고 '마을 탐방'에 나섰다. 집에서 학교로 오는 길, 친구들과 놀던 놀이터 등은 아이들에게 익숙한 곳이었지만 시의원과의 만남을 예고했던 까닭에 휴대폰과 메모지 등을 가지고 마을의 불편한 점과 개선할 점을 찾는 데 적극적인 모습을 보였다.

마을 탐방을 마치고 학교로 돌아와 '우리 마을의 개선할 점'에 대해 토의를 해 보았다. 가장 많았던 의견은, 학교 인근 아파트에 버려진 것으로 보이는 장기 주차된 차들과 자전거 등이었다. 누구도 관리하지 않는 폐차 수준의 차들과 녹슨 자전거를 보며 아이들은 아파트의 경관을 해치기 때문에 개선을 요구해야 한다고 했다. 아파트를 지나 텃밭이 있는 주택가를 지나갈 때는 채소 기르기에 쓰였던 폐비닐이 방치된 것을 보며 환경문제를 이야기하는 아이들도 있었다. 여기에 몇몇 아이들은 자기 밭에서 쓴 폐비닐은 주인이 치우는 게 좋겠다고 했다. 마을의 이곳저곳을 돌아다니며 좁은 골목을 지나갈 때, 이웃집의 빈 벽을 보며 '마을 벽화 꾸미기'를 제안하는 학생들도 있었다. 이에 시의회에 요구할 점과 개인이 노력할 점을 중심으로 문제점을 나누어야 한다는 쪽으로 의견이 정리되었다.

아이들은 각자의 주제를 정하여 시의원에게 제안하는 글쓰기를 했다. 국어 시간에 배웠던 '제안하는 글쓰기'와 연계하여 마을 탐방 후 느꼈던 것을 소재로 글쓰기를 진행하니 아이들이 꽤 긴 글을 써 나갔다. 아이들에게 글쓰기는 귀찮은 일이면서 어려운 일이다. 하지만 주어진 소재에 대하여 풍부한 생각거리를 제공하면 아이들이 글쓰기를 어려워하지 않는다.

제안하는 글쓰기가 완성된 후, 시의원에게 전달할 글을 선정하기로 했다. 아이들은 각자 자신의 글을 발표하였고, 어떤 제안이 좋을지 투표를 통하여 한 학생의 글을 선정했다.

(4) 나는야 꼬마시민

1. 시청·시의회 견학
- 시청·시의회의 모습 살펴보기
- 시의회에서 하는 일 알아보기
- 시의원과의 대화에 참여하기

2. '시민' 모둠 문장 만들기
- 우리 마을 탐방과 시의회 견학을 떠올리며 '시민' 모둠 문장 만들기

당시 내가 근무했던 학교는 일반 학교다. 교육과정 지원버스(학년 초에 지역교육청에서 선착순 신청을 받거나 학년·학급별 체험학습 계획서를 교육청에 제출하도록 하여 전세버스 임대료를 지원해 주는 사업)가 충분하지 않았던 해이고, 교육과정 예산을 혁신학교처럼 풍부하게 지원받지 못하던 상황이었다. 버스를 임대한다는 것은 현실적으로 불가능했다. 다행히 시청·시의회가 시내버스를 이용해서 갈 수 있는 거리에 있었던 까닭에 아이들과 함께 시내버스를 이용해서 시청·시의회 견학을 갔다. 학급 아이들 전체를 인솔하여 버스를 타는 일이 부담스럽기

도 했지만 막상 시내버스를 이용해 보니 시민들과 즐겁게 대화하며 사전에 약속했던 안전수칙을 지키는 아이들이 믿음직해 보였다.

시청과 시의회의 견학 코스를 둘러본 뒤 시의회에 들어갔다. 시의회 건물에서 느껴지는 다소 엄숙한 분위기에 아이들은 이곳저곳을 둘러보며 작은 소리로 서로 대화를 나누었다.

약속되었던 시의원과의 대화 시간. 시의원이 들어오고 자유질문을 하도록 하자, 아이들이 서로 발표를 하고 싶어 손을 들었다. 아이들의 어엿한 모습에 깜짝 놀라게 된 순간이었다.

대부분 아이들이 마을 탐방을 하며 보았던 문제점을 개선해 줄 수 있는지를 물었고, 개선 절차를 궁금해하는 아이들도 있었다. 아파트에서 보았던 '폐차'와 '불법 주차'에 대한 질문이 이어지자, 시의원은 "왜 너희들은 자꾸 폐차 처리와 불법 주차된 차에만 관심을 갖느냐"고 되묻기도 했다. 여기에서 자신들의 시선에서 바라본 문제점에 대해 적극 시정을 요구하는 꼬마시민의 모습을 볼 수 있었다.

자유질문 시간이 끝나고 한 학생이 대표로 '제안하는 글'을 낭독했다.

시의원과의 만남이 끝나고 학교에 돌아온 후, '시민' 모둠 문장 만들기 활동을 했다. 자기 주변의 문제를 찾아 스스로 고쳐야 할 점은 책임을 지고 혼자 해결하기 어려운 경우에는 시의회에 요구할 수 있음을 경험해 본 활동이었다.

시의회 견학 모습

시의원과의 만남

(5) 부모님과의 인터뷰

1. 부모님 인터뷰하기
- 인터뷰 활동지에 있는 질문을 토대로 부모님 인터뷰하기
- 인터뷰 결과 기록하기

2. 인터뷰 내용 공유하기
- 반 친구들과 인터뷰 내용 공유하기

2017년 1학기에는 전교어린이회 선거뿐 아니라, 대통령 선거가 있었다. 아이들은 처음 선거를 배우면서 온 국민의 관심사였던 대통령 선거에 대해서도 궁금해했다. 선거의 절차, 후보의 자격, 각 후보들의 공약까지 여러 가지 질문을 했다. 사실 아이들이 시민으로 살아가야 할 사회에서 '선거'만큼 잘 배워야 할 주제가 어디 있을까. 하지만 학교에서는 모의 선거나 전교어린이회 선거 등을 하면서도 정작 '정치적 중립성'을 이유로 수업 내용을 제한하기도 한다. 사회가 선거로 인해 가장 시끌벅적할 때, 선거를 수업 소재로 다루기 어려운 분위기가 형성되어 안타까웠다.

부모님과의 인터뷰는 '꼬마시민' 수업의 마지막 부분으로, 아이들이 경험한 선거와 시민에 대한 배움을 우리 사회로 시선을 옮겨 시야를 확장하는 단원이다. 인터뷰 질문에는 따로 어떤 정당이나 후보를 지지하는지 묻지 않았다. 단지 대통령의 자질로 중요하게 생각하는 부분을 부모님과 대화하여 결과를 기록하도록 했다. 젊은 세대의 정치에 대한 무관심은 어려서부터 정치를 배울 기회가 없었던 이유도 있을 것이다. 학생 시기에 가장 많은 시간을 보내는 학교에서 이 주제를 제대로 다루지 못한다면 정치적 무관심은 당연한 결과이지 않을까? 아이들은 부모님과 인터뷰를 마치고, 대통령 선거가 끝난 이후에도 선거 결과에

관심을 가지고 한동안 선거에 대해, 후보의 자질에 대해, 공약에 대해 이야기를 나누곤 했다.

3. 수업 돌아보기

Q. (대통령 선거를 앞두고) 부모님 인터뷰하기 활동이 궁금합니다. 교사의 정치적 중립에 대한 의무와 관련하여 민감한 사안이 될 수 있는 활동일 것 같은데 주변에서 만류하지는 않았나요?

A. 특정 정당이나 후보를 지지하는 발언을 하거나 그러한 분위기를 형성하는 수업이 아니었기에 크게 걱정하지 않았습니다. 이 수업을 통해 구현하고 싶었던 것은, 1표의 소중함을 알고 후보의 자질과 공약의 중요성을 인지하여 제대로 선거에 참여해 보도록 하는 것이었습니다. 시민을 길러 내는 것이 교육의 목표인데, 선거와 정치를 수업에서 다루기 부담스러워해야 하는 현실이 안타깝습니다. 앞으로도 아이들이 살아가야 할 사회가 어떤 사회인지, 시민의 자질과 태도는 무엇인지를 다룰 수 있는 수업이 학교에 더 많아야 하지 않을까요?

Q. 교육과정 개발은 함께 할 동학년 선생님들이 있을 경우에 가능할 거 같습니다. 혼자 수업을 개발하면서 힘든 점은 없었나요?

A. '꼬마시민' 수업은 일반 학교에서 혼자 개발하고 실행한 수업입니다. 교과서 중심으로 수업을 하는 분위기가 보편적이던 시기에 일반 학교에서 틈틈이 준비한 수업이기에 흐름이 매끄럽지 못하고 수업에 대한 기록도 자세하지 못합니다. 혼자만의 기록과 실행이어서 준비 자체가 버거운 면도 있었고 다른 사람과 공유할

일이 없어 기록과 자료가 많이 남아 있지 않다는 점이 아쉬움으로 남습니다. 그럼에도 꼭 해 보고 싶어서 기획한 수업이어서 애착이 큽니다. 일반 학교에서 수업 만들기를 위해 씨름했던 제 결과물을 보며 일반 학교의 선생님들이 위로(?)와 힘을 얻기를 바랍니다. ㅎㅎ

수업 아이디어를 나눌 동료가 없고, 학교 예산 지원이 없거나 경직된 학교 분위기라면 더더욱 교과서 밖의 다양한 수업을 개발하고 실행하는 것은 어려운 일입니다. 주어진 상황에서 할 수 있는 만큼 수업을 준비해서 실행하는 것. 거기서 시작하면 됩니다. 선생님의 첫걸음을 응원합니다.

꼬마시민의 인터뷰

5월 9일 대통령 선거를 앞두고 우리 아이들이 투표의 중요성을 배울 수 있도록 인터뷰에 응해 주시기를 부탁드립니다. 이 인터뷰 활동은 사회교과에서 주민자치를 배운 우리 아이들이 선거의 의미와 정치 참여의 중요성을 배울 수 있는 좋은 기회라 생각합니다. 인터뷰 전에 질문지를 한번 읽어 보신 후 인터뷰에 응해 주시면 됩니다. 정리된 답변을 아이가 차분히 받아 적을 수 있도록 해 주세요.

1. 대통령이 갖추어야 할 자격으로 가장 중요하게 생각하는 것은 무엇입니까? 이유와 함께 말씀해 주세요.

2. 투표를 꼭 해야 하는 이유는 무엇일까요?

3. 투표의 중요함을 모두가 알고 있지만 실제로 투표하는 사람 수가 많지 않습니다. 투표율을 높일 수 있는 방법에는 무엇이 있을까요?

4. 현재 대통령 후보들이 내놓은 공약 중에 마음에 드는 공약이 있다면 무엇입니까? 또는 지금 우리나라 상황에 가장 필요한 공약은 무엇이라고 생각하십니까?

5. 투표에 참여할 수 있는 나이는 만 19세입니다. 이 나이가 적당하다고 생각하십니까? 보기에서 고른 후, 이유를 말씀해 주세요. (　　)
　① 만 19세보다 더 낮춰야 한다.　② 만 19세가 적당하다.
　③ 만 19세보다 더 높여야 한다.

7.

보트그라운드
지방선거의 중요성을 일깨워 주고 싶을 때 하는 수업

#6학년_1학기 #지방선거 #민주주의 #토의토론

1. 수업 들어가기

선거 수업은 늘 강조하는 중요한 수업이면서도 학생들에게 생소하고 어려운 수업일 수 있다. 자칫 정보 전달만으로 진부하고 지루한 수업이 될 가능성이 있기 때문이다. 그래서 직접 후보가 되거나 유권자가 되어 스스로 체험해 본다면 좀 더 쉽고 재미있게 받아들일 수 있지 않을까 해서 이 수업을 기획했다.

물론 일반적으로 학교에서는 전교어린이회장 선거나 반장 선거 등으로 선거에 대한 경험을 했을 것이다. 이 수업은 더 나아가서 학교뿐 아니라 가깝고 친근한 부분부터 점점 확장하면서 선거에 대한 경험을 늘려 가고 흥미 있게 선거를 이해하도록 하고 싶었다. 마침 6·13 지방선거를 앞두고 있어서 학생들이 어렵지 않게 투표에 대해 인식할 수 있는 계기가 되었다.

이 수업을 통해 학생들이 자신의 지역에 선거구가 있음을 이해하고 우리들과 직접적으로 연관이 있는 사람들이 어떤 일을 하는지에 주목하면서 민주주의의 작은 부분을 배워 나가는 시간이 되었으면 했다.

또 마지막으로 우리끼리의 작은 선거를 해 보면서 투표를 할 때 후보의 어떤 면을 보고 뽑아야 할지에 대해 생각해 보고 올바른 선거 방법을 알아보면서 학생들이 스스로 만들어 가는 수업이 되기를 의도했다. 그래서 선생님과 아이들이 함께 만드는 선거 수업이라고 할 수 있겠다.

2. 수업 펼치기

1) 수업의 개요

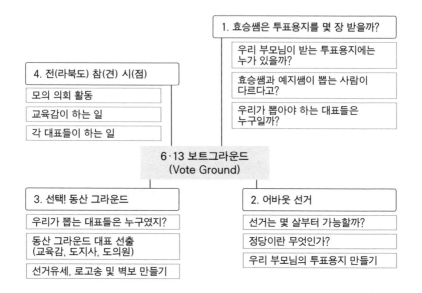

수업은 크게 네 개의 소단원으로 나눴다. 첫 번째, '효승쌤은 투표용지를 몇 장 받을까?' 단원은 제목부터 학년 선생님의 이름이 나와서 친숙함을 더했다. 6·13 지방선거에 대해 소개하면서 대통령 선거와 다른 점을 이야기해 보고 어떤 차이점이 있는지 살펴봤으며 각 사람마다 투표용지가 조금씩 다르다는 것을 알려 주었다. 또 부모님이나 어른들이 받는 투표용지에는 누가 있는지 함께 살펴보는 시간을 가졌다.

두 번째, '어바웃 선거' 단원은 선거에 관해 조금 더 깊게 알아보았다. 선거가 가능한 연령은 언제인지부터 정당이란 무엇이고 우리나라에 어떤 정당이 있는지 함께 살펴보았다. 선거란 투표만 있는 것이 아니라 다양한 것들이 준비되어야 한다는 것을 강조하며 또 우리가 잘 몰랐던 우리 지역의 후보들을 살펴보고 직접 투표용지를 만들어 보았다.

세 번째, '선택! 동산 그라운드'는 학생들이 직접 선거를 체험해 보는 시간이다. 이전에는 단순히 전교회장, 부회장을 뽑는 시간이었다면 실제 우리가 지방선거에 나간다면 어떻게 될까? 예상해 보고 도지사, 교육감, 도의원 후보가 되어 선거운동을 하거나 유권자가 되어서 투표해 보는 수업이다. 각각의 캠프를 만들고 선거유세 문구나 로고송, 벽보 등을 제작하면서 실제 선거 분위기를 내 보았다.

네 번째, '전라북도 참견 시점' 수업은 각 대표들이 하는 일이 무엇인지 알아보고 모의 의회를 조직하여서 이전에 뽑았던 후보들이 실제처럼 시나리오에 맞춰서 의정 활동을 경험해 보는 수업이다. 이를 통해 대표들이 하는 일을 경험적으로 받아들이게 했다.

2) 수업 내용

	소단원명	소단원 주요 내용	관련 성취기준		차시량
1	효승쌤은 투표용지를 몇 장 받을까?	• 우리나라에 있는 선거 종류에 대해 알아보기 • 우리가 뽑는 대표들은 누구인지 알아보기 • 투표용지 들여다보기 • 서로 다른 투표용지의 이유 알아보기 • 부모님의 투표용지 함께 살펴보기 • 비례대표에 대해 알아보기	[6사05-05] 민주정치의 기본 원리(국민주권, 권력 분립 등)를 이해하고, 그것이 적용된 다양한 사례를 탐구한다.	[교사개발] 우리나라 선거의 특징과 선거의 방법을 알고 유권자가 되어 참여한다. [6사05-03] 일상생활에서 경험하는 민주주의 실천 사례를 탐구하여 민주주의의 의미와 중요성을 파악하고, 생활 속에서 민주주의를 실천하는 태도를 기른다.	1
2	어바웃 선거	• 선거 연령 및 선거법에 대해 알아보기 • 우리나라 정당 알아보기 • 부모님의 투표용지를 내 손으로 만들기	[6사05-06] 국회, 행정부, 법원의 기능을 이해하고, 그것이 국민 생활에 미치는 영향을 다양한 사례를 통해 탐구한다.		1

| 3 | 선택!
동산
그라운드 | • 우리가 뽑는 대표가 누구인지 되짚어 보기
• 우리 학교의 도지사, 도의원, 교육감 후보 선정하기
• 선거의 절차에 따른 후보 등록하기
• 선거운동 및 투표 실시하고 개표하기 | [6도03-02] 공정함의 의미와 공정한 사회의 필요성을 이해하고, 일상생활에서 공정하게 생활하려는 실천 의지를 기른다.
[6미02-03] 다양한 자료를 활용하여 아이디어와 관련된 표현 내용을 구체화할 수 있다. | [교사개발] 우리나라 선거의 특징과 선거의 방법을 알고 유권자가 되어 참여한다.
[6사05-03] 일상생활에서 경험하는 민주주의 실천 사례를 탐구하여 민주주의의 의미와 중요성을 파악하고, 생활 속에서 민주주의를 실천하는 태도를 기른다. | 3 |
| 4 | 전라북도
참견 시점 | • 도지사, 시장, 도의원, 시의원이 하는 일이 무엇인지 알아보기
• 교육감이 하는 일이 무엇인지 알아보기
• 모의 의회 시나리오에 따른 활동 역할극해 보기 | [6사05-04] 민주적 의사결정 원리(다수결, 대화와 타협, 소수 의견 존중 등)의 의미와 필요성을 이해하고, 이를 실제 생활 속에서 실천하는 자세를 지닌다. | | 2 |

3) 수업의 실제

(1) 효승쌤은 투표용지를 몇 장 받을까?

1. 우리가 뽑는 대표들은 누구일까?
- 우리나라에 있는 선거 종류에 대해 알아보기
- 우리가 뽑는 대표들은 누구인지 알아보기

2. 효승쌤과 예지쌤이 뽑는 대표가 달라?
- 투표용지 들여다보기
- 투표용지가 서로 다른 이유 알아보기

3. 우리 부모님의 투표용지에는 누가 있을까?
- 부모님의 투표용지 함께 살펴보기
- 비례대표에 대해 알아보기

2018년 6·13 지방선거가 코앞으로 다가왔다. 아이들은 이미 여러 선거를 지나쳐 왔지만 실제 피부로 느껴 보는 지방선거는 이번이 처음일 것이다. 이러한 시기에 선거 수업을 한다면 좀 더 쉽게 이해할 수 있을 것 같았다. 주변에서 선거유세가 시작되고 있어서 저 사람들이 왜 거리에 나왔는지 함께 이야기해 보면서 수업을 시작했다.

일단 이 수업의 제목을 정해 보았다. '보트그라운드'라는 수업의 제목은 당시 선풍적인 인기를 몰고 있던 게임에서 착안을 했다. 남학생들은 'ㅂㅌㄱ라운드' 초성만 있는 문구를 보자마자 아주 신나 했다. 수업 시간에 무슨 총싸움을 한다고 생각할지도 모르지만 보트그라운드라는 이름을 보고 약간은 실망했을 것이다. 먼저 6·13 지방선거에 대해 소개했다. 지방선거라는 말을 생소해할 것 같아서 우리나라에 있는 선거의 종류를 함께 알려 주었다. 대통령 선거와 국회의원 선거 그리고 지방선거에 대해 각각 설명했다. 대통령과 국회의원이 국민 전체의 대표를 뽑는 느낌이라면 지방선거는 우리 지역에서 일하는 사람들을 뽑는 것이라고 설명했다. 익산에서 시민이 뽑는 대표가 몇 명인지 그리고 투표용지가 무려 7장이라고 하자 관심을 보이기 시작했다.

선생님들 역시 투표를 한다고 말하면서 우리 학년 담임 선생님들의 투표용지 샘플을 보여 주었다. 같은 7장이지만 다른 점을 찾아보자고 했다. 그림을 보면서 다른 점을 쉽게 찾아냈다. 교육감, 도지사 후보처럼 서로 같은 투표용지도 있지만 도의원처럼 사는 지역에 따라 후보가 다른 용지가 있다고 말해 주면서 그 이유를 설명해 주었다. 또 우리가 사는 지역이 어디인지 함께 알아보았다. 같은 시 안에서도 다양한 선거구가 있다는 것에 신기해했다.

"그렇다면 우리 부모님이 받으실 투표용지에는 무엇이 적혀 있을까?"라고 물어보면서 익산시민들이 공통으로 뽑아야 하는 후보들에 대해 설명했다. 도의원 및 시의원 비례대표의 내용이 나와서 비례대표

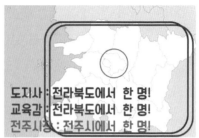

| 선생님들이 뽑는 대표가 다른 이유는? | 공통으로 뽑아야 할 대표는 누구일까? |

제에 대해서도 영상을 보여 주었다. 학생들은 부모님이 뽑을 대표가 이렇게 많은 것과 선거구마다 다른 후보가 있다는 사실이 새로웠다고 했다. 그래서 또 선거에 관해 궁금한 내용들을 질문 받으면서 다음 시간에는 선거에 대해 본격적으로 알아보자고 하면서 수업을 마무리 했다.

(2) 어바웃 선거

1. 선거는 몇 살부터 가능할까?
- 선거 연령 및 선거법에 대해 알아보기

2. 정당이란 무엇인가?
- 우리나라 정당 알아보기

3. 우리 부모님의 투표용지 만들기
- 부모님의 투표용지를 내 손으로 만들기

이제 본격적으로 선거에 대해서 궁금한 점을 같이 이야기해 보는 수업을 준비했다. 투표를 누가, 언제부터 할 수 있는지에 대해 알아보기로 했다. 당시 대통령 개헌안을 통해서 선거연령을 19세에서 18세로 낮춰 청소년의 선거권을 보장하기로 발표하였고, 2020년 현재 시행 중이다. 이전에는 만 19세부터 선거를 할 수 있었다는 것을 말하면서 앞으로는 여러분이 고등학생이 되었을 때 투표를 할 수 있다고 하니 본인들의 형, 언니 이야기를 하면서 좋아했다. 간단한 영상을 보면서 개헌의 배경에 대해서 함께 생각해 보는 시간을 가졌다.

다음으로 정당에 대해 설명해 주었다. 정치적 의견이 같은 사람들이 모여서 만든 단체라고 설명하면서 우리나라에 어떤 정당이 있는지 발표해 보라고 했다. 당시에 가장 대표적인 정당의 이름들이 나왔다. 이보다 더 많은 정당이 있다고 하니 하나씩 기억나는 정당 이름들이 나왔다. 이에 33개의 정당이 있으며 이렇게 많은 정당이 등록되어 있다는 것은 누구든지 자신의 목소리를 낼 수 있다는 증거임을 이야기하며 민주주의가 잘 실현되고 있다는 것을 이해시켰다.

마지막으로 우리 부모님의 투표용지를 만들어 보기로 했다. 실제로 투표용지를 만들면서 어떤 후보들이 있는지 함께 살펴보았다. 선생님의 투표용지를 만들며 예를 들어 주었더니, 인터넷을 통해 후보들을 찾아보고 투표용지를 그림으로 만들었다. 이렇게 하니 우리 지역의 선거구를 파악할 수 있고 어떤 당들이 있는지도 바로 알 수 있었다.

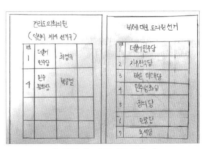

아이들이 만든 투표용지

(3) 선택! 동산 그라운드

1. 우리가 뽑는 대표들은 누구였지?
- 우리가 뽑는 대표가 누구인지 되짚어 보기

2. 동산 그라운드의 대표들은 누구일까?
- 우리 학교의 도지사, 도의원, 교육감 후보 선정하기

3. 동산 그라운드 준비하기
- 선거의 절차에 따른 후보 등록하기
- 선거운동 및 투표 실시하고 개표하기

아이들은 선거에 대해서 배웠고 왜 투표용지가 7장이 되는지 알았다. 하지만 아직 이해가 어려운 학생들을 돕기 위해 간단한 영상을 보면서 우리가 뽑는 대표들은 누구였는지 복습하는 시간을 가졌다. 영상에는 광역시와 각 시, 도에서 어떤 사람들을 뽑게 되는지에 대해 자세하게 나왔다. 그림으로 나온 영상이어서 아이들도 쉽게 이해할 수 있었다. 그렇지만 눈으로 보는 것만으로는 아쉽고 함께 경험해 보는 게 더 도움이 될 것 같다고 말하며 우리들도 우리 학교만의 지방 선거를 해 보자고 제안했다. 아이들은 저마다 자신이 도지사, 교육감이 되겠다면서 즐거워했다. 먼저 대표를 몇 명 뽑을지 결정했다. 일단 우리 학교 6학년 5개 반 전체를 하나의 전라북도로 지정했다. 그리고 각각의 반을 전주시, 익산시 등의 시로 지정했다. 도지사와 교육감은 전체에서 뽑기로 하고 도의원은 각 선거구별로 1명씩 선출하기로 했다. 선거구는 각 반을 가, 나 2개로 나누었다. 이렇게 하면 도의원은 10명이 된다.

이제 투표를 하기 위해 각자 하고 싶은 친구들은 후보자 등록을 하라고 했다. 그 이후 선거 절차에 대해 설명하면서 선거운동과 투표를

실시하고 개표까지 해야 한다고 말해 주었다. 투표를 할 때 주의할 점과 후보자를 뽑을 때 중점적으로 무엇을 봐야 할지 자신만의 기준을 가지고 뽑아야 하며 단순한 인기투표가 되어서는 안 된다는 것도 알려 주었다. 아이들은 들뜬 기분으로 후보자 등록을 했고 선거운동을 열심히 하고 싶어 했다. 선거운동을 하려면 실제 선거유세를 하는 것처럼 선거 로고송, 벽보 등을 만들어야 하므로 인터넷에 있는 각종 예시들을 보여 주었다.

　다양하게 친구들을 뽑다 보니 평소 말수가 적던 친구들도 후보자에 등록을 했다. 도지사, 교육감 후보가 나온 반 친구들은 다 같이 도와 선거운동을 하였고 후보자로 나오지 않은 친구들은 다른 후보들과 함께 하나의 선거 캠프처럼 모여서 로고송과 벽보를 만들었다. 일정한 기간 동안 선거운동을 한 뒤에 우리는 투표를 했다. 개표는 시간 관계상 선생님들이 했다. 만약 여기서 수업을 마쳤다면 아이들에게 그저 재미있는 이벤트가 되었을 수도 있다. 이에 우리는 실제 각 대표자들이 무슨 일을 하는지 알아보는 것도 중요하다고 말했다.

선거 벽보

선거유세 장면

(4) 전라북도 참견 시점

1. 대표들이 하는 일
- 도지사, 시장, 도의원, 시의원이 하는 일이 무엇인지 알아보기

2. 교육감이 하는 일
- 교육감이 하는 일이 무엇인지 알아보기

3. 모의 의회 활동
- 모의 의회 시나리오에 따른 활동 역할극 해 보기

투표와 개표를 마친 뒤에 우리는 수업에서 실제 각 대표들이 하는 일이 무엇인지에 대해서 좀 더 정확하게 알아보자고 했다. 도지사와 시장처럼 대표가 하는 일이 무엇인지 그리고 각 의원들은 어떤 일을 하는지에 대해서 지방자치단체와 지방자치의회가 하는 일을 함께 살펴보았다.

이후 우리는 개표 결과를 발표했다. 도지사와 교육감에 뽑힌 친구들은 즐거워했고 선거에서 떨어진 친구들도 박수를 치며 축하해 주었다. 이제 이 친구들과 함께 모의 의회를 해 보면서 실제로 어떻게 회의가 진행되는지 살펴보기로 했다. 도지사와 각 도의원들이 강당에 모여서 준비한 시나리오를 가지고 토론을 진행하면 대표가 아닌 친구들은

지방자치의회-모의 의회

모의 의회 방청

시민과 방청객이 되어서 질문을 했다. 아이들은 '학생인권조례'라는 주제로 시나리오를 읽어 나갔다. 그 후 질의응답 시간을 가졌는데 처음에는 어려워했지만 시간이 지날수록 활발하게 주제에 대해 이야기했다.

아이들은 이 수업을 통해서 선거에 대해 이해한 것뿐만 아니라 대표자들의 역할 그리고 우리가 취해야 할 자세 등에 대해 함께 나눌 수 있었다.

3. 이렇게 평가할 수 있어요

민주주의의 꽃이라고 할 수 있는 선거에 대해서 아이들에게 좀 더 쉽게 다가갈 수 없을까? 선생님과 부모님이 뽑는 대표들은 누구인지 무슨 일을 하는지 궁금증을 해결해 나가면서 올바른 후보를 뽑는 법에 대해서도 생각해 보는 시간을 가졌으면 했다. 이뿐 아니라 선거유세를 위해서 로고송을 제작하기도 하고 벽보를 만들면서 친구들끼리 즐거운 시간을 가질 수 있었고, 모의 의회를 통해서 의회에서 어떤 일을 하는지 알 수 있었다. 이 외에 질의응답 및 토론을 통해서 학생들이 평소 가지고 있었던 주제에 대해 함께 생각해 보고 올바른 토의, 토론 자세까지 알 수 있는 일석이조의 수업이다.

부록

'6·13 ㅂㅌㄱ라운드' 모의 의회 시나리오

안녕하십니까? 모의 의회 의장 ○○○입니다. 지금부터 2018년 'ㅂㅌ 그라운드' 수업 전라북도 모의 의회를 시작하겠습니다. 먼저 국기에 대한 경례가 있겠습니다. 단상의 국기를 향하여 모두 일어서 주시기 바랍니다. 국기에 대하여 경례! (5초 정도 세고) 바로! 이어서 순국선열 및 호국영령에 대한 묵념이 있겠습니다. 일동 묵념! 모두 자리에 앉아 주시기 바랍니다. 이하 의식은 생략하도록 하겠습니다.

의장의 개회사 동산 어린이 모의 의회에 참가하여 주신 여러분께 감사드립니다. 자라나는 우리 동산초 학생들에게 지방자치 제도를 이해할 수 있도록 돕는 소중한 기회가 마련되어 참으로 기쁩니다. 건강한 토론과 제안 속에서 전라북도 도민 모두의 행복한 삶에 기여하는 소중한 기회로 작용하길 바랍니다. 오늘 모의 의회를 통해 참가자들이 민주주의의 가치와 방법에 대해서 더 크게 생각하고 성장하게 되었으면 좋겠습니다. 감사합니다.

- 잠시 후 전라북도 모의 의회 본회의를 개의하겠습니다. 자리를 정돈하여 주시기 바랍니다.
- 성원이 되었으므로 전라북도 모의 의회 본회의를 개의하겠습니다. (의사봉 3타)
- 먼저 보고 사항을 듣도록 하겠습니다. 모의 의회 사무국장으로부터 보고가 있겠습니다. 사무국장은 앞으로 나와 보고해 주시기 바랍니다.

사무국장 의회 사무국장 ○○○입니다. 보고 사항을 말씀드리겠습니다. ○○○ 의원 외 ○○인으로부터 2018년 6월 11일 모의 의회 소집 요구가 있어 6월 12일 집회 공고를 하고, 6월 14일 오늘 '보트그라운드' 전라북도 모의 의회를 개의하게 되었습니다.

다음은 의안 발의 사항입니다. 전라북도교육감이 '전북학생인권조례안'을 발의하여 금일 본회의에서 상정하여 처리할 예정입니다.

의장 사무국장 수고하셨습니다. 전라북도교육감이 발의한 '전라북도학생인권조례안'을 상정하도록 하겠습니다. (의사봉 3타)

본 조례안을 발의하신 전라북도 ○○○ 교육감은 앞으로 나오셔서 전라북도학생인권조례안에 대해 설명해 주시기 바랍니다. (교육감 제안 설명 → 학생인권조례 자료 참조)

- 전라북도 ○○○ 교육감님! 조례안을 설명하시느라 수고하셨습니다. 교육감님께서는 잠시 발언대에 계셔 주시기 바랍니다. 다음은 질의응답을 듣도록 하겠습니다. 방금 제안 설명을 드린 조례안에 대하여 질의하실 의원 계십니까?

[질의 예시]

○○○ 의원 조례안에 대한 ○○○ 교육감님의 제안 설명 잘 들었습니다. 저는 이 조례안에서 학생의 인권보호라는 측면이 지나치게 강조되고 있다고 생각합니다. 예를 들어, 조례안에 들어 있는 일기장에 대해 말씀드리도록 하겠습니다. 일기장은 아이들의 감정을 정리해 두는 사적인 공간이긴 하나, 학생들이 성장하는 단계에서 교사가 일기 지도를 해야 할 필요도 있습니다. 일기 지도하는 것은 아이의 사생활을 침해하기 위한 목적이 아니라고 생각하는데 교육감님께서는 어떻게 생각하십니까?

교육감 아이들 지도를 위한 방법이 일기장 검사만 있는 것 아닙니다. 교사와의 소통을 위한 다양한 방법이 있습니다. 일기가 강제가 되고 과제가 되는 순간 일기를 통해 아이들이 사색할 수 있는 건강한 기회는 사라지게 됩니다. 일기 검사는 이런 사색의 기회를 뺏는 것이라고 생각해서 일기장 검사를 금지하는 항을 넣은 것이니 양해 부탁드립니다.

의장 위 조례안에 대하여 더 질의하실 의원 계십니까?

○○○ 의원 교육감님께서 말씀하신 대로 학생 지도는 일기가 아닌 다른 방법으로도 일상생활에서 얼마든지 가능합니다. 일기장은 학생들이 자신의 생각을 정리하는 공간인데 이 내용을 자신이 아닌 다른 누군가가 본다고 생각하면 일기장에 솔직한 이야기를 적을 수 없을 것 같습니다. 다만, 일기를 꾸준히 쓰는 습관을 들일 수 있는 과정이 사라진다면 이를 대신하는 방안도 함께 고민되어야 한다고 생각합니다. 질문은 아니니 답변 안 하셔도 좋습니다. 제 의견이었습니다.

의장 위 조례안에 대하여 더 질의하실 의원 계십니까?

○○○ 의원 위 조례안과 관련하여 의원님들의 염려가, 꾸준한 일기 쓰기의 습관을 들이는 한 과정으로 학습과정에 대한 고민이 많은 것으로 보입니다. 조례안으로 일기 검사를 규제하게 됨으로써 그런 교육적 효과를 대체할 수 있는 방법이 무엇인지 생각해 보신 적이 있습니까?

○○○ 의원 　정규 학습과정에서는 일기장 검사 이외에 독서록 작성이나 글쓰기 학습을 통해서 학생들의 사고력 확장과 일기 쓰기의 교육적 목적을 충분히 달성할 수 있다고 생각합니다. 또한 일기 쓰기의 과정은 학교와 가정에서 학생들에게 긍정적인 작용을 주면 학생들 스스로 충분히 진행할 수 있기 때문에 우리가 걱정하는 것보다는 조례안의 긍정적인 효과가 클 것으로 생각합니다.

이와 같은 방식으로 다른 조항들에 대해서도 질의응답을 계속함.

모든 질의응답이 끝났습니다. 그럼 바로 이어서 의결을 하도록 하겠습니다. '전북학생인권조례안'에 대하여 표결을 하겠습니다. 먼저 의사일정 제1항 '전북학생인권조례안'에 대하여 찬성하시는 의원은 손을 들어 주시기 바랍니다. 다음으로 반대하시는 의원들은 손을 들어 주시기 바랍니다.

표결 결과를 말씀드리겠습니다. 재석 의원 ○○명 중 찬성 ○○명, 반대 ○○명, 기권 ○○명으로 의사일정 제1항 '전북학생인권조례안'은 (가결, 부결) 되었음을 선포합니다. (의사봉 3타)

이상으로 전라북도 모의 의회를 모두 마치겠습니다. 오늘 모의 의회에 협조해 주신 이리동산초 학생 및 교사 여러분께 감사 말씀을 드립니다. 모의 의회를 마치겠습니다. (의사봉 3타)

2장

삶을 담는 통합수업: 학생의 관심사를 중심으로 한 통합

1.

친해지고 싶어
교실의 어색함을 빨리 없애고 싶을 때 하는 수업

#새학기 #새학년 #친구 #적응수업

1. 수업 들어가기

열 번도 넘게 매년 새로운 아이들을 만나 왔지만 3월 첫날은 교사인 나도 참으로 어렵다. 교사가 아이들과의 첫 만남이 긴장되어, 전날 밤 잠을 설친다면 누가 믿어 줄까? '내일 뭐하지?', '내 소개는 어떻게 할까?', '아이들의 소개는 어떻게 해야 좋을까?', '내일 어떤 과목의 책을 제일 먼저 펼칠까?' 등 수많은 고민을 하고 새 학년 새 학기 첫날 아이들을 만나지만 우왕좌왕, 어색함은 어쩔 수 없었다.

아이들 역시 새 학년 새로운 교실에서 걱정스럽고 긴장된 얼굴로 앉아 있기는 마찬가지다. 처음 만나는 그날, 아이들의 긴장과 두려움을 무엇으로 앞으로의 생활에 대한 기대감과 설렘으로 바꿀 수 있을까 하는 고민으로 '친해지고 싶어' 교과목 수업을 구성했다.

단언컨대 '친해지고 싶어' 수업을 한 이후로 나는 3월 첫날을 기대감과 설렘으로 기다린다. 해마다 만나는 아이들의 학년과 발달단계에 맞추어 또 주변 환경 등을 고려하여 조금씩 수정하긴 하지만, '친해지고 싶어' 수업의 근본적인 의도와 목적이 같기에 아이들의 만남은 걱정보다는 기대감으로 바뀌고 아이들도 새로운 친구들과 금방 친해짐을 느낄 수 있었다.

아이들과 교사 모두 즐거운 학교를 위한 시작! 바로 '친해지고 싶어' 수업이다.

2. 수업 펼치기

1) 수업의 개요

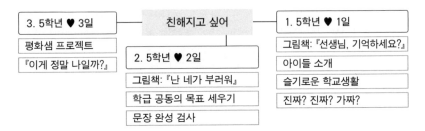

2) 수업 내용

	단원명	소단원 주요 내용	성취기준		차시량
1	5학년 ♥ 1일	•그림책(『선생님, 기억하세요?』) 읽기 •담임 소개(진짜? 진짜? 가짜?) •아이들 소개(네임텐트 만들기) •증명사진 촬영 •슬기로운 학교생활, 학급 약속 지도 – 하루 일과 알아보기 •등교 개학 소감 글쓰기	[6국01-01] 구어 의사소통의 특성을 바탕으로 하여 듣기·말하기 활동을 한다. [6국03-05] 체험한 일에 대한 감상이 드러나게 글을 쓴다.	[교사개발] 나, 너, 우리에 대한 이해를 바탕으로 새로운 환경에 즐겁게 적응한다. [6국05-05] 작품에 대한 이해와 감상을 바탕으로 하여 다른 사람과 적극적으로 소통한다.	6
2	5학년 ♥ 2일	•그림책(『난 네가 부러워』) 읽기 •의미 있는 역할 정하기 •학급 공동의 목표 세우기 – 과거와 미래, 최고의 한 해를 위한 바람 나누기 – 학급 가치 문장 만들고 꾸미기 •문장 완성 검사	[6국01-02] 의견을 제시하고 함께 조정하며 토의한다. [6국04-05] 국어의 문장성분을 이해하고 호응관계가 올바른 문장을 구성한다.		3
3	5학년 ♥ 3일	•평화샘 프로젝트 – 4대 규칙, 3의 법칙 알아보기 •그림책(『이게 정말 나일까?』) 읽기 – 자기설명서 그리기 – 이게 정말 나일까? 활동지	[6도02-02] 다양한 갈등을 평화적으로 해결하는 것의 중요성과 방법을 알고, 평화적으로 갈등을 해결하려는 의지를 기른다. [6미01-01] 자신의 특징을 다양한 방법으로 탐색할 수 있다.		4

3) 수업의 실제

(1) 5학년 ♥ 1일

1. 그림책 읽기
- 그림책 『선생님, 기억하세요?』 읽기
- 우리도 이렇게 따뜻한 추억을 만들어 보자고 약속하며 1년의 생활을 기대하기

2. 진짜? 진짜? 가짜?
- 담임선생님 소개: 제시된 담임선생님과 관련된 문장 5개 중에서 거짓한 문장 맞히기

3. 아이들 소개
- 네임텐트 만들기; 네임텐트를 만들면서 나에 대하여 생각해 보기
- 친구들에게 자기소개하기(네임텐트를 이용하여 발표)

4. 슬기로운 학교생활
- 코로나 예방 학교생활 안내(2020년의 상황 고려)
- 하루 일과 알아보기
- 학급 약속 지도
- 등교 개학 소감 쓰기: 온라인 개학에서 힘들었던 점과 온라인 학습을 마치고 등교 개학을 한 소감을 쓰고 발표하며 친구들과 생각 나누기

5. 노래 부르기
- 〈새로운 마음으로〉 노래 부르며 하루 마무리

새로운 학년, 새로운 교실, 새로운 친구들과 처음 만나는 선생님. 유난히 처음과 새로움이 많은 첫날이다. 밑도 끝도 없이 "안녕, 만나서 반가워!"라는 인사말과 함께 그림책 『선생님, 기억하세요?』를 읽어 주었다. 그림책 첫 장을 펴면 선생님과 아이들의 모습이 나온다. 지금 막

처음 만난 우리와 닮아 있다. 새 학기 새 교실에서 만난 새로운 선생님과 보낸 그 한 해를 아주 따뜻한 추억으로 간직하고 있는 이야기다. 책을 읽고 우리도 이렇게 따뜻한 추억을 만들자고 이야기를 건넸다. 아이들의 눈빛이 기대로 반짝인다. 그 후 '진짜? 진짜? 가짜?'라는 게임을 하며

그림책 『선생님, 기억하세요?』

선생님을 소개했다. 다섯 가지 보기 중에서 가짜를 고르는 이야기인데, 나는 아이들에게 다음과 같이 보기를 제시했다.

1. 선생님은 멍때리기를 좋아한다.
2. 학교생활에서 가장 중요하다고 생각하는 것은 안전이다.
3. 선생님은 커피를 못 먹는다.
4. 제일 좋아하는 교과는 체육이다.
5. 제일 싫어하는 사람은 다른 사람에 대한 존중이 없는 사람이다.

아이들은 설마 선생님이 멍때리기를 좋아할까 싶어 거짓으로 1번을 많이 골랐다. 또 우리 선생님은 체육을 싫어할 것이라며 4번도 많이 골랐다. 아이들은 선생님을 자기들과는 다른 사람으로 생각하는 경향이 있나 보다. 이 때문에 선생님을 가까이하기 어려워했을까? "아니야. 선생님은 멍때리는 것 좋아해. 제일 좋아하는 교과는 체육이고 선생님은 여럿이서 함께 운동하는 것을 좋아한단다"라고 이야기해 주면 "정말요?"라고 눈을 동그랗게 뜨고 되묻는다. 보기에는 5번처럼 아이들이 올 한 해 교실에서 다른 사람을 존중하는 사람으로 지내길 바라는 마

음을 넣기도 했다. 몇 달이 지난 후에도 "야~ 선생님은 다른 사람을 존중하지 않는 사람 싫어하잖아~"하며 아이들끼리 이야기하는 게 들렸다. 이렇게 첫 만남의 첫 시간은 중요하다. 교사를 소개하며 아이들과 가까워지면서 안전과 존중, 아이들에게 중요한 것을 말해 주기에도 알맞은 시간이다.

이제는 아이들이 서로 소개할 차례이다. 저학년이나 고학년이나 아이들은 친구들 앞에서 자신을 소개하는 것을 모두 어려워한다. 이를 도울 수 있는 활동이 '네임텐트 만들기'였다. 네임텐트에는 자기 이름을 크게 쓰고 '내가 좋아하는 것', '내가 듣고 싶은 말', '나를 표현하는 한 가지 단어', '올해 새로운 학년이 된 나의 다짐'을 쓰라고 안내했다(열정기백샘 유튜브 참고). 아이들에게 무엇을 쓸 것인지 알려 줄 때에는 구체적이고 쉽게 쓸 수 있는 것을 제시해야 한다. 아이들은 이렇게 만든 네임텐트를 보고 자기소개를 한다. 내가 쓴 모든 것을 친구들에게 이야기해도 좋고 몇 가지를 선택해도 좋다고 하면, 대부분의 아이들이 부담감을 덜 느끼며 자신을 소개한다.

선생님과 친구들을 모두 알아봤으니 이제는 앞으로의 일과를 알려 줄 차례이다. 1년 동안 교실에서 지켜야 할 것, 규칙, 의미 있는 역할 등은 최대한 아이들이 스스로 생각해서 정하도록 하려고 노력한다. 고학년일수록 스스로 더 잘할 수 있고, 이렇게 만든 규칙과 역할을 잘

네임텐트

지키는 편이다. 다만, 아이들이 꼭 지켜야 할 안전이나 최소한의 규칙과 규범은 교사가 첫날 안내하고 꾸준히 지도하는 게 좋다. 그러면 아이들이 헷갈리지 않고 지킬 수 있다.

첫날인 만큼 간단하면서도 재미있는 교실놀이를 하고 하루를 마무리하면 좋은데, 코로나19로 인해 아쉽지만 교실놀이는 하지 못했다.

(2) 5학년 ♥ 2일

1. 그림책 읽기
- 그림책『난 네가 부러워』를 읽고 '나를 사랑하는 마음' 갖기

2. 의미 있는 역할 정하기
- 교실에서 내가 할 수 있고, 또 필요한 의미 있는 역할 찾아서 정해 보기

3. 공동의 목표 세우기
- 우리 반 공동의 목표 세우기
- 과거와 미래, 최고의 한 해를 위한 바람 나누기
- 학급 가치 문장을 정리하여 젠탱글 형식 등으로 꾸미기
- 게시판이나 교실 한쪽에 붙이고 실천하려고 노력하기

4. 문장 완성 검사

2일 차 수업도 그림책을 읽는 것으로 시작했다. 5학년 아이들은 대체로 사춘기가 시작되면서 자아가 더 강해지고 자신에 대한 고민을 많이 한다. 어떤 아이들은 자신의 장점에 자신감을 갖고 당당하게 생활하는 반면, 어떤 아이들은 단점이라고 생각하는 특징들에 가려 다른 사람 앞에 나서기를 어려워한다. 이런 아이들이 단점이라고 여겼던 것들도 나만의 특별함이 될 수 있다는 것을 깨닫게 하고 싶었다. 이 책에 집중하는 아이들의 눈빛을 보며 자기 자신을 더 사랑할 수 있는 긍정

적인 힘을 보태지 않았을까 짐작해 본다.

그다음 수업은 학급 공동의 목표 세우기다. 지난해를 돌이켜 보며 아쉬운 점을 같이 이야기해 보고 최고의 한 해를 보내기 위한 바람을 나누었다. 그러한 반을 만들기 위해 노력해야 할 가치나 덕목 등을 생각해 보고, 포스트잇에 적어 모은 후 비슷한 개념끼리 묶었다. 이들을 하나의 문장으로 꿰어 만들고 아이들이 한 글자씩 맡아 꾸며서 교실 뒤 게시판에 게시한다. 이 게시물은 일 년간의 목표로 삼는다. 아이들이 제시한 가치 덕목에는 배려, 존중, 고운 말, 재미, 건강, 노력 등이 있었는데, 신기하게도 아이들이 중요하다고 생각한 것들이 비슷해서 몇 개로 압축되었다. 서로 이야기를 나누고 이를 토대로 만든 문장을 직접 꾸미기까지 했으니, 앞으로 1년간 이것을 지키려고 더욱더 노력하지 않을까 기대가 된다.

다음은 문장 완성 검사이다. 좋아하는 것, 싫어하는 것, 자신의 미래, 주변 사람들에 대한 생각 등 아이들이 짧은 글로 완성한 문장을 보면서 코로나19로 아이들의 표정조차 보기 힘든 이 상황에서 아이들을 이해하는 데 도움이 되었다. 문장 완성 검사는 학기 초 담임교사를 위한 시간이라는 생각도 들었다. 문장 완성 검사를 통해 담임교사가 아이들을 이해하고 때로는 아이들의 내면을 들여다볼 수 있어 학급 운영에 아주 유용한 자료가 되었다.

그림책 『난 네가 부러워』

학급 공동의 목표 세우기

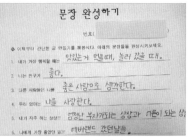

학급 공동의 목표 게시물　　　　　　　　문장 완성 검사

(3) 5학년 ♥ 3일

1. 평화샘 프로젝트: 평화로운 교실 만들기
- 기적을 만드는 3의 법칙
- 평화로운 공동체를 만드는 4대 규칙
　규칙 1: 우리는 다른 친구를 괴롭히지 않을 것이다.
　규칙 2: 우리는 괴롭힘을 당하는 친구를 도울 것이다.
　규칙 3: 우리는 혼자 있는 친구들과 함께할 것이다.
　규칙 4: 만약 누군가 괴롭힘을 당하게 된다는 것을 알게 되면 우리는
　　　　　학교나 집의 어른들에게 이야기할 것이다.

2. 그림책 읽기
- 그림책 『이게 정말 나일까?』를 읽고 내가 모르는 나에 대해서 생각해
　보기

3. 자기설명서 그리기
- 친구들과 친해지기에 앞서 나를 더 잘 알아보기 위한 활동
- 외모, 마음, 잘하는 것, 좋아하는 것 등 나를 표현해 보기

'친해지고 싶어' 수업 3일 차에는 '나'와 '우리'를 알아보는 시간을 가
졌다. '평화샘 프로젝트'를 진행하여 아이들과 함께 3의 법칙, 4대 규

칙 등을 알아보며 갈등이 있을 때 평화적으로 해결하는 방법을 살펴보았다. 물론 아이들은 하면 안 되는 것들, 옳고 그름에 대해 머리로는 잘 알고 있다. 하지만 실천할 수 있는 힘과 의지가 부족해 보여 '평화 샘 프로젝트' 수업을 통해서 구체적으로 어떻게 평화로운 교실을 만들어 나가야 할지, 내가 어떻게 행동하면 좋을지 생각해 보았다. 행동하고 실천함으로써 다른 사람이 아닌 내가 평화로운 교실을 만들 수 있다는 마음을 새기는 수업이다.

다음으로는 그림책 『이게 정말 나일까?』를 같이 읽고 '나'에 대해 생각해 보는 수업이다. 자신을 알고 바르게 사랑하는 마음을 가져야 다른 사람도 올바른 방법으로 사랑할 수 있을 것이다. 아이들이 '나'를 구체적으로 이해할 수 있는 시간이 되길 바랐다. 그림책을 읽고, '자기 설명서 그리기' 활동으로 이어 나갔다. 자신의 특징을 잘 살려 종이 가운데에 크게 그리고, 머리부터 발끝까지 눈에 보이는, 또 보이지 않는 자신의 모습과 특징을 글로 자세히 표현했다.

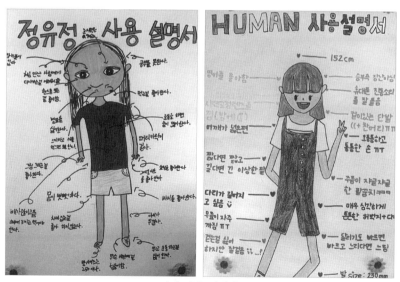

자기 사용 설명서

아이들은 활동을 하면서 지금까지 단점이라고 생각했던 부분을 '다른 사람과는 다른 특색'이라고 생각하거나, 장점을 더 명확하게 인식하는 등 자신에 대해서 긍정적으로 이해하게 되었다. 외모뿐만 아니라 심리상태 등을 표현하며 자신의 특징을 진지하게 탐색했다. 아이들은 나와 우리에 대한 이해를 바탕으로 새로운 환경에 즐겁게 적응해 나갔다.

3. 수업 돌아보기

Q. '친해지고 싶어' 수업은 매년 같은 내용인가요?

A. '친해지고 싶어' 수업의 전반적인 주제와 모습은 비슷하지만 매년 조금씩 수정을 합니다. 우리는 매년 새로운 아이들을 만나요. 학년도 다르고 사는 곳도 다르고 만나는 아이들의 수도 다르죠. 이렇게 새로 만나는 아이들에게 맞추어 수업을 조금씩 수정할 필요가 있다고 생각해요. 특히 올해는 코로나19로 개학이 늦어졌고, 여러 가지 상황으로 계획했던 수업 분량을 줄일 수밖에 없었어요.

여기에 제시된 활동이나 그림책 등은 예시 자료입니다. 아이들의 발달단계에 맞추어 교사가 새로운 활동을 추가할 수도 있고 줄일 수도 있어요. '친해지고 싶어'의 큰 주제는 '소개'와 '공동체'입니다.

1일 차 수업은 주로 '소개'라는 주제로 구성하는데, 먼저 선생님을 소개합니다. 선생님에 대한 소개는 너무 무겁지 않고 가볍고 즐거울 수 있는 방법이면 좋겠어요. 선생님의 소개가 본보기가 되어 아이들이 좀 더 쉽고 자신감 있게 자신을 소개했으면 하는 마음입니다. 자기를 소개하고 친구들을 알아 가는 활동, 앞으로의 학교생활에 대한 소개 활동이 첫날 이루어지는 셈이죠.

그 이후의 수업에서는 두 번째 주제인 '공동체'를 다룹니다. 나를 먼저 이해하고 사랑하는 마음을 가져 이를 바탕으로 친구들을 사랑하는 마음으로 확장해 나가기를 목표로 합니다. 나는 소중한 사람이고 친구도 똑같이 소중한 사람이니 친구들을 존중하며 즐겁게 학교생활을 하기를 바라는 마음에서 수업을 구성했습니다. 자기존중감을 키울 수 있는 그림책들도 많이 읽어 주고, 친구들과 친해질 수 있는 몸놀이(교실놀이)도 함께 합니다. 매년 이두 가지 주제를 잊지 않고 '친해지고 싶어' 수업을 구성합니다.

Q. 올해 '친해지고 싶어' 수업의 아쉬운 점은 무엇인가요?

A. 올해는 코로나19 사태가 심각해짐에 따라 학교도 변해야 했고 아이들의 생활 방식도 변해야 했기 때문에 '친해지고 싶어' 수업이 꼭 필요하다고 생각했습니다. 학교생활 모습이 평소와는 달라야 했고, 처음으로 오랫동안 온라인 수업을 하고 나서 등교를 한 상황이었으니까요. 코로나19로 인해 5일짜리 수업을 3일로 줄여서 진행했기 때문에 다루지 못한 부분에 대한 아쉬움이 남아요. 아이들끼리 몸으로 가까이하는 수업을 못한 점도 아쉽고요. 신체활동은 아이들이 빠르게 친해지게 되는 좋은 요소거든요. 그래도 '친해지고 싶어' 수업으로 아이들이 교과서로 배울 수 없었던 공동체를 더욱 깊이 이해하고, 좀 더 즐겁게 자신을 알게 된 계기가 된 것 같아요.

4. 이렇게 평가할 수 있어요

걱정과 두려움이 앞서는 새 학기. 무거운 마음을 설렘으로 바꿀 수는 없을까? 그림책 읽기, '진짜? 진짜? 가짜?' 퀴즈를 통해 담임선생님을 알아 가고, 네임텐트를 만들어 자기소개하기, 자기설명서 그리기 등을 통해 '피식, 웃음이 새어 나오는 교실', '말랑말랑한 분위기의 교실'을 만들고자 했다. 특히 학교와 학급의 하루 일과를 미리 알아보고 학급 공동의 목표를 세움으로써 '나, 너, 우리'를 이해하고 새로운 환경에 즐겁게 적응하도록 구성했다. 네임텐트, 자기설명서 등 작품이 나오는 활동은 작품 자체를 서로 관찰하고 평가하여 평가를 분리시키지 않고 수업에 녹여 냈다.

2.

동산동에 다 있소!
아이들이 사는 바로 이곳을 공부하고 싶을 때 하는 수업

#경제 #골목상권 #우리동네 #단골 #윤리적_소비자 #합리적_소비자

1. 수업 들어가기

우리 아이들은 '우리 동네, 동산동'을 어떻게 생각하고 있을까?

먼 곳에서도 찾아오는 익산 빵 맛집. 특색 있게 속을 알차게 채워 꾸준히 사랑받는 꼬마 김밥, 우리 학교 최고의 인기 플레이스 교문 앞 분식집. 프랜차이즈와의 경쟁 속에서도 꿋꿋하게 살아남아 사랑받는 우리 동네만의 가게이다.

'동산동에 다 있소!'는 우리 동네에서 사랑받는 가게들을 탐색하고 우리 동네에 있어 자랑스러운 가게들을 발굴해 내면서 우리 동네에 대한 자부심과 애향심을 갖게 하는 데 그 첫 번째 목적이 있다. 또한 대기업의 자본에 기대지 않고도 나만의 길을 우직하게 걸어가는 가게들이 많은 동네, 그런 가게들이 사랑받고 오래 지속되는 동네, 영세 소상공인들도 노력하면 살 수 있는 동네, 내가 어른이 되어서도 계속 살고 싶은 동네를 꿈꾸고 계획해 보는 것이 두 번째 목적이다.

이 교육과정을 통해 우리 아이들이 동산동이 잘 살고 발전하는 데 '나도 기여할 수 있다'는 생각을 지니고 소비자와 자영업자가 함께 상생할 수 있는 윤리적 소비자, 한정된 재화를 가치 있게 사용하는 합리적인 동산 소비자가 되어 주길 바란다. 또한 경제의 주체가 되어 가게를 창업하고, 골목 경제의 일원으로 창의적이고 협력적인 활동을 해 봄으로써 창의적 사고 역량 및 공동체 역량을 기를 수 있을 것으로 기대한다.

2. 수업 펼치기

1) 수업의 개요

| 3. 청년꼬마김밥(천국) | → | 동산동에 다 있소! | ← | 1. (파리)풍성제과 |

3. 청년꼬마김밥(천국)		동산동에 다 있소!		1. (파리)풍성제과
동산동 가게 이용 쿠폰 증정식		2. (엽기)왕눈이 분식		내가 자주 이용하는 가게 발표
영수증으로 알아보는 동산 경제		합리적·윤리적 소비		우리 동네에만 있는 가게
경제의 의미		만 원의 행복		동산동에 있어서 고마운 가게
동산 경제인에게 편지 쓰기		가족과 함께 만 원의 행복		동산동에 있으면 좋을 것 같은 가게

2) 수업 내용

	단원명	주요 활동과 내용	성취기준	차시량
1	(파리) 풍성 제과	• 내가 자주 이용하는 가게 발표하기(경험) – 같은 종류 다른 가게 묶어 보기(프랜차이즈란 무엇일까?) • 우리 동네에만 있는 가게(비프랜차이즈) – 〈백종원의 골목식당〉 영상 보기 – 사랑받는 비법 찾기(면담 및 면담 결과 발표) • 동산동에 있어서 고마운 가게 – 대동산 OO지도 만들기 – 홍보 포스터, CM송 만들기 • 동산동에 있으면 좋을 것 같은 가게(시설)는? – 나는 꼬마 CEO(창업 계획서 만들기)	[교사개발] 골목상권 탐방을 통해 동산동 경제활동에 대해 관심을 가진다. [교사개발] 이웃들이 자주 이용하고 사랑받는 가게들의 특징을 이해할 수 있다. [교사개발] 동산동의 발전에 기여할 수 있는 소비 활동을 찾아 실천한다.	8
2	(엽기) 왕눈이 분식	• 합리적·윤리적 소비 – 지속 가능한 소비 – 상생의 소비(지역상권) • 만 원의 행복 – 가치 있는 만 원의 소비 계획하기 – 가치 있게 소비하기(모둠별) – 소감문 쓰기(배움공책) • 소비 내용 비교 활동지 작성하기(모둠별) – 모둠별 소비 내용 발표하기 • 가족과 함께 만 원의 행복 – 가족과 동산동에서 소비해 보기	[교사개발] 소비 활동의 결과물을 활용하여 경제 개념을 이해할 수 있다. [6국01-07] 상대가 처한 상황을 이해하고 공감하며 듣는 태도를 지닌다. [6미01-05] 미술 활동에 타 교과의 내용, 방법 등을 활용할 수 있다.	4
3	청년 꼬마 김밥 (천국)	• 동산동 가게 이용 쿠폰 나눠 주기 • 영수증으로 알아보는 동산 경제 • 경제의 의미 알기 • 동산 경제인에게 편지 쓰기	[6실03-03] 용돈 관리의 필요성을 알고 자신의 필요와 욕구를 고려한 합리적인 소비생활 방법을 탐색하여 실생활에 적용한다.	3

3) 수업의 실제

(1) (파리)풍성제과

1. 내가 자주 이용하는 가게 발표하기(경험)
- 같은 종류 다른 가게 묶어 보기
- 다른 동네에서도 본 가게 찾아보기(프랜차이즈란 무엇일까?)

2. 우리 동네에만 있는 가게(비프랜차이즈)
- 〈백종원의 골목식당〉 영상 보기
- 사랑받는 비법 찾기(면담): 면담 결과 발표(동영상 제작)

3. 동산동에 있어서 고마운 가게
- 대동산 ○○지도 만들기(학급별)
- 홍보 포스터, CM송 만들기(모둠별, 개인별)

4. 동산동에 있으면 좋을 것 같은 가게
- 나는 꼬마 CEO(창업 계획서 만들기)

'동산동에 다 있소!'의 첫 번째 수업인 '(파리)풍성제과'는 아이들이 내가 사는 동네의 골목상권에 대해 관심을 갖고 골목 가게들에 대한 사랑과 자긍심을 키우는 수업이다. 우리 동네에 대한 나의 경험을 떠올리기 위해 수업의 도입으로 내가 자주 이용하는 가게 발표하기를 해 보았다. 평소 자신이 자주 다니는 가게나 우리 동네를 오가며 보았던 가게들을 칠판에 적어 보았다. 자신의 경험을 나누는 활동으로 아이들은 생동감 있고 자신감 있게 발표를 하였다. 발표를 마친 뒤에는 우리 동네에서만 볼 수 있는 가게와 다른 동네에서도 볼 수 있는 가게들을 묶어 보았다. 이 과정에서 '프랜차이즈 가맹점'의 개념을 알아보고 프랜차이즈 가맹점으로 가게를 운영했을 때의 좋은 점과 아쉬운 점에 대해서 이야기했다. 그러고 나서 우리 동네에만 있는 가게들을 다시 한번 살펴보았다. 이 수업의 주요 포인트는 '프랜차이즈 가맹점'보다는 '우리 동네에만 있는 가게'였기 때문에 '비프랜차이즈' 가게에 더 집중하도록 했다.

먼저 한창 방송되고 있는 〈백종원의 골목식당〉에서 첫 점검에 칭찬 받은 가게들을 모아 놓은 영상을 함께 보았다. 골목 식당을 살리려는 방송 프로그램의 취지가 우리 동네 상권을 배우는 이 수업과도 일맥 상통한 부분이 있었기에 동기유발 자료로 적절하다고 생각했다. 영상을 보고 〈골목식당〉 프로그램에 추천하고 싶은 우리 동네의 가게에 대해 이야기를 나누었다. 매일같이 학교 앞에서 꼬치를 사 먹는 분식집부터 우리 가족이 자주 이용하는 단골 고깃집을 홍보하는 아이, 수줍게 자신의 부모님이 운영하는 가게를 이야기하는 아이까지 동산동에 위치한 많은 가게들이 쏟아져 나왔다. 우리도 '백대표'처럼 동산동에서 사랑을 듬뿍 받고 있는, 충분히 사랑받을 만한 좋은 가게들에 대해 알아보고 홍보해 보자는 이야기도 나왔다. 먼저 면담할 동네 가게를 정했는데, 한 가게에 여러 모둠이 몰리지 않도록 5학년 교사들이 모여서 조정을 했다. 그리고 아이들에게 직접 가게를 찾아가 사전에 면담 약속을 잡은 후 교사에게 면담 약속 여부를 확인받도록 했다. 학교 밖을 벗어난 색다른 활동에 아이들의 기대감은 쭉쭉 올라갔다. 아이들의 면담 약속에 흔쾌히 응해 주신 사장님이 있는 반면 그렇지 않은 가게들도 있었다. 거절한 가게에는 담임교사들이 다시 연락해 수업의 취지에 대해 설명을 드리고 아이들의 배움을 위해 협조해 주시기를 부탁했다. 교사들이 나서도 쉽지 않았는데 아이들이 직접 면담 약속을 잡는 과정이 정말 어려웠겠다 싶었다.

면담할 가게가 정해진 후 면담 질문을 만들고, 역할을 정하고, 면담할 때 유의해야 할 점까지 알아보았다. 수업이 빨리 끝나는 목요일 오후를 이용해 면담활동을 진행했고 메모, 녹음, 동영상 및 사진 촬영을 통해 면담 내용을 수집할 수 있도록 했다. 면담 발표 자료는 동영상이나 4절 도화지에 글이나 그림을 그리는 것 중 선택하도록 했다. 가게 이름의 유래, 가게를 개업한 이유, 가게의 자랑거리, 사장님의 목표, 손님에게 하고 싶은 한마디 등 가게 사장님과 면담한 내용을 넣기도 하고 면담활동을 하면서 아이들끼리 분석한 가게의 장점과 단점을 넣어 발표 자료를 구성했다. 아이들이 분석하고 평가한 내용은 상당히 진지했다. 아이들이 사장님의 무성의한 면담 태도에 실망을 하고 오기도 했는데, 우리는 동산동을 사랑하고 보탬이 되고자 이 수업을 하는데 그 마음을 몰라주시는 것 같아 안타까웠다. 그래도 친절하게 참여해 주신 사장님들께는 감사한 마음을 안고 수업을 진행했다.

우리가 면담한 가게 외에도 많이 이용하면 좋을 가게들을 동산동 지도에 표시하고, 각각의 특색을 넣어 대동산 ○○지도를 만들었다. 아이들은 '대동산에 다 있지도'라고 재미있는 이름을 붙이고, 자신의 경험과 기억을 떠올려 외부 사람들에게 자랑하고 싶은 가게들을 지도에 담았다. 그리고 동산동에 있어 고마운 가게 중 한 곳을 골라 모둠별 또는 개인별로 홍보물(포스터, 동영상, CM송)을 만들어 가게 홍보를 했다. 이미 면담 결과 발표 과정을 통해 아이들의 머릿속에 다양한 아이디어들이 생겨나서인지 상당히 좋은 결과를 만들어 냈다.

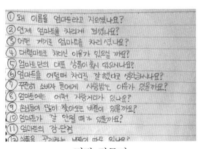
면담 질문지

우리 동네 가게 홍보 포스터

대동산 ○○지도　　　　　　우리 동네 가게 홍보 동영상

　지금까지 동산동에 있는 좋은 가게들을 알아보았다면, 앞으로 동산동에 어떤 가게가 있으면 좋을지 꼬마 CEO가 되어 창업 계획서를 만들어 보았다. 가게 이름, 가게를 만든 이유, 우리 가게만의 특징(경영 방침 및 전략), 우리 가게의 자랑거리, 주 고객, 우리 가게의 상징 및 내부 구조와 간판 등을 구체적으로 생각해 보라고 안내했다. 비슷한 창업 아이템이라면 같은 생각을 가진 친구들과 함께 작성하는 것도 허용했다. 평소 자신이 좋아하는 음식을 파는 가게나 어른들과 중고등학생들이 있는 PC방에 불편을 느낀 아이는 초등학생 전용 PC방을, 블루오션을 찾고 싶은 아이들은 동산동에는 없는 북카페, 애완동물을 데리고 들어갈 수 있는 카페, 스터디 카페 등을 창업해 보고 싶다고 했다. 저렴하고 친절한 서비스, 믿을 수 있는 먹거리를 제공하는 것은 물론이고 창업 계획서에 저마다 가게의 특색과 전략이 구체적으로 드러나 있어 아이들의 깊은 생각과 고민에 놀랐다.

　'(파리)풍성제과' 수업을 통해 우리 아이들은 동산동 골목상권의 매력을 흠뻑 느낄 수 있었고 평소에는 그냥 지나쳤을지도 모를 작은 가게들의 소중함과 우리

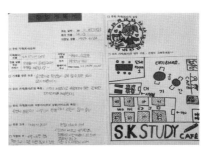

창업 계획서

동네의 발전 가능성을 같이 느낄 수 있었다. 더 나아가 우리 동산동 정말 괜찮은 동네구나, 자랑스러운 동네구나라는 애향심도 기를 수 있는 수업이었다. 동산동이 익산에서 아주 번화한 동네는 아니지만 따뜻함이 묻어나고 어린 시절의 추억을 담을 수 있는 동네, 아이들이 앞으로 더 잘 살 수 있는 가능성을 가진 동네로 생각하며 살아가길 바라면서 첫 번째 수업을 마친다.

(2) (엽기)왕눈이 분식

1. 합리적·윤리적 소비
- 합리적 소비에 대해 알기
- 윤리적 소비에 대해 알기
- 지속 가능한 소비
- 협동조합, 공정무역
- 상생의 소비(지역상권)

2. 만 원의 행복
- 가치 있는 만 원의 소비 계획하기
- 가치 있게 소비하기(모둠별)
- 소감문 쓰기

3. 소비 내용 비교 활동지 작성하기(모둠별)
- 모둠별 소비 내용 발표하기

4. 가족과 함께 만 원의 행복
- 가족과 동산동에서 소비해 보기

'동산동에 다 있소!'의 두 번째 수업인 '(엽기)왕눈이 분식' 수업은 '소비'에 대해 생각해 보고 어떠한 소비가 옳은지 알아보고 실천까지

하는 수업이다. 시작은 합리적 소비와 윤리적 소비에 대해 알아보는 것이다. 공정무역, 상생의 소비, 생산자도 이득이 되는 소비, 로컬 푸드 등 소비와 관련된 많은 이야기를 나누니 아이들은 고개를 끄덕이며 바른 소비에 대한 이해가 깊어졌다.

소비 계획서

'합리적·윤리적 소비' 수업에 이어 아이들이 가장 하고 싶어 하고 손꼽아 기다리던 '만 원의 행복' 순서이다. 처음 계획은 각 모둠별로 만 원을 어떻게 사용할지 계획하고 소비해 본 뒤 어떻게 소비했는지 발표하고, 친구들과 비교해서 내가 한 소비가 잘한 것인지 생각해 보며 합리적·윤리적 소비에 대해 배우는 것이었다.

하지만 코로나19로 인해 이 활동은 수정될 수밖에 없었다. 직접 소비를 하는 것이 아니라 앞서 배운 합리적·윤리적 소비를 바탕으로 소비 계획서를 작성해 보는 것으로 변경했다. 더 다양한 소비를 생각해 볼 수 있도록 금액을 2만 원으로 올려 소비 계획서를 작성했다. 아이들이 수업 내용이 바뀐 걸 아쉬워하며 의욕을 잃은 모습을 보여 안타까웠다. 그래도 아이들은 모둠 친구들과 상의하며 2만 원의 돈을 가치 있게 사용하려고 많은 이야기를 나누며 소비 계획서를 작성했다. 아이들의 소비 계획서에서 같은 돈이라면 합리적으로, 또 환경이나 생산자들도 생각할 줄 아는 윤리적인 소비를 하려고 노력한 점을 엿볼 수 있어 뿌듯했다.

(3) 청년꼬마김밥(천국)

1. 동산동 가게 이용 쿠폰 증정식
- 동산동에 있어 고마운 가게 홍보 포스터, 가치 있는 만 원의 소비 계획 우수 모둠 선정
- 동산동 면담했던 가게 중 친절했던 가게에서 쿠폰 발행하기

2. 영수증으로 알아보는 동산 경제
- 신용카드 영수증에서 알 수 있는 경제 개념 알아보기
- 현금 영수증 발급 방법 알아보기
- 경제의 의미 알기, 선택과 기회비용 활동해 보기

3. 경제의 의미 정의해 보기
- 경제는 _____이다. 왜냐하면 _____이기 때문이다.
  (아이들 언어로 서술해 보기)

4. 동산 경제인에게 편지 쓰기
- 좋은 추억이 있는 가게 사장님께 엽서 쓰기
- 응원, 감사의 마음을 담은 엽서 전달하기

'동산동에 다 있소!'의 마지막 단원인 '청년꼬마김밥(천국)'은 그전에 진행했던 활동에 보상을 주는 쿠폰 증정식으로 시작된다. 지금까지 수업을 진행하며 친구들이 칭찬하고 싶은 아이들을 선정했다. 동산동에 있어서 고마운 가게 홍보 포스터 제작을 잘한 친구들과 면담을 진행하며 우리 모둠에서 역할을 잘해 준 친구들을 뽑아 우리 동네 가게에서 사용할 수 있는 쿠폰을 주었다.

쿠폰 발행의 혜택을 받은 가게는 프랜차이즈가 아닌 동산동에서 살아남은 가게들, 면담활동에서 친절하게 아이들을 맞아 주었던 가게들로 선정해 5천 원 상당의 쿠폰을 발급받아 진행했다. 사장님께서 준비

해 주신 쿠폰을 미리 받아 와서 아이들에게 나누어 주었다. 쿠폰을 발급해 주시면서 사장님들은 연신 고마워하시고 아이들이 와서 사용하는 데 무리가 없게 진행해 주기로 약속하셨다.

쿠폰을 사용해 본 아이들의 소감을 들어 보니 "스스로 노력한 것으로 보상을 받아서 물건을 사 보니 보람 있고 좋았다.", "쿠폰으로 물건을 사 보는 것, 이런 게 경제활동이구나!" 하는 반응을 보였다. 가게 사장님뿐만 아니라 활동을 하는 아이들도 즐거워 보여서 기획한 의도가 괜찮았다는 생각이 들었지만, 다음에 한다면 좀 더 많은 아이들이 보상을 받을 수 있게 쿠폰 가격을 조금 낮추는 것도 좋겠다는 생각을 해 본다.

다음 활동은 영수증에 나와 있는 경제 개념에 관해 알아보고 경제의 의미, 부모님의 경제활동, 나의 경제활동, 우리 가족의 경제활동에 대해 이야기 나눠 보는 시간을 가졌다. 그리고 경제를 따라다니는 선택의 문제를 제시해 주고 선택과 기회비용에 대해 알아보았다. 한정된 돈으로 가족과 '○○○카페'를 가는 것과 '○○마트'에서 물건을 사는 것을 제시하고 각각의 좋은 점을 생각해 보며 선택해 보기 활동, 그로 인해 발생하는 기회비용의 개념까지 익힐 수 있는 활동이었다. 아이들에게 선택에는 항상 기회비용이 따른다는 점을 명확하게 인식시킬 수 있는 좋은 활동이었다.

경제 개념은 처음에 교사가 제시하는 것보다 '동산동에 다 있소!'의 다양한 활동을 통해 익힌 내용을 아이들이 문장으로 만들면서 정리해 보았다. "경제는 _____이다. 왜냐하면 _____이기 때문이다"로 이번 '동산동에 다 있소!'에서 배운 경제 개념을 정의, 정리해 보는 시간이다. 나름의 생각으로 합리적·윤리적 소비, 경제의 개념, 경제의 순환 필요성 등을 문장으로 나타내는 아이들의 모습이 기특했다.

마지막은 좋은 추억이 있는 가게 사장님께 엽서 쓰기이다. 코로나

보상용 쿠폰

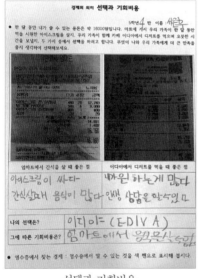
선택과 기회비용

시국에 응원하는 글을 적어도 좋고 우리의 감사하는 마음을 담아 보는 것도 좋다고 안내했다. 아이들이 예쁘게 적은 엽서로 따뜻한 마음이 전해지고, 사장님들이 이 엽서를 보면서 힘을 내시면 좋겠다는 바람이 담긴 마무리 활동으로 좋았다. 코로나19로 인해 활동하는 데 어려운 점이 있어 기존 계획에서 수정된 내용들이 있었다. 이런 활동을 직접 나가서 해 보았다면 하는 아쉬움이 많이 남았다.

"이제 '동산동에 다 있소!' 수업은 모두 끝났어요."

"선생님, 그럼 다음 수업은 뭐 해요?"

"뭐 할까?"

아이들이 기대감을 보여 줘서 내심 뿌듯했다. 내년에는 아이들이 마음껏 활동하고 즐겁게 배울 수 있는 상황이 되길 바란다.

3. 수업 돌아보기

'동산동에 다 있소!' 수업을 계획하고 실행을 앞두고 있을 때, '와,

이 수업 정말 재미있겠다! 그런데 코로나 때문에 아이들이 매일 등교를 하지 못하는데 이 수업, 할 수는 있을까?' 불안했다. 다행히 코로나19 사회적 거리 두기가 1단계로 완화되며 전면 등교가 시작되었다. 언제 단계가 격상될지 알 수 없기 때문에, 전면등교를 하는 즉시 '동산동에 다 있소!' 수업을 시작했다. 지역경제에서 시작하여 경제 전반적인 것들을 배우다가 다시 지역경제로 마무리되는 이 수업은 우리 학교에서만 할 수 있는 수업이고, 교사보다 아이들이 이 동네에선 터줏대감이기 때문에 아이들이 주도할 수 있는 수업임을 알려 주어 아이들이 수업에 흥미와 자부심을 갖게 했다.

동학년 선생님들과 모여 함께 수업을 위해 많은 회의를 하면서 수업의 내용과 흐름을 준비했는데, 실제로 체험하며 활동하는 부분에 대한 좋은 아이디어가 많이 나와서 회의 자체가 재미있었다. 그런데 경제 개념에 대해서 어디까지 알려 줘야 할지 결정하는 게 어려웠다. 많은 고민과 회의를 거쳐 결과적으로는 4학년 사회에 나오는 생산, 소비 개념에 조금 더해 영수증, 합리적 소비, 윤리적 소비 그리고 선택과 기회비용이라는 개념까지 공부해 보기로 결정했다. 수업을 통해 아이들이 가치 있는 소비에 대해 배우고, 우리 동네의 가게들을 찾아가서 면담하기, 소비 계획하기 등을 직접적으로 체험함으로써 경제에 대해 조금 더 입체적으로 이해할 수 있었을 것이다. 그러한 활동들을 통해 코로나19로 인해 성장이 조금 주춤해 있던 아이들이 서로 협동하면서 눈에 띄게 성장한 듯해 뿌듯하다.

'동산동에 다 있소!' 수업은 특히 동산동을 주 무대로 한 수업이기 때문에 아이들이 우리 동네에 대한 자부심과 애향심을 갖게 하는 데 일조한 것 같다. 골목 가게 상인분들도 우리 동산초 아이들이 면담하는 과정에서 정말 예의 바르고 예뻤다고, 여러 방면으로 소비를 해 준 덕분에 힘을 더 얻었다는 피드백을 많이 받았다. 우리 아이들은 동산동이 잘 살고 발전하는 데 기여할 수 있다는 자부심을 느꼈고, 한정된 재화를 가치 있게 사용하는 동산의 합리적인 소비자, 윤리적 소비자로 한층 발돋움한 듯하다.

4. 이렇게 평가할 수 있어요

'동산동에 다 있소!' 수업의 목표는 동산동의 골목 경제를 탐방하고 동산동의 경제활동에 관심을 갖는 것, 합리적 소비와 윤리적 소비에 대해서 배우고 주어진 재화를 소비해 보는 것이다. 수업에 대한 평가는 수업하는 과정에서 드러나는 전반적인 모습들을 교사가 관찰하고 아이들끼리 상호 평가를 하는 방법 등을 통해 이루어졌다. 그중에서도 평가기준은 두 가지로 정했는데, ① 동산동의 골목가게 면담을 계획하고 실행하는 태도와 면담 후 만든 결과물, ② 주어진 재화를 어떻게 쓸지 의미 있는 소비 계획 세우기로 정했다.

①의 평가는 '(파리)풍성제과'의 '우리 동네 가게 면담하기' 활동 속에서 이루어졌다. 면담을 계획할 때 만든 질문들과 모둠 안에서 역할을 정하는 과정, 면담 후 자료를 정리하는 과정들을 교사가 관찰하여 평가했다. 또한 면담할 때 가장 앞장서고 열심히 참여했던 아이를 모둠 안에서 추천하여 동산동 골목 가게 상품권을 보상으로 주기도 하여 상호 평가도 가능하게 했다.

면담 후에는 결과를 발표 자료로 만들어서 친구들 앞에서 발표했다. 모둠별로 영상을 만들거나 4절지에 정리하여 전시하는 방법을 택했다. 모둠별로 만든 영상은 다른 반에도 공유하여 다른 반 친구들의 면담 과정과 결과를 살펴볼 수 있었다.

또한 면담한 가게를 홍보하기 위해 개인이나 모둠별로 홍보 포스터를 만들었다. 홍보 포스터에 쓰인 내용의 적절성과 포스터로서의 가시성을 평가 기준으로 정했다. 홍보 포스터를 교사와 다른 친구들이 함께 관찰하고 해당 결과물에 스티커를 붙이는 방식으로 투표했다. 이 투표에서 높은 표를 얻은 친구들은 골목 가게 홍보에 기여했다고 볼 수 있으므로 동산동 골목 가게 상품권을 보상으로 주었다.

②에 대한 평가는 '(엽기)왕눈이 분식'의 '만 원의 행복' 활동에서 이루어졌다. 원래 평가하기로 되어 있었던 활동은 주어진 재화를 어떻게 쓸지 계획하고 의미 있게 소비한 과정 설명하기였지만, 코로나19 상황으로 사회적 거리 두기가 2단계로 격상되는 바람에 계획 세우기에서 그치고 말았다.

합리적 소비와 윤리적 소비를 배운 후, 이를 생각하며 소비 계획을 세웠다. 소비 계획 내용에 합리적 소비와 윤리적 소비의 내용이 들어갔는지 살펴보고 평가했다.

3.

반올림
아이들의 성장과 이해를 돕는 수업

#6학년_2학기_시작 #사춘기 #여름방학_끝나고

1. 수업 들어가기

4반 선생님 똑똑! 다들 방학은 잘 보내는 중인가요?

5반 선생님 침대와 물아일체 ㅎㅎ

2반 선생님 저는 지금 친정집에 놀러 왔어요.

1반 선생님 나는 애들 보는 중 ㅜㅜ

3반 선생님 더운 여름 날 카페에 앉아 커피 들이켜는 중….

5반 선생님 다들 쉼을 실천하는 중이구나… ㅎ

4반 선생님 10일 뒤엔 개학인데… 모여서 2학기 교육과정하고 첫 주 주제 수업 만들어야죠.^^ 주제를 먼저 생각해 봐야 할 것 같아요.

3반 선생님 1학기에 '친해지고 싶어'했고. 사춘기 어때요? 방학 후 아이들이 많이 변해서 오잖아요. 딱 적기일 듯해요.

1반 선생님 와! 역시!!

4반 선생님 오~ 좋아~ 성교육이나 2차 성징에 대한 이야기도 하면 좋을 것 같아요. 심적 변화와 몸의 변화 두 개가 같이 오니까 아이들이 힘들잖아요. 필요성이 있다고 생각합니다.

5반 선생님 참! 2학기에 보건 수업 있다!! 보건 선생님한테 2차 성징하고 성교육 부탁드리면 될 것 같아. 보건 교육 내용에도 포함되어 있으니까

2반 선생님 아! 그거 좋은 생각이네요 ^^ 몸의 변화는 보건 선생님이 담당해 주시면 감사하죠~ 아직 말씀도 안 드렸는데… 김칫국? ㅎㅎㅎ 뭐가 됐든 마음의 변화는 우리가 담당~

1반 선생님 그리고 개학 후 좀 덥긴 하지만 건지산 나들이 가는 건 어때요? 2학기 적응도 할 겸 밖에 나가서 활동하는 것도 좋을 것 같습니다. 오는 길에 아이스크림 사 주고요.^^

5반 선생님 좋네. 나들이 후 아이스크림이 최고지. 1학기 활동 중 가

장 기억에 남았던 부분이었다고 아이들이 이야기도 했고. ㅎㅎ

4반 선생님 개학 후 바로 수업하는 것은 아이들이 힘드니까 미리 예열작업 시키는 게 좋을 것 같아요.

5반 선생님 좋아! 사춘기 대비, 2학기 맞이 수업 구성해 보자!

2. 수업 펼치기

1) 수업의 개요

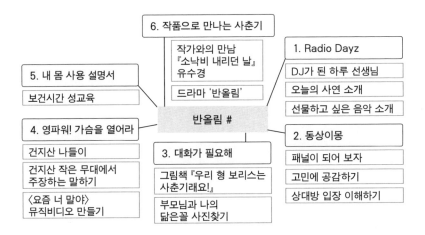

2) 수업 내용

	단원명	주요 활동과 내용	성취기준	차시량

1	Radio Dayz	• DJ가 된 하루 선생님
		  - 오늘의 사연 소개
		  - 선물하고 싶은 음악 소개
			[6국05-06] 작품에서 얻은 깨달음을 바탕으로 하여 바람직한 삶의 가치를 내면화하는 태도를 지닌다.	매일 아침
				8:45~50분

2	동상이몽	• 패널이 되어 보자		2
3	대화가 필요해	• 그림책 『우리 형 보리스는 사춘기래요!』 • 부모님과 나의 닮은꼴 찾아보기	[6국03-04] 적절한 근거와 알맞은 표현을 사용하여 주장하는 글을 쓴다.	3
4	영파워! 가슴을 열어라	• 건지산 나들이 • 주장하는 말하기 • 〈요즘 너 말야〉 뮤직비디오 만들기	[6도01-02] 자주적인 삶을 위해 자신을 이해하고 존중하며 자주적인 삶의 의미와 중요성을 깨닫고 실천 방법을 익힌다.	5
5	내 몸 사용 설명서	• 보건 수업 시간 활용(성교육)		

※ 본 수업은 2015학년도(성취기준 기준: 2009 개정 교육과정)에 만들어진 것으로 성취기준은 현재 2015 개정 교육과정 성취기준을 반영하여 수정하였음

3) 수업의 실제

(1) Radio Dayz+Drama

1. 하루 열기: 아침활동
- 하루 선생님의 사연 소개: 공감하기, 다 같이 고민 해결 방안 찾아보기

2. 드라마 시청 KBS 〈반올림〉
- 우리들의 사춘기 모습은?

"6학년이 되면, 정말 생활지도가 힘들어요. 사춘기가 요즘엔 빨리 와서인지, 2학기만 되면 아이들이 달라지거든요." 초등학교 교사라면 누

구나 공감하는 말일 것이다.

새로운 학년이 시작되는 3월이면, 대부분의 선생님들은 새로운 아이들과 친해지는 시간을 하루 또는 며칠씩 갖곤 하는데, 여름방학 후에 2학기가 시작될 때는 이미 익숙한 아이들이니 친교의 시간을 따로 갖는 교사는 드물다. 그렇지만 6학년의 경우는 반드시 2학기 시작의 준비가 필요하다고 생각한다. 6학년 아이들은 여름방학 후에 사춘기가 시작되었음을 부모와 친구들, 선생님에게 사소한 짜증과 반항으로 표현한다. 결국 교사나 부모가 아이들의 이런 마음속 외침을 헤아려 주지 못하면, 생활 속에서 문제가 발생할 수밖에 없는 것이다.

그래서 우리는 1학기 시작에 가졌던 친교의 시간처럼, 2학기의 시작에도 '아름다운 사춘기'를 맞기 위한 시간이 꼭 필요하다고 생각했고, 그리하여 만들게 된 주제 수업이 바로 '성장 프로젝트, 반올림'이다.

Radio Dayz-하루 열기

'반올림' 수업의 시작은 아이들의 소소하지만, 중요한 고민 사연 듣기에서 출발했다. 반 전체 학생은 자기의 엽서에 익명으로 각자의 고민 사연과 신청곡을 적어서 라디오 박스에 넣는다. 하루 도우미는 하루 열기 시간에 고민엽서를 하나 뽑아서, 고민 사연을 라디오 DJ처럼 읽고, 고민을 들은 반 친구들은 고민 해결사가 되어 다양한 방법으로 고민 해결 방법을 이야기한다. 고민의 주인공이 누구인지는 알 수 없지만, 서로의 고민을 공유하고, 공감하는 일은 아이들이 삐뚤어진 사춘기가 아닌 아름다운 사춘기의 문을 열기에 동기유발로 충분했다. 고민 사연도 듣고, 함께 이야기 나눈 후에는 함께 적힌 신청곡을 듣는 시간도 갖는다.

사소하기에 서로 이해해 주리라 생각하고 지나치는 것들이 하나둘 쌓여 가고 대화가 줄면서, 아이들의 사춘기는 어른들에겐 다가가기 힘

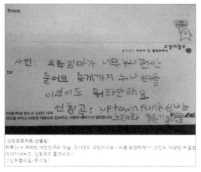

고민 사연 엽서

든 그 무엇이 되어 간다. 사춘기일수록 더 많은 대화와 공감이 필요하다.

여러 가지 사연이 많았지만, 기억나는 고민 사연은 "우리 엄마는 생일에 케이크를 사 주지 않아요. 케이크를 먹는 생일을 맞고 싶어요!"였다. 이 사연에 대해 아이들은 말도 안 된다며, 다양한 해결책을 제시했다. 클래스팅에 올린 내용을 보신 부모님께서는 아이의 비만 때문에 자제해 왔던 것이었는데, 아이가 이렇게 바라는지 몰랐다면서, 생일에는 꼭 케이크를 먹도록 허락하겠다는 약속을 하셨고, 케이크가 있는 생일파티를 했다고 한다.

Drama-〈반올림〉시청

몇 해 전, 사춘기 성장 소녀의 이야기를 다룬 〈반올림〉이라는 드라마가 있었다. 사춘기 주제 수업을 하면서 우리는 그중 '소녀에게'와 '모녀대첩'을 시청했다. 그다음에 등장인물의 성격, 삶에 대한 태도에 대

'소녀에게'-옥림이의 첫 생리를
축하해 주는 가족이 민망한 옥림이

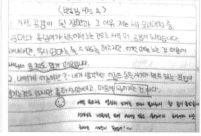

〈반올림〉시청 소감

해 이야기 나누는 시간을 충분히 가진 후, 우리의 사춘기 생활 모습은 어떤지 이야기하며 수업을 했다.

〈반올림〉 시청 수업은 국어과 '1. 작품 속 인물과 나'의 제재로 적용시키기에도, 성취기준을 달성하기에도 매우 적절하고 의미 있는 소재였다(성취기준: 자신의 성장과 삶에 영향을 미치는 작품을 즐겨 읽는 태도를 지닌다-2009 개정 교육과정). 물론 교과서에 제시된 허준의 삶도 좋았지만, 아이들의 일상과 고민의 소재가 담긴 〈반올림〉은 아이들에게 분명 의미 있는 작품이었다. 한 편의 재미난 드라마를 신나게 보았는데, 이것이 바로 수업의 제재로 사용되어 성취기준까지 달성했다면, 최고의 수업이 아닐까?

드라마의 주인공인 옥림이는 중학교 1학년인 사춘기 소녀이다. '소녀에게' 편에서는 옥림이의 첫 생리를 다루었고, '모녀대첩'은 누구나 경험하는 엄마와의 신경전, 다툼을 그렸다. 첫 생리든 엄마와의 다툼이든 옥림이의 입장에서 이야기하는 유쾌한 내용이라서 학생들의 관심과 호응은 대단했다. 드라마를 감상한 후에 아이들은 시청 소감 및 자신의 사춘기 고민 등도 자유롭게 이야기하며 공유했다.

아이들은 사춘기 소녀의 에피소드를 잘 그려 낸 드라마라면서, '모녀대첩'을 가장 공감되는 이야기로 꼽았고, 엄마와 딸은 세상에서 가장 많이 다투는 사이지만, 가장 가깝고 사랑하는 사이인 것 같다고 했다.

(2) 동상이몽

1. 〈동상이몽〉 1편: '아빠처럼 살지 마'
- 영상 보기
- 아빠 VS 새봄, 누구에게 공감하는지?
- 나의 해결책은?

2. 〈동상이몽〉 1편: '카톡모녀'
- 영상 보기
- 엄마 VS 태은, 누구에게 공감하는지?
- 나의 해결책은?

주제 수업을 기획하면서 아이들 생활 속에서 '부모와의 대립으로 인한 갈등 상황이 뭐가 있을까? 특별한 일이 아닌 아이들 모두가 공감할 수 있는 문제가 뭐가 있을까?'를 고민하던 도중 S본부에서 하는 〈동상이몽〉을 생각해 냈다. 이 프로그램은 주로 청소년기의 자녀와 부모 간의 갈등을 엮어 낸 것이어서 주제 수업과 많은 연관성을 지닌다.

첫 번째 이야기, '아빠처럼 살지 마'에서는 외고 진학을 원하는 아빠와 공부를 열심히 하지만 아빠에게 일거수일투족을 감시당하는 새봄이의 갈등 이야기다. 아빠의 높은 기대치로 힘들어하는 새봄이를 보면서 아이들은 자신을 투영했을까? 처음에는 새봄이에게 공감하는 아이들이 많았다.

악마의 편집이었을까? 새봄이 입장에서의 편집본을 본 아이들은 진학, 진로 문제에 완강한 아빠에 대한 원망이 나왔다. 그러나 가족을 위해 힘들게 치킨집을 운영하시는 아빠의 모습을 본 아이들은 내 딸만큼은 고생 없이 살았으면 하는 아빠의 마음에 더 많은 공감을 했다. 아마도 부모님이 자식을 생각하는 마음에 감동을 받은 듯했다.

두 번째 이야기, '카톡모녀'에서는 1년 동안 대화를 하지 않은 채 오로지 카톡으로만 소통하는 모녀에 관한 이야기다. 엄마와 태은이의 이야기를 본 아이들은 각자 입장만을 고수해 의사소통이 없는 생활을 하는 모녀에 대해 안타까움을 나타냈다. 특히 동생이랑만 살갑게 대화하는 엄마의 모습은 아이들의 공분을 샀다. 한편으로는 대화 단절을 엄마 탓으로만 보기에는 무리가 있는 것 같다며 엄마와 태은이 양쪽다 노력해야 할 것 같다는 이야기를 나눴다.

나만의 해결책을 제시하는 과정에서 부모님의 입장에 대해 생각해 보는 시간을 가졌고, 이 활동을 통해 생활 속 문제 해결을 위해 내 입장만을 생각할 것이 아니라 우리 부모님의 입장에서 한 번 더 생각해 보는 노력을 해야겠다는 다짐을 한 아이들이 있었다.

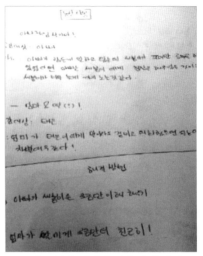

공감 대상과 나만의 해결 방법 찾기

(3) 대화가 필요해

1. 그림책 『우리 형 보리스는 사춘기래요!』 읽기

2. 어른들(선생님)의 사춘기 시절 듣기

3. 부모님과 나의 닮은꼴 사진 함께 찾아보고 대화 나누기(주말 과제)
- 클래스팅에 공유하기

이번 수업에서는 아이들이 부모님과의 관계를 더 가깝게 하고 직접적인 소통을 위한 이야깃거리를 마련해 보자는 취지로 '부모님의 사춘기 시절 사진 찾아보기' 활동을 중심에 두었다.

먼저 그림책 『우리 형 보리스는 사춘기래요!』라는 책을 읽어 주었다. 책에서 주인공인 악어 형 보리스는 사춘기가 찾아와 가족들과의 소통을 단절하고 친구들과 놀기나 방에 혼자 있기를 즐긴다. 어릴 적에는

| 그림책『우리 형 보리스는 사춘기래요!』 | 선생님의 어린 시절 |

함께 놀던 형이 갑자기 변한 것을 안타깝게 여긴 동생 악어가 할머니, 할아버지 악어에게 고민을 털어놓자 그들은 지금의 보리스와 같은 모습을 하고 있는 보리스 부모님의 학창 시절 앨범을 보여 주신다. 그 앨범을 본 보리스는 부모님에 대한 마음을 조금이나마 열게 되고 부모님도 사춘기 보리스를 조금 더 이해할 수 있게 된다.

그림책을 다 읽은 후 아이들에게 "너희들의 부모님도 사춘기 시절이 있으셨을 거야, 그때 어떤 모습이실까? 그에 대해 물은 적이 있니?"와 같은 질문을 던졌더니, 아이들은 "우리 엄마는 공부를 되게 잘하셨다고 해요.", "우리 아빠도 멋 부리는 걸 좋아하셨겠죠?" 등의 반응을 하며 궁금증을 가졌다.

부모님의 학창 시절 사진을 찾아보는 과제를 내주기 전, 선생님의 6학년 때 모습과 선생님 부모님의 학창 시절 사진을 먼저 찾아본 이야기를 간단하게 들려주었다. 아이들은 선생님도, 선생님의 부모님도 지금 자신과 같은 시절이 있었다는 것에 신기해했고 생각을 나누며 공감대를 형성할 수 있었다.

또 부모님 세대의 학창 시절(1980년대)에 어떤 것들이 유행이었는지도 알아보며 주말 과제로 부모님과 사진을 찾아보고 이야기를 나눠 볼 수 있게 했다.

학교에 와서 친구들끼리 부모님의 어린 시절 이야기를 듣고 자신의 모습과 연결 지었던 경험을 나누는 모습이 흐뭇했던 수업이다.

(4) 영파워! 가슴을 열어라

1. 〈영파워! 가슴을 열어라〉 과거 영상 보기

2. 주장하고 싶은 내용 글쓰기
- 자신 있게 말하기 연습하기

3. 작은 무대에서 주장하는 말하기(건지산 나들이)
- 많은 친구들이 참여하도록 격려

'영파워! 가슴을 열어라' 활동은 2학기 건지산 첫 나들이와 연계하여 진행했다. 이 활동은 자신의 마음속 이야기를 다른 친구들 앞에서 용기 있게 털어놓음으로써 스트레스를 해소하는, 과거 유행했던 프로그램에서 콘셉트를 가져왔다. 아이들에게는 생소한 프로그램이자 활동이기에 과거 영상을 찾아보니 깨끗한 화질은 아니어도 남아 있는 게 있었다. 짧게 2편 정도를 시청하고, 이런 활동을 할 거라고 안내하자 아이들의 기대 반, 부담 반인 표정들이 보였다.

이 활동은 국어 6단원 타당한 주장과 연계해서 진행했다. 물론 '영파워! 가슴을 열어라' 활동은 짧은 시간 내에 자신의 감정을 호소하는 측면이 강하지만 말하기를 준비하는 과정에서 적절한 이유와 근거를 들어 주장하는 글을 써 보는 연습을 했다. 아이들이 말하고 싶은 상대는 선생님, 부모님, 친구 등 주변 사람들이 대부분이었다. 학급에 따라 나들이 전 교실에서 사전 말하기 연습도 했다. 교사들의 바람은 모든 친구들이 무대 위에 올라 자신의 주장을 펼치는 것이었지만, 150명이나 되는 많은 인원이 모두 말하기에는 듣는 친구들의 집중력에도 한계가 있었다. 또한 많은 친구들 앞에서 말하는 것이 여전히 부담스럽다는 친구들도 있어서 나들이 당일 무대에서는 학급별로 5명 내외의 희망하는 친구들이 말하는 시간을 갖기로 했다.

아이들은 건지산 편백나무 숲 작은 무대에 둘러 앉아 친구들이 어떤 이야기를 전할지 기대하는 표정이었다. 무대에 오른 아이들은 소시지 가격을 자꾸 올리는 문구점 사장님께, 정색한 얼굴이 무서운 부장 선생님께, 휴대폰을 사 주시지 않는 부모님께 등 그동안 하고 싶었던 말을 속 시원하게 털어놓았다. 친구의 마음이 자신과 같음에 공감되는 순간 여기저기서 환호가 터져 나왔다. 150명의 친구들 앞에서, 그리고

건지산 나들이와 함께한
'영파워! 가슴을 열어라'

마실 나오신 동네 주민들 앞에서 용기 있게 자신의 주장을 펼친 우리 아이들이 오늘도 한 뼘 더 자랐을 것이다. 또한 교무회의에서 발언할 때 떨리는 나로서 용기를 내준 아이들이 존경스럽고 자랑스러운 시간이었다.

(5) 〈요즘 너 말야〉 뮤직비디오 제작

1. 〈요즘 너 말야〉 노래 배우기

2. 모둠별로 노래 가사에 어울리는 사진 찍기
- 건지산 나들이

3. 〈요즘 너 말야〉 MV 만들기
- 감상하고 공유하기

'성장 프로젝트 반올림' 주제통합수업을 진행하면서 지금까지의 활동들을 정리하는 의미에서 〈요즘 너 말야〉라는 뮤직 비디오를 만들어 보기로 했다. 제이레빗의 〈요즘 너 말야〉라는 곡을 선택한 이유는 노래 속의 가사가 사춘기에 접어들고 있는 아이들에게 던져 주는 메시지가 있었기 때문이다. 고민이 많고, 어떻게 해야 할지 모르는 아이들, 그런 아이들에게 희망의 메시지를 던져 주는 가사가 아이들에게 위로가 되지 않을까 생각했다.

먼저 아이들과 함께 노래를 배우는 시간을 가졌다. 아이들도 곡을 들어 보더니 너무 좋다고 이야기했다. 가사도 좋지만 멜로디도 친숙하게 다가왔던 것 같다. 이 노래를 배운 후 아이들이 직접 노래 가사에 맞게 사진으로 표현하여 뮤직비디오를 만들었다.

6학년 학생 모두가 가사의 한 부분을 담당하여 표현하고 그것을 사진으로 찍어 뮤직비디오를 만들었다. 5개 반을 7개 조로 나누어 총 35장의 사진을 노래 가사와 엮어 뮤직비디오를 만들었다. 건지산에서 아이들은 다양한 표정과 몸짓, 소품으로 가사를 표현하기 시작했다.

표현한 내용들을 사진으로 옮겨 담고 사진과 음악을 편집하여 하나의 뮤직비디오로 만들고 아이들에게 보여 주면서 같이 노래를 부르며 마무리를 했다.

"감사해 기억해"라는 가사를 표현한 장면

모든 아이들이 참여한 뮤직비디오이기에 의미 있었고, 자신의 모습과 친구들의 모습이 등장하는 뮤직비디오를 보면서 즐거워하는 시간이었다.

"언젠가 추억이 될 오늘을 감사해, 기억해, 힘을 내, MY FRIEND."

(6) 작가와의 만남

1. 1학기 온책 읽기
- 『소낙비 내리던 날』

2. 작가와의 만남

주제 수업과 관련하여 아이들이 만나 본 분은 우리 지역의 작가인 유수경 님이다. 유수경 작가는 전북 익산에서 태어났고 시인, 동화작가로 활동하고 있다. 작품으로 시집 『갈꽃 스러지는 우리의 이별은』, 동화 『소낙비 내리던 날』, 『한나의 방울토마토』, 『못 찾겠다 꾀꼬리』, 『봉남이의 봄』이 있다. 아이들과 함께 읽어 본 『소낙비 내리던 날』은 13살 소녀 수진이의 이야기다. 수진이는 집안 사정으로 도시 외곽의 할머니 댁으로 이사를 하면서 정들었던 친구들과 헤어져 전학을 가게 된다. 전학생을 향한 곱지 않은 아이들의 시선과 텃세에 마냥 불안한 수진이는 바뀐 환경에 쉽게 적응하지 못하고 고민을 한다. 하지만 힘든 상황마다 항상 옆에서 도와주고 지켜 주는 한 친구를 만나 갈등을 해결해 나가는 과정을 이야기하며 열린 결말로 마무리된다.

작가님은 먼저 아이들에게 작가로 등단하기 전 자신의 학창 시절 이야기를 들려주셨다. 고등학교 때 혼자 써 본 소설에 대한 친구들의 반응이 너무나 좋아 그 재미로 글을 신나게 썼다는 이야기, 교내외 백일장에 참가해 꼭 상을 받았던 이야기, 좋아하고 잘하는 것을 열심히 했더니 지금의 내가 되었다는 이야기 등 글 쓰는 것에 관심 있는 아이들은 특히 작가님의 학창 시절 이야기에 공감을 많이 했다.

이어서 『소낙비 내리던 날』을 쓰게 된 계기와 학교폭력에 대한 자신의 생각, 후속편 계획(수진이의 뒷이야기)까지 말씀해 주셨다. 아이들은 그 소설을 쓸 당시 작가님의 딸이 6학년이었고 아이의 학교생활을 모티브로 썼으며 지금은 사춘기 자녀를 둔 부모로서 학교폭력에 많은 관심을 갖고 있음을 느낄 수 있었다. 작가님은 학교폭력 문제는 어른들이 관심을 갖고 있긴 하지만 결국 해결하는 데에는 주변 친구들의 역할이 크다고 강조하며 말씀하셨다.

아이들은 작가님의 학창 시절과 요즘의 학교폭력에 대해 이야기 나누며 모두가 학창 시절을 즐겁게 보내기 위해 학교폭력 예방에 대한 자신들의 관심과 노력이 중요하다는 것을 느끼게 되었다.

3. 수업 돌아보기

Q. 이 수업의 선생님의 소감이 궁금해요.

A. 사춘기 주제 수업은 우리 아이들이 6학년 2학기를 시작하며 자신의 신체적, 정신적 변화를 받아들이고 학교와 가정에서 그것을 드러내고 이야기하며 공감대를 형성하고자 한 주제통합수업이었어요. 각각 성장 속도가 다른 아이들은 때로는 호기심을 가지며, 때로는 어른 세대와의 공감대를 형성하며, 때로는 속에 있는 에너지를 마음껏 분출하며 주제 수업에 즐겁게 참여했습니다.

부모님의 학창 시절 사진을 찾아보며 아이들은 부모님과 따뜻한 대화를 나눴고 부모님들 역시 그때를 회상하며 아이들을 좀 더 이해하고 사랑을 표현해 주셨다는 후기를 들었어요.

건지산에서 아이들은 주변의 지인들이나 부모님 또는 선생님께 평소 하지 못했던 이야기를 쏟아 내며 스트레스를 풀기도 했고, 각자의 고민을 익명으로 나누는 라디오데이즈는 주제 수업이 끝난 뒤에도 한참 동안 하루 열기 시간에 진행되며 사춘기 아이들에게 많은 이야깃거리를 던져 주는 활동이어서 생활지도 면에

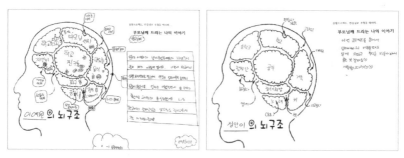

사춘기 주제 수업을 마치고 그려 본 나의 뇌구조, 부모님께 드리는 편지

서도 굉장히 유용한 활동이었습니다.

맞벌이하시는 부모님과 각자의 학원 스케줄에 바쁜 아이들은 그동안 가정에서의 대화 시간이 많지는 않았을 거예요. 학교에서도 보건 시간의 이론 수업만으로는 아이들의 내적 변화와 고민, 에너지를 발산하고자 하는 욕구 충족에는 많이 모자랐을 것입니다. 짧지만 이번 일주일의 주제 수업이 우리 아이들에게 좀 더 소통의 창구를 만들어 준 시간이 되었으리라 생각합니다.

4.

네모의 꿈
아이들과 함께 학교의 모습을
바꾸고 싶을 때 하는 수업

#공간혁신 #우리_학교_바꾸기 #4학년_수업
#가고싶은_학교 #우리가_학교의_주인

1. 수업 들어가기

교사 A 나, 올해 학교 공간 공사 업무 맡았어. 아, 어떡하면 좋냐. 예산도 장난 아닌데, 어디서부터 어떻게 시작해야 할지 손도 못 대고 있드아~.

교사 B 일단 네가 넓고 넓은 학교를 다 어찌하겠다는 생각을 버려.

교사 A 그럼, 뭐 어떻게 해. ㅠㅠ

교사 B 학교는 아이들이 하루 종일 쓰는 장소이니 아이들에게 의견을 물어봐. 학교 구석구석 여기저기 돌아다니면서 버려진 공간도 발견해 보고, 어떻게 바뀌었으면 좋겠는지 글도 써 보고 스케치도 해 보고…

교사 A 또, 또~~.

교사 B 그렇게 아이들 의견이 모이면, 그걸 입체로 만들어서 구체화시켜 봐. 입체로 만들어 보면 상상이 현실화되어서, 그 중에서 학교에 정말 적용할 수 있는 아이디어들이 쏙쏙 보일걸.

교사 A 넌 역시~ 이제 머리에 그려진다. 어찌해야 할지!

교사 B 내가 정말 맘에 드는 옷, 물건이 생기면 정말 아끼고 아끼듯이, 애들도 자기들의 생각이 현실이 되어 가는 걸 보고, 뿌듯해하고, 또 아끼고 계속 관심을 갖게 될 거야. 무엇보다 아이들이 공간의 주인이 되어 가는 걸 보니 너무 좋더라~ 아이들 의견이 잘 반영될 수 있도록 넌 예산 FLEX 해 주고! ㅋㅋㅋ

교사 A 애들이 신나 하겠다! 그동안 주어진 공간 속에서 짜 맞춰진 시간을 보냈을 텐데~ 아이들 손으로 직접 변화되는 걸 보면 진짜 학교 주인이 된 것 같겠어! 이만, 선생님들과 의견을 나누러 가 봐야겠다! 조만간 맛난 거 먹을 때 보자고~ 땡큐~.

2. 수업 펼치기

1) 수업의 개요

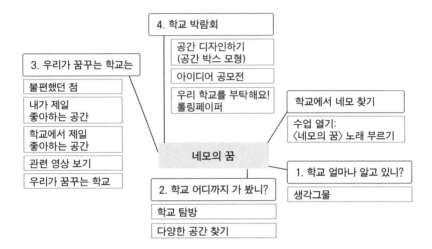

2) 수업 내용

	단원명	주요 활동과 내용	성취기준	차시량
1	수업 열기	• 〈네모의 꿈〉 노래 부르기 • 학교에서 네모 찾기	[4음03-01] 음악을 활용하여 가정, 학교, 사회 등의 행사에 참여하고 느낌을 발표한다. [4미02-03] 연상, 상상하거나 대상을 관찰하여 주제를 탐색할 수 있다.	2
1	학교, 얼마나 알고 있니?	• 생각그물 그리기	[4미02-03] 연상, 상상하거나 대상을 관찰하여 주제를 탐색할 수 있다. [4사03-01] 지도의 기본 요소에 대한 이해를 바탕으로 하여 우리 지역 지도에 나타난 지리 정보를 실제 생활에 적용한다.	
2	학교, 어디까지 가 봤니?	• 학교 탐방하기 • 다양한 공간 찾기	[4국03-03] 관심 있는 주제에 대해 자신의 의견이 드러나게 글을 쓴다. [4국01-02] 회의에서 의견을 적극적으로 교환한다. [4미01-02] 주변 대상을 탐색하여 자신의 느낌과 생각을 다양한 방법으로 나타낼 수 있다.	2

| 3 | 우리가
꿈꾸는
학교는 | •불편했던 점 찾기
•내가 제일 좋아하는
공간 떠올리기
•관련 영상 시청하기
•우리가 꿈꾸는 학교
를 글과 그림으로 표
현하기 | [4수03-13] (수정)각도기를 이용하여 각
을 그릴 수 있고, 각도와 관련된 실생활 문
제를 해결할 수 있다.(기존 성취기준: 주어
진 각도와 크기가 같은 각을 그릴 수 있다.)
[4미02-05] 조형 요소(점, 선, 면, 형·형
태, 색, 질감, 양감 등)의 특징을 탐색하고,
표현 의도에 적합하게 적용할 수 있다.
[4미02-06] 기본적인 표현 재료와 용구의
사용법을 익혀 안전하게 사용할 수 있다.
[4미03-03] 미술 작품에 대한 자신의 느
낌과 생각을 발표하고, 그 이유를 설명할
수 있다. | 2 |
| 4 | 학교
박람회 | •공간 디자인하기
•아이디어 공모전
•건축설계사에게 롤
링페이퍼 쓰기 | [4음03-01] 음악을 활용하여 가정, 학교,
사회 등의 행사에 참여하고 느낌을 발표
한다.
[4미02-03] 연상, 상상하거나 대상을 관
찰하여 주제를 탐색할 수 있다. | 6 |

3) 수업의 실제

(1) 학교, 얼마나 알고 있니?

1. 〈네모의 꿈〉 노래 부르기
- 노래 가사를 생각하며 노래 부르기

2. 학교에서 네모 찾기
- 친구들과 주변을 살펴보며 네모 찾아 쓰기

3. 학교 생각그물 그리기
- 학교 하면 떠오르는 것 생각그물 그리기

4. 이야기 나누기
- 생각그물 발표하기
- 친구의 생각그물과 나의 생각그물 비교하고 이야기 나누기

'학교, 얼마나 알고 있니?'는 '네모의 꿈'이라는 제목으로 시작한 공간수업의 첫 발을 내딛는 수업이다. 어떻게 하면 아이들이 관심을 갖고 차근차근 수업 목표에 도달할 수 있을까? 학교에 대하여 알아보는 시간을 먼저 갖기로 했다.

〈네모의 꿈〉은 학기 초부터 교실 안에서 자주 같이 부르며 재밌는 노랫말로 아이들이 좋아하는 노래이다. 익숙한 노래를 부르며 우리 학교에서 네모 찾기 활동을 시작했다. 너무 오래 생각하지 않고 주변을 살펴보면서 빠르게 적어 나가도록 안내했다.

수업 열기를 마치고 왜 우리가 '네모의 꿈' 수업을 하는지 설명해 주었다. 교사로서 수업을 하며 아이들이 자신의 삶 안에서 주인의식을 갖기를 바라는데, 그런 맥락에서 아주 의미 있는 수업이고, 아이들이 '참여'에 대해 생각해 볼 수 있는 좋은 기회라고 생각했다.

생각그물을 그리기는 단순히 '학교' 하면 생각나는 눈에 보이는 것부터 사람, 분위기, 색깔, 느낌 등을 적어 보도록 했다. 생각보다 아이들이 잘 따라와 주었고 즐거워했다. 자기들이 직접 보고 항상 다니는 곳이어서 그런 듯하다. 학교에 대해서 생각해 보는 이 수업은 앞으로 이어질 '학교 둘러보기, 우리가 꿈꾸는 학교에 대해서 생각하기, 학교박람회 열기'까지의 준비로 충분했다.

학교에서 네모 찾기

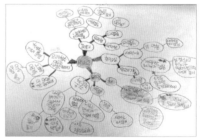
학교 생각그물 그리기

(2) 학교, 어디까지 가 봤니?

1. 학교 탐방
- 학교 내부 시설과 외부 시설을 함께 탐방하기

2. 다양한 공간 찾기
- 학교 속 다양한 공간의 용도, 재질, 모양, 느낌 등을 생각해 보기

이번 수업은 학교 이곳저곳을 탐방해 보는 것에 중점을 두었다. 본관, 후관, 별관뿐만 아니라 건물 밖의 시설을 모두 돌아보며 그동안 우리가 몰랐던 공간, 개선해야 할 공간들을 살펴보았다.

우리 학교는 1941년 개교하여 78년의 역사를 지닌 만큼 학교 대부분의 시설이 노후되어 있다. 아이들은 학교를 둘러보며 "여기 페인트에 낙서가 엄청 많아요.", "모서리가 부서져 있어요"라는 말을 많이 했다. 처음 이 수업을 구상했을 때는 아이들이 "이 공간에 놀이터가 있었으면 좋겠어요.", "누워서 책 읽는 곳이 있었으면 좋겠어요." 등 공간 재구성과 관련된 생각을 하기를 바랐다. 막상 수업을 실행해 보니 아이들은 유지, 보수적인 측면에서 많이 이야기했다. 아이들에게 공간 혁신이 낯설어서 나온 답변들로 보인다. 그래서 다음 수업에서 공간 혁신을 이뤄 낸 다른 학교들의 모습을 보며 아이들의 상상력을 자극해 보기로 했다. 익숙한 학교의 이곳저곳에서 새로운 공간들을 찾아내고자 뗀 발걸음 자체에 의의가 있다.

학교를 탐방하는 아이들

(3) 우리가 꿈꾸는 학교는

1. 불편했던 점 떠올리기
- 학교 탐방 및 경험을 바탕으로 학교생활에서 공간과 관련하여 불편했던 점 떠올리기

2. 내가 제일 좋아하는 공간은?
- 평소 내가 제일 좋아하는 공간과 그 이유 생각해 보기

3. 내가 학교에서 제일 좋아하는 공간은?
- 학교에서 제일 좋아하는 공간과 그 이유 생각해 보기

4. 학교 공간의 변화 영상 시청하기
- 공간의 변화를 꿈꾸며 다양한 시도를 하고 있는 학교들의 모습을 담은 영상 시청하기
- 영상을 보면서 새롭게 발견한 것과 느낀 점 이야기하기

5. 우리가 꿈꾸는 학교는
- 우리 학교 공간이 어떻게 변화되기를 원하는지 글 또는 그림으로 표현해 보기

학교 탐방을 마치고, 학교 공간의 변화를 상상해 보는 시간이다. 우리가 꿈꾸는 학교의 모습을 모형으로 만들기 전에, 상상해 보는 중요한 사전 작업이다. 변화를 꿈꾸는 건 정말 설레는 일이지만 아이들에게 익숙하지 않은 일이기에 몇 가지 질문을 던지며 차근차근 생각을 열 수 있도록 했다.

학교 곳곳을 탐방하며 보고 느낀 점과 경험을 바탕으로 생활하면서 불편했던 점을 떠올려 보게 했다. 교실, 복도, 계단, 화장실, 도서관, 방과후교실, 건물과 건물 사이, 강당, 운동장, 놀이터 등 구체적인 장소를 제시해 주었다. 아이들에게는 1순위인 '놀이'와 관련된 불편 사항도 있

었고, 노후된 시설의 불편함도 많았다. 또 많은 부분을 차지했던 것 중에 '화장실 바닥에 휴지가 떨어져 있고 너무 더럽다, 벽에 낙서가 많다'는 의견이 있었다. 이는 실질적인 공간 설계와는 관련이 없고 스스로 지켜야 하는 규칙과 관련된 의견으로, 아이들에게 학교 사용자로서의 책임감과 주인의식을 생각해 보게 하는 계기가 되었다. 아무리 좋은 공간이어도 깨끗하게 사용하고 관리하지 않으면 금방 죽은 공간이 되어 가는 경우를 이야기하며, 우리가 사용하는 공간을 깨끗하게 만들기 위해 스스로 노력하고 책임져야 함을 지도했다.

다음은 아이들이 가장 좋아하는 공간에 대한 이야기 나누기다. '학교' 안에서 찾기 이전에 어떤 곳이든 자신이 좋아하는 공간을 떠올려 보게 했다. 놀이공원, 거실, 내 방, 문구점, 태권도장 등이 나왔다. '아이들은 놀고 쉬는 것을 제일 좋아하는구나!'라는 생각이 들었다.

학교에서 가장 좋아하는 공간도 역시 '놀이, 쉼'과 연결이 되었다. 아이들은 보드게임을 하면서 놀 수 있는 교실, 푹신한 쿠션에 앉아 책 읽을 수 있는 도서관, 넓고 운동하기 좋은 대강당, 맛있는 밥을 먹을 수 있는 급식실, 축구할 수 있는 풋살장 등을 좋아하는 공간으로 손꼽았다.

공간의 변화를 꿈꾸며 다양한 시도를 하고 있는 학교들의 모습을 영상으로 보여 주었다. 소개되는 내용에 생각이 갇힐까 우려되는 부분도 있었지만 우리가 꿈꾸는 모습들이 다양하게 실현될 수 있다는 것도 보여 주고 싶었다. 영상을 보는 동안 아이들의 탄성이 계속 흘러나왔다. '저런 예쁜 교실에서 공부하고 싶다', '도서관에 있는 꿀벌집 안에서는 책을 더 많이 읽을 수 있겠다', '교실의 빈 공간을 활용해서 다락방을 만들 생각을 했다니 대단하다', '급식을 편하게 먹을 수 있게 창문을 활용한 아이디어가 좋다', '학생들이 자유로워 보인다', '비밀 이야기를 하는 곳이 있어서 친구들이랑 더 친해질 것 같다', '육각형 책

'우리가 꿈꾸는 학교는'

상과 수납함 의자 아이디어가 좋다', '우리 학교는 저 학교에 비해 너무 심심쩝쩝(?)하다'라며 부러움과 아쉬움을 표현했다. 그러면서도 조금만 더 새로운 관점과 방법을 더하면 우리 학교도 멋진 변화가 일어날 수 있다는 점에 동의했다.

마지막으로 앞에서 이야기했던 것들을 토대로 '우리가 꿈꾸는 학교'에 대해 글 또는 그림으로 간단하게 표현해 보았다.

❖ 4학년 아이들이 원하는 학교 공간
- 모둠 활동을 할 수 있는 미니 교실 공간
- 앉아서 쉬거나 놀 수 있는 의자와 인형이 있는 복도
- 방방(트램펄린), 구름사다리, 대형 클라이밍, 다락방, 비밀 공간
- 칙칙한 색깔 말고 알록달록한 학교
- 교실 벽면의 화이트보드, 발표하는 공간, 모양 변형이 자유로운 육각형 책상
- 1층부터 4층까지 연결된 미끄럼틀
- 곤충 채집장, 영상실, 비가 와도 놀 수 있는 실내 놀이터
- 동아리 활동을 할 수 있는 공간(요리실습, 댄스부 대형 거울)
- 실내화를 벗고 양말 신고 다닐 수 있는 교실과 복도
- 다양한 책과 공간(벌집 모양, 소파, 나무 모양 책 비치대 등)이 있는 도서관 등

아이들의 바람처럼 신나게 놀면서 꿈과 끼를 키울 수 있는 활동 공

간들이 다양하게 만들어지면 좋겠다. 아이들이 친구들과 소통하는 과정 자체가 좋았다. 생활하는 공간에 대해 함께 고민하고 꿈꿔 본 경험은 아이들에게 의미 있게 남을 것이다.

(4) 학교 박람회

1. 공간 디자인하기(평면)
- 학교 공간을 도화지에 평면으로 디자인하기

2. 공간 박스 모형 만들기(입체)
- 두꺼운 도화지로 삼면책의 형태로 공간 박스를 만든 후 도화지, 클레이를 이용하여 자신이 원하는 공간으로 꾸미기

3. 모형 소개 및 전시 작품 선정하기
- 자신이 만든 공간 박스 모형을 친구들 앞에서 설명하고 투표를 통해 학교 전체 전시회에 전시할 작품 선정하기

4. 우리 학교를 부탁해요 롤링페이퍼 쓰기
- 건축설계사에게 우리 학교의 변신에 대해 부탁드리는 말을 롤링페이퍼로 써서 전달하기

이제는 학교 공간을 어떻게 변화시킬까 구체적인 디자인을 해 보는 수업이다. 4학년 아이들은 아직 그림만으로는 디자인으로서의 전달력이 부족한 점이 있기에 그림으로 표현함과 동시에 각 공간이나 배치한 사물에 번호를 매기고 설명을 덧붙이도록 했다. 아이들의 디자인을 보면 대체로 놀이 공간에 대한 디자인이 많았다. 그 밖에도 무대 공간이나 책을 읽을 수 있는 쉼터 공간, 다락방도 보였다.

평면으로 디자인한 후에 두꺼운 도화지로 공간 박스를 만들어 입체적으로 꾸며 보았다. 그림을 그려 벽이나 바닥에 붙이거나 세우는 방

공간 디자인(평면)

식도 사용하고, 클레이를 이용하여 소품이나 가구를 만들어 넣기도
했다. 자신이 잘하는 레고블록으로 표현한 아이도 보였다. 공간을 꾸민
후에는 역시 설명도 덧붙여 공간 디자인에 대한 전달력을 높였다. 입체
적으로 나타내니 아이들의 의도가 더욱 명확하게 드러나는 것을 볼 수
있었다. 작품을 완성한 후에는 공간 박스 모형에 투표하여 학교 전체
박람회에 전시할 작품을 선정했다. 모형 만들기가 끝난 후에는 건축설
계사에게 '우리 학교를 이렇게 바꾸어 주세요' 하는 부탁의 말을 롤링
페이퍼로 남겼다.

학교 박람회 수업 전반적으로 아이들은 자신들이 학교 공간을 새롭
게 만든다는 것에 상당한 의미를 두고 적극적으로 참여를 했다. 특히,
아이디어를 입체로 구체화하는 과정에서는 "수업시간이 정말 빨리 지
나갔어요.", "매일같이 이렇게 재미있는 수업을 했으면 좋겠어요"라며

공간 디자인(입체)

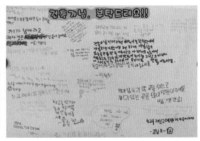

건축가에게 바라는 것

만족감을 나타냈다. 아이들의 삶과 생활이 수업에 녹아드니, 아이들의 '마음'이 움직이는 수업이 가능했던 것 같다.

3. 수업 돌아보기

학교 이곳저곳을 탐방하며, 평소 무심코 지나쳤던 새로운 공간을 발견하는 것만으로도, 아이들은 마치 사건을 파헤치는 탐정이라도 된 듯 신나 했다. '우리가 사용하는 공간이니, 우리가 살펴보고 다듬어야겠다'는 인식의 전환도 있었다.

무엇보다 네모난 교실, 반듯하게 놓여 있는 책상, 쭉 늘어선 교실 배치와 복도 등 학교 공간에 대한 고정관념에서 벗어나 자유롭고 창의적인 생각을 할 수 있는 기회가 되어, 아이들의 유연한 사고 계발에도 큰 도움이 되었다.

4. 이렇게 평가할 수 있어요

매 수업마다 아이들이 생각을 표현하는 부분이 있어요. 말하기, 글쓰기, 그림 그리기, 만들기 등으로요. 이것을 교실에 게시하거나 학년·학교 단위로 전시회를 열어 좋은 의견에 코멘트를 작성해 주고, 서로 스티커를 붙이는 등 동료 평가와 동시에 의견과 아이디어 교류의 기회로 삼으면 좋아요.

이 수업은 브레인스토밍과 같은 다양한 의견에서 출발하여, 학교 공간에 적합한 아이디어를 현실로 끄집어내는 과정으로 이루어집니다. 수업의 첫 부분부터 자신이 작성한 것들을 차곡차곡 정리하여(포트폴

리오) 자신의 의견이 어떻게 변화, 발전되고 있는지 분석하는 시간을
갖도록 한다면, 배움의 효과가 한층 더 업그레이드!

나의 공간 아이디어 스케치

1. 우리가 바꾸고 싶은 공간을 상상하여 그림으로 표현해 봅시다.

2. 내가 만들고 싶은 학교 공간에 대해 자세히 설명하는 글을 써 봅시다. [공간을 어떻게 구상했는지? 무엇이 배치되어 있는지? 왜(설계자의 의도) 그렇게 구상했는지? 누가, 언제, 어떻게 사용하면 좋을지? 등]

동영상 자료

	공간이 바뀌니 수업도 달라졌어요. 뉴스(꿈담교실).
	공간이 바뀌면 사고가 바뀐다. 뉴스(학교 교육 공간 혁신).
	학교 공간의 주인은 누구? 광주 어룡초 19분 28초~
	미래교육 플러스-교실은 왜 사각형이어야 하는가? ~7분
	2019.05.10 [공간혁명기획] 학생들이 직접 디자인한 학교‥ 만족 '쑥쑥'.
	2019.05.08 [공간혁명기획] '복도에선 조용히? 신나고 즐겁게!'

5.

두근두근 꿈 레시피
꿈이 없다는 아이들에게 꼭 해 주고 싶은 수업

#꿈 #직업탐색 #진로체험 #현재직업_미래직업

1. 수업 들어가기

4학년 단톡방

1반 쌤 4학년 아이들의 수준에 맞는 진로교육은 무엇일까?

3반 쌤 어렵네요…. 작년에는 꿈이 없다는 아이도 있었어요. '지금이 좋고, 그냥 살 거예요'라는 대답도 있었고…. (한숨)

2반 쌤 애들이 어떤 직업이 있는지는 알고 있을까요? 일단 어떤 직업 이 있는지 알려 주는 것도 중요한 것 같아요. 직업에 대해 알아 야 어떤 직업이 자기에게 맞을지 고민할 수 있을 것 같아요.

5반 쌤 진짜 맞는 말 같아요. 학기 초에 꿈 그리기 미술활동을 했는 데. 아이들이 쓴 직업이 모두 다섯 가지? 여섯 가지? 충격이었어 요. 우리가 흔히 알고 있는 직업을 세상의 모든 직업처럼 여기고 있는 듯해요.

1반 쌤 음… 그럼 그림책도 보여 주고, 다양한 직업이 나온 책들도 소개해 주면서 직업 자체를 알아보고 관심을 갖도록 수업을 꾸 며 보면 어때요? 근데, 아이들이 즐거워할 요소들을 좀 넣으면 좋을 텐데….

4반 쌤 Go Fish라는 보드게임 중에 직업 편이 있어요. 게임 요소를 직업에 접목시키면 아이들이 흥미 있게 수업에 참여할 수 있을 것 같아요.

2반 쌤 점점 사라지는 직업, 새로 생길 만한 직업들도 함께 이야기 나누면 좋을 것 같아요. 그리고 우리 근처에 직업 체험할 수 있 는 곳이 있으니 현장체험학습도 추진해 봐요.

3반 쌤 와, 좋은 생각! 또 아이들 서로를 관찰하고 장점을 파악해서 어울리는 직업도 추천해 보면 어때요?

1반 쌤 오, 그것도 너무 좋네요! 서로 관찰하는 것도 재미있고, 친구들이 어울리는 직업을 추천해 주면 추천받은 직업을 보고 많은 생각을 할 것 같아요. 직업에 대해 진지하게 생각만 해 봐도 이번 수업은 진짜 성공이에요!

2. 수업 펼치기

1) 수업의 개요

2) 수업 내용

	단원명	주요 활동과 내용	성취기준	차시량
1	재미 한 스푼	•그림책 읽기 • Go Fish 보드게임	[교사개발] 다양한 진로 체험을 통해 자신의 관심과 흥미를 발견한다.	2
2	지혜 두 스푼	•현재 직업 알아보기 •미래 직업 알아보기 •직업병풍 만들기	[4사04-05]사회 변화(저출산·고령화, 정보화, 세계화 등)로 나타난 일상생활의 모습을 조사하고, 그 특징을 분석한다. [4미01-02]주변 대상을 탐색하여 자신의 느낌과 생각을 다양한 방법으로 나타낼 수 있다.	3
3	경험 세 스푼	•나의 관심 분야 파악하기 •완주 '꿈꾸는 아이' 미래 직업 체험하기	[교사개발] 다양한 진로 체험을 통해 자신의 관심과 흥미를 발견한다.	4
4	관심 네 스푼	•친구들 관찰하기 •친구에게 직업 추천하기	[교사개발] 사회 변화로 나타난 직업의 변화를 이해하고 직업 탐색에 흥미를 갖는다.	3

3) 수업의 실제

(1) 재미 한 스푼

1. 그림책 읽기
- 『케첩맨』, 『세탁소 아저씨의 꿈』, 『일과 도구』 그림책 읽기

2. Go Fish 게임하기
- 현재의 직업카드로 게임하기, 미래의 직업카드로 게임하기

진로수업 '두근두근 꿈 레시피'의 첫 수업은 '재미 한 스푼'이다. 이는 도입 수업으로 진로 수업을 즐거움으로 시작할 수 있도록 준비했다. 아이들이 진로에 대해 다양하게 생각해 보고 상상할 수 있도록 여러 가지 그림책을 함께 읽어 보았고 수업에 흥미를 가질 수 있도록 놀이 요소를 넣었다.

그림책은 『케첩맨』, 『세탁소 아저씨의 꿈』, 『일과 도구』를 읽어 보았는데, 이 책들을 통해 직업에 대해 다양하게 접근해 볼 수 있었다. 가장 먼저 아이들에게 읽어 주었던 책은 『케첩맨』이다. 자신의 진로에 대해 고민하고 일상을 살아가며 내가 잘할 수 있는 것과 현실에서 할 수 있는 것, 다른 사람들이 내게 하기를 원하는 것 사이에서 고민을 하는 내용으로 아이들이 꽤 흥미를 가질 만한 내용이었다.

두 번째 책은 『세탁소 아저씨의 꿈』이었다. 이 책은 주인공 아이를 통해 세탁소 아저씨가 어렸을 때 꿈꾸었던 장래 희망이 무엇이고, 어떻게 현재의 직업을 갖게 되었는지, 그리고 세탁소를 하면서 새롭게 작가라는 꿈을 어떻게 이루게 되는지의 과정을 보여 주며 아이들이 '꿈'에 대해 다시 한번 생각하게 한다.

세 번째 책은 『일과 도구』인데 아이와 고양이가 마을을 돌아다니면

직업 관련 그림책 읽기

Go Fish 게임 활동
(현재의 직업카드/미래의 직업카드)

서 마을 사람들이 일할 때 사용하는 도구들을 보고 사람들이 하는 일을 알아 가는 내용이다. 사용하는 도구를 보면서 하는 일을 구체적으로 알 수 있는데, 그림 표현이 섬세하여 아이들이 직업에 대한 정보를 이해하기 쉬웠으며 직업이 우리의 삶과 매우 밀접함을 알게 되었다.

그림책 읽기를 마치고 'Go Fish' 게임을 했다. 현재 많이 접할 수 있는 직업과 미래에 유망해질 직업카드로 나누어서 보드게임을 했다. 아이들은 우선 수업시간에 보드게임을 한다는 것 자체를 매우 즐거워했고 게임의 진행 방식이 여느 보드게임과 같다는 점에서 수업이라기보다 놀이라고 생각했다. 게임이 여러 번 진행되는 동안 아이들은 직업의 명칭에 차츰 익숙해졌고 다음 차시에서 이어질 직업에 대해 배워 보는 활동의 준비를 마칠 수 있었다.

'재미 한 스푼'은 수업 이름처럼 직업을 탐색하고 나의 진로에 대해 생각하는 것이 그리 어렵고 지루하지 않도록 느끼게 하는 데 의의가 있었다. 전체 수업의 첫 시작을 가볍고 즐겁게 시작하는 점이 아이들에게도 교사에게도 부담이 적고 즐거운 수업이었다.

(2) 지혜 두 스푼

1. 현재 직업 알아보기
- 일과 직업의 개념과 차이점 알기
- 현재 있는 25개 직업을 이해하고 관심 있는 직업 선택하기
- 직업명으로 빙고 게임하기

2. 미래 직업 알아보기
- 미래 유망 직업으로 초성 퀴즈 풀기
- 다양한 직업을 알아보며 느낀 점 쓰기

3. 모둠별 직업병풍 만들기
- (개인당) 현재 직업 중 1개, 미래 직업 중 1개를 선택하여 직업카드에
  소개하기
- 모둠의 카드를 모아 직업병풍 만들기

'두근두근 꿈 레시피'의 두 번째 수업은 '지혜 두 스푼'이다. '재미 한 스푼'에서 아이들이 진로에 대해 다양한 생각과 상상을 해 보고 여러 직업에 대해 즐겁게 알아보았다면 '지혜 두 스푼'에서는 직업에 대해 더 깊이 있게 알아보고 나의 관심사와 연결해 보는 시간으로 구성했다.

가장 먼저 일과 직업의 차이점에 대해 이야기하며 직업의 개념을 짚어 본 뒤, 'Go Fish' 보드게임 카드를 이용해 현재 직업에 대해 이해하는 시간을 가졌다. 카드에는 직업명과 사진, 그리고 하는 일, 직업 전망 등에 대한 설명이 적혀 있다. 아이들이 몰랐던 정보가 있어 유용했고 알고 있는 직업이지만 변화하고 발전하는 미래 사회의 모습을 고려했을 때 그 직업의 전망이 어떠할 것인지를 고민해 볼 수 있어 좋았다. 그리고 난 후 카드에 있는 직업을 포함하여 자신이 알고 있는 현재 직업 중 관심 있는 다섯 가지 직업을 선택하고 그 직업 중 한 가지씩 순

서대로 포기한다고 했을 때 무엇을, 어떤 이유로 포기할 것인지 고민해 보며 자신의 관심사와 생각을 명확히 드러내 보는 활동을 했다. 관심사가 뚜렷한 아이는 최종 직업을 선택하는 데도 어려움이 없었다. 반면 아직 자신의 관심사와 직업을 연결 지어 보는 고민을 해 보지 않은 아이는 비록 오랜 시간에 걸쳐 힘든 선택을 했지만 이 아이 역시 자신에 대해 한 걸음 더 알아 가는 소중한 시간이 되었으리라 생각한다. 이후 현재 직업을 주제로 빙고 게임을 하며 첫 번째 활동을 마무리했다.

이어서 미래 유망 직업카드를 살펴보았다. 4차 산업 혁명 시대에 발맞추어 시대의 가치와 변화를 반영하는 다양한 직업이 생겨나고 있지만 아이들이 알고 있는 직업은 그리 많지 않았다. 아직은 낯선 이 직업들을 좀 더 익숙하게 느낄 수 있도록 돕기 위해 초성 퀴즈를 내 보았다. 초성만 보고 정답을 맞히기 어려울 때는 직업에 관련된 정보를 힌트로 주면서 퀴즈를 진행했다. 이렇게 현재와 미래의 다양한 직업에 대해 알아본 후 느낀 점을 나누었다. 앞으로 아이들이 살아갈 시대는 지금보다 더 빠르게 변화하고 발전할 것인데 그만큼 시대를 먼저 읽고 나의 관심 분야와 능력을 알고 배워 나갈 수 있는 아이들이 되기를 바랐다.

마지막으로 현재 직업들 중 자신이 최종 선택한 직업 한 가지와 미래 직업 중 가장 관심 있는 직업 한 가지를 선택하여 직업 소개 카드를 만들었다. 모둠별로 모은 카드는 직업병풍으로 만들어 게시했다. 친구들이 선택한 직업과 그 이유에 대해 듣고 살펴보며 두근거리는 마음으로, 기대하는 마음으로 다 함께 꿈에 다가가는 시간을 가졌다.

모둠별 직업병풍 만들기

(3) 경험 세 스푼

1. 나의 관심 분야 파악하기
- 나의 관심 분야를 파악하고, 내가 체험할 것 정하기

2. '꿈꾸는 아이' 미래 직업 체험학습
- 직업체험센터에 방문하여 자신의 관심 분야를 직접 체험하기

아이들은 자신의 미래와 진로에 대해 얼마나 관심이 있을까? 진정, '나'의 일이라 생각하고 피부에 와닿을까? 잡히지 않는 뜬구름 같은 것이 꿈이고 진로라면 교사인 나조차 재미도 관심도 하나 없을 것 같다. 이번 수업은 직업을 몸소 느끼고 체험하며 나의 진로에 지속적인 관심 의지를 키우는 데 그 의의가 있었다. 남들이 말하는 소위 '좋은 직업'이 아닌, 나의 흥미와 개성, 특성을 고려한 '나의 진로'가 무엇인지 앞으로의 삶 속에서 고민하고 함께하기를 바라는 마음이었다.

진로(꿈)가 아이들 자신의 문제임을 인식시키기 위해 먼저, 자신이 관심 있어 하는 분야를 파악했다. 그리고 완주군에 위치한 직업 체험 학습센터인 '꿈꾸는 아이'에서 제공할 수 있는 직업 체험을 미리 안내하여 자신이 흥미 있는 분야와 연결시켜 보았다. 뷰티 아티스트(특수 분장), 뮤지컬, 방송 체험, 축구, 요리, 드론 등 다양한 수업 중 개인별로 3개씩 선택할 수 있었다.

5학년 전체 학생들이 '꿈꾸는 아이'에 방문하여 직업 체험을 시작했다. 각 체험별로 지정된 인원수가 있어서 체험 부스 옆에서 순서대로 대기했다. 대기하는 동안 특정 직업에 아이들이 몰리기도 하여 체험을 하지 못한 경우도 발생했다. 1교시에 체험에 참가하지 못하는 아이들은 2, 3교시로 분산시켜, 최대한 자신이 하고 싶어 하는 체험을 할 수 있도록 안내했다. 특수분장을 마치고 신기해하는 아이들도 있었고, 또

'꿈꾸는 아이' 미래 직업 체험학습

밀리는 체험을 피해 의외의 체험 부스에 가서 생각지 못했던 흥미와 특기를 발견한 학생들도 있었다. 아쉬운 점은 시간 내에 많은 아이들이 체험을 마치도록 하기 위해 한 시간씩 수업 텀이 정해져 있었다는 것이다. 어떤 분야는 더 많은 시간을 두고 깊이 있는 수업을 해야 할 것이라 생각되었지만, '맛보기'와 대강의 직업 내용을 파악하는 것으로 만족해야 했다. 추후에 가정체험학습이나, 키자니아나 잡월드 등을 고려하여 연계지도가 이루어지면 좋을 것 같았다.

체험을 마치고 나오는 길에 "선생님, 더 하고 싶어요!", "아쉬워요!", "또 다른 것들도 해 보고 싶어요!"라는 아이들의 반응에 흐뭇한 미소가 지어졌다. 이 수업의 의도였던 진로, 직업에 대한 관심이 생긴 것이다. 이 의지와 관심을 바탕으로 앞으로 자신의 적성, 흥미 등을 고려하여 미래를 탐색, 선택하는 수업을 통해 이 프로젝트의 꽃을 피우고자 한다.

(4) 관심 네 스푼

1. 친구들 관찰하기
- 친구의 성격이나 취미, 흥미, 잘하는 것을 관찰해 보기

2. 친구들에게 직업 추천하기
- 12명에게 직업을 추천하기
- 친구들에게 추천받은 직업 종류 모으고 마음에 드는 직업 골라 보기
- 직업을 추천하면서 또 추천받으면서 느낀 점 쓰기

첫 번째 '재미 한 스푼', 두 번째 '지혜 두 스푼' 수업을 통해 다양한 현재와 미래의 직업에 흥미와 관심을 갖게 하고, 다양한 직업에 대해 알게 한 후 네 번째 '관심 네 스푼 수업'에 대해 미리 설명해 주었다. 앞으로 우리는 완주에 있는 '꿈꾸는 아이'라는 곳에 가서 직업 체험을 할 것이고, 다음 수업에는 우리 반 친구들에게 직업을 추천해 주는 시간을 가질 것이라고 말이다. 친구들에게 어울리는 직업을 추천해 주기 위해, 친구들의 행동과 모습에 더 관심을 가지고 살펴보라고 이야기해 주었다.

아이들은 친구들의 평소 이미지나 성격, 친구가 좋아하는 것을 직업으로 추천해 주는 경향을 보였다. 대부분의 아이들이 친구가 좋아하는 활동을 알고 그 분야로 직업을 추천해 주었는데, 평소 친하지 않았던 친구들에게는 자신이 그 친구를 관찰하면서 발견한 특징에 어울리는 직업을 추천해 주었다. 키가 크고 힘이 센 친구에게는 프로레슬러나 복싱 선수를 추천해 주기도 하고 평소 활발하고 유머가 있는 친구에게는 웃음치료사를 추천해 주는 등 자신이 생각지도 못한 직업도 추천받으면서 아이들은 재미있고 흥미로워했다.

아이들은 친구의 직업을 추천하면서 내 문제처럼 고민이 많이 되었고 어려운 선택이었다고 말했다. 또 직업이 정말 많다는 것, 미래에도 새로운 직업이 계속 탄생한다는 점을 알게 되어 많은 도움이 되었다고 했다. 친구들에게 여러 가지 직업을 추천받았는데 어떤 직업을 선택해야 할지 고민이 된다는 아이도 있었다. 나에게 무슨 직업이 맞을지 잘 생각해 봐야겠다는 친구, 내가 평소 하고 싶었던 직업을 추천받아서 너무 기쁘다는 친구 등 많은 아이들이 친구들과 직업 추천에 대해 왁자지껄 이야기를 나누는 동안 생동감이 넘쳤다. 아이들에게 직업에 관한 전반적인 관심뿐만 아니라 타인과 자신에 대해 관찰하고, 흥미, 장점을 파악하는 힘도 생긴 것 같았다.

아이들은 평소 가깝지 않던 친구가 추천해 준 직업과 그 이유에 대해 더 관심을 갖고 큰 의미를 부여했다. 나에 대해 잘 모르는 친구가 나를 관찰하고 장점을 파악해 작성해 준 직업은 더 객관적이고 신뢰도가 높게 다가온 것 같았다. 나에게 어울리는 여러 직업과 내가 평소 하고자 했던 직업 사이에서 진지하게 고민도 하고, 잘 모르는 직업은 자세히 조사하면서 직업 자체에 대한 흥미가 높아졌다.

무엇보다 아이들 한 명 한 명이 멋진 재능을 가진 소중한 존재임을 인식하고, 나 자신을 가꾸고 발전시켜 꿈에 한 발자국 다가갈 수 있는 실천 의지를 다진 것에 큰 의미가 있었다. 친구 사이가 돈독해지고, 친구의 폭 또한 넓어지게 된 것은, 이 수업의 보너스!

3. 수업 돌아보기

수업이 끝나고 아이들은 처음 알게 된 직업이 많다고 이야기했다. 이 세상에는 우리가 알지 못하는 직업도 많이 있다고 다시 알려 주었다. 많은 직업이 생겨나고 없어지고 변하는 것처럼, 우리 아이들이 자신의 꿈도 변할 수 있다고 유연하게 생각할 수 있길 바란다. 더 나아가 다양한 직업들에 편견을 갖지 않고 보는 눈이 생기길… 멀지만 자신의 미래에 대하여 한 번쯤은 상상해 보고, 내가 좋아하는 것을 생각하고 스스로 개발해 나가거나 자신이 하는 공부나 활동에 더 즐거움을 가지면 좋겠다. 그리고 자신의 삶을 더 자주적으로 살기를 바란다.

4. 이렇게 평가할 수 있어요

첫 번째 수업인 '재미 한 스푼'과 세 번째 수업인 '경험 세 스푼'은 직업에 대한 관심과 흥미를 발견하는 것이 주가 되는 수업이에요. 아이들을 관찰하면서 적극적으로 참여할 수 있도록 유도해 주고 참여 태도에 대한 평가도 함께 해 보세요.

두 번째 수업인 '지혜 두 스푼'과 네 번째 수업인 '관심 네 스푼'은 아이들 작품이 있는 활동이 주가 되는 수업입니다. 두 번째 수업에서 만든 직업병풍은 아이들이 잘 보이는 곳에 게시한 뒤 칭찬해 주고 싶은 직업병풍에 스티커도 붙여 보도록 하고(상호 평가), 수업이 끝날 때까지 다양한 직업에 대해 접할 수 있는 창구로 활용해 보세요. 네 번째 수업은 친구에게 다양한 직업을 추천하고, 추천받는 활동입니다. 활동지를 모아서 마지막 '진로 추천 수업을 하고 느낀 점'을 적어 생각을 정리하는 부분이 있어요. 이 부분을 교사가 읽어 보고 적절한 피드백을 주는 등 평가와 동시에 상담의 창구로도 이용할 수 있어요.

6.

슬기로운 우리 동네 생활
바람이 살랑살랑 불 때 꺼내는 수업

#특수학급 #특수교육 #우리_동네 #그림_지도
#함께_살아가기 #화폐_사용하기 #혼자서도_할_수_있다

1. 수업 들어가기

특수교사가 중요하게 생각해야 하는 것이 무엇일까?

학습하기 위해서는 가, 나, 다 1, 2, 3과 같은 기본적인 학습 내용부터 가르쳐야 하는데 해가 지날수록 '학생들에게 내가 해줄 수 있는 것이 이런 것들뿐일까?'라는 생각을 했다.

통합학급 담임교사와 상담할 때 "특수학급에서는 ○○이 안 그러는데요. 우리 교실에서는 공부도 잘하고 양보도 잘하는데…", "○○이 우리 교실에서

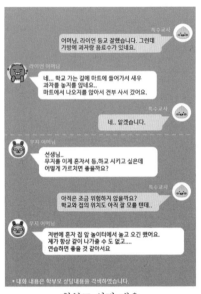

학부모 상담 내용

는 동생들하고도 잘 지내는데…"라고 말하는 나를 보며 문득 학생들이 특수학급이라는 울타리 안에서만 잘 지내는 것이 학교생활의 전부가 아님을 느꼈다.

비장애인들은 장애인이 다가올 때 무엇인지 모를 불편함을 느낄 때가 있을 것이다. 장애인들 또한 비장애인들에게 맞춰진 사회를 살아가면서 불편을 느낄 것이다. 학생들이 가족 다음으로 접하는 사회인 학교에서도 서로 불편함을 느끼고 있는데 앞으로 접하게 될 수많은 사회 속에서 장애인으로 살아가는 것은 어떨까?

많은 물음표를 마음에 담고 있을 때 특수교사로서 '특수교육 대상 학생[1]들이 조금은 편한 삶을 살았으면!!'이라는 느낌표를 마음에 담았

---

1. 특수교육이 필요한 학생으로 장애등록이 되어 있지 않은 학생들도 포함이 되어 이 용어를 택함.

다. 그들이 완전하게 독립적으로 살기 어렵더라도(그러면 더없이 좋으며, 충분히 가능한 학생들도 있다) 집을 나가서 살아남을 수는 있어야 하지 않을까 싶어 수업을 만들게 되었다.

거창하게 '살아남아야 한다'가 아니라 겨울이 되면 따뜻한 점퍼를 꺼내 입고, 친구들이 해 보는 것들도 경험해 보고, 다른 사람들과 이야기할 때는 눈을 맞추고 고개를 끄덕이고, 집에서 나왔으면 집으로 다시 돌아가고, 배고프면 무언가를 사 먹을 수 있는 것들 말이다.

그래서 뜻이 맞는 특수교사들과 1년 동안 가르칠 주제로 큰 틀을 짜고, 각 학교 사정과 학생들의 개별 특성에 맞게 세부 수업을 준비했다. 나는 1년을 구성하는 주제들 중에 이 주제는 항상 가을에 가르쳤다. 그래서인지 선선한 바람이 불 무렵에 이 수업이 생각난다.

일반학급 수업에 비해 내용이 뻔할 수도 있고 간단하다고 생각될 수도 있다. 통합교과 '이웃'과도 비슷한 소재의 수업이다.

수업을 계획할 때 통합교과 '이웃'을 참고한 후, 학생들의 생활연령과 개별적 필요에 따라 내용을 정하고 실제 삶에 활용할 수 있도록 구성했다.

이 수업을 통해 학생들이 집과 학교 밖으로 한 발자국 내디딜 수 있게 되길 바란다.

2. 수업 펼치기

1) 수업의 개요

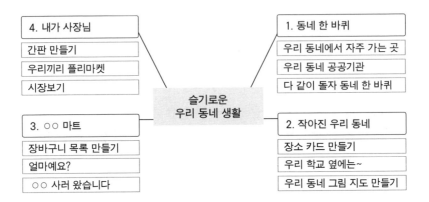

이 수업은 우리 동네를 슬기롭게 생활하기 위한 수업이다. 학생들을 중심으로 우리 집 주변의 공간인 우리 동네를 탐색한다. 학생들이 동네에서 자주 가는 장소는 대체로 마트, 분식집, 편의점이었다. 장소를 '가게'로 정하고 그곳에서 필요한 의사소통 기술과 화폐 사용하기를 목표로 두고 수업을 준비했다.

먼저 우리 동네의 모습에 관심을 갖고 탐색한다. 그리고 우리 동네의 위치, 방향 표현을 사용하여 위치를 파악하는 방법을 배운다. 마지막으로 화폐 사용하기와 마트를 이용하는 방법을 배우게 된다.

수업은 같은 활동을 중심으로 특수학급 학생들에 맞는 학년 성취기준과 개별화 목표에 따라 각자 적절한 과제를 제시하여 활동을 실시했다.

2) 수업 내용

	단원명	주요 활동과 내용	성취기준	차시량
1	동네 한 바퀴	• 우리 동네에서 자주 가는 곳 • 우리 동네 공공기관 • 다 같이 돌자 동네 한 바퀴 : 거리뷰로 보는 우리 동네	[2즐생3-4] 우리 마을을 여러 가지 방법으로 표현한다. [2슬생3-2] 생활에 필요한 물건과 가게를 이용하는 방법을 알아본다. [4사회1-3] 생활 장면에서 물건이나 활동 등을 선택하는 필요성을 알고 스스로 선택하는 경험을 다양하게 가진다. [4화폐3-2] 화폐가 지니는 교환의 가치를 알고 필요한 물건을 구입한다. [6사회1-3] 일상생활에서 선택의 필요성과 선택에 따른 결과를 알고 결정하는 생활 태도를 가진다. [6사회3-8] 사람들이 함께 살아가는 데에 필요한 규범을 알고 지킨다.	1
2	작아진 우리 동네	• 장소카드 만들기 • 우리 학교 옆에는 : 위치 표현 알기 • 우리 동네 그림 지도 만들기		3
3	○○마트	• 장바구니 목록 만들기 • 얼마예요? • ○○ 사러 왔습니다 : 교실 모의 가게 이용하기		3
4	내가 사장님	• 간판 만들기 • 우리끼리 플리마켓 • 장보기		3

특수교육 대상 학생을 위한 2015 개정 기본교육과정 성취기준입니다.

3) 수업의 실제

(1) 동네 한 바퀴

1. 동네 한 바퀴
- 동네에서 자주 가는 가게, 친숙한 장소 알아보기

2. 우리 동네 공공기관
- 우리 동네에 있는 대표적인 공공기관 알아보기

3. 다 같이 돌자 동네 한 바퀴
- 인터넷 지도, 거리뷰로 우리 동네 살펴보기

'동네 한 바퀴' 소단원에서는 우리 동네를 이용하기 전, 내가 사는 곳에 관심을 갖기 위해 수업을 하게 되었다. 우리 동네라는 공간을 떠올릴 수 있도록 자신들이 자주 가는 장소들을 알아보았다. 우리 집, 학교, 학교 끝나고 가는 곳 등 여러 가지 질문으로 동네라는 공간을 상상할 수 있도록 했다.

그전에 이웃과 공공기관/시설에 대해 학습한 적이 있어 생각보다 자신들이 자주 가는 곳(마트, 태권도학원, 분식집 등)을 구체적으로 이야기해 주었다. 학생 수준에 따라 자신의 경험을 이야기하기 어려운 학생들에게는 동네의 모습을 사진으로 보여 주었다.

현재 학교 주변에 대표적인 공공기관(경찰서, 소방서, 행정복지센터)들이 큼지막하게 있어서 아이들이 장소들의 위치 관계를 더 쉽게 이해할 수 있는 단서가 되었다. 그래서 우리 동네에 있는 공공기관까지 살펴보았다.

직접 동네 주변을 돌아보아도 좋았겠지만, 간단히 인터넷 지도를 통해 동네를 돌아보았다. 학교 주변에 건물이 많지 않고, 주로 다니는 도로들이 정해져 있어 거리뷰로 보아도 아이들이 이해하는 데 어려움은 없었다.

거리뷰를 통해 우리 집, 학교, ○○분식집 등 자주 가는 곳과 공공기관을 찾아보았다. 텔레비전에 자신들이 다니던 길이 나오니 매우 신기했는지 다들 자신들의 집을 찾기 바빴다.

자기가 아는 곳이라고 "여기 여기!" 외치거나 심지어 "이쪽 길로 좌회전해 주세요. 우리 집 여기 있어요"라는 대답까지 했다.

한글을 읽을 수 있는 학생들

좌회전도 알았구나

에게는 지도에서 여러 장소를 찾아보도록 했다. 덕분에 아이들이 학교 끝나고 가는 분식집도 보게 되고, 누가 떡볶이보다 떡꼬치를 더 좋아하는지도 알 수 있었다.

(2) 작아진 우리 동네

1. 장소카드 만들기
- 장소의 특징을 살려 그림으로 표현하기

2. 우리 학교 옆에는
- 위/아래, 오른쪽/왼쪽 등 방향을 나타내어 장소 위치 설명하기

3. 우리 동네 그림 지도 만들기
- 장소카드를 붙여 우리 동네 그림 지도 만들기

두 번째 소단원 '작아진 우리 동네'에서는 지도로 표현하기 위한 약속을 이해하고, 장소들의 위치를 파악하여 우리 동네 그림 지도 만들기 활동을 했다. 특히 이 소단원에서는 자신 또는 장소를 기준으로 위/아래, 오른쪽/왼쪽 등 방향을 표현하는 연습에 중점을 두었다. 방향을 아는 것은 기본적으로 신발 신기와 같이 일상생활에 필요한 기술이며, 시각 장애 학생들에게는 물건 위치, 주변 환경을 파악하는 중요한 방법으로 쓰인다. 더 나아가 공간을 탐색하고 인식하여 자신이 있는 곳을 알리기에 중요한 내용이라 생각했다.

첫 차시에는 지도를 만들기 위해 지도에 붙일 장소카드를 만들었다. 이전 소단원에서 말했던 장소 중에서 몇 개의 친숙한 장소와 공공기관을 정했다. 우리 동네의 모습을 작게 표현하기 위해서 간단하게 표현하는 과정을 설명했다.

장소카드를 만들 때는 학년군 성취기준과 학생의 수준에 따라 표현 방법을 정했다. 사진의 모습으로 이해를 하는 학생도 있고 장소의 특징을 나타낸 그림, 또는 기호를 이해하는 학생까지 있어 적절한 표현 방법을 정해 사진 자르기, 색칠하고 이름 따라

우리가 만든 지도

쓰기, 또는 기호를 따라 그리기 활동으로 각자에게 맞는 방법으로 장소카드를 만들었다.

그다음에 장소들의 위치를 지도에서 파악하도록 방향을 표현하는 활동을 했다. 이번 차시로만은 충분치 않아 수학과 일상생활에서 지속적으로 지도했다. 전체적인 공간을 한눈에 파악하기 어려워 처음에는 학교를 기준으로 주변 장소를 살펴보았다. 그리고 점차 다른 장소들을 기준으로 여러 장소의 위치를 설명하는 연습을 했다.

학생들은 장소들의 위치를 탐색하고 직접 장소카드를 찾아 지도에 붙여 보도록 했다. 개별로 지도 만들기를 하면 더 좋겠지만 큰 종이를 채워야 하는 학생들의 부담을 줄이고자 합동 작품 만들기로 활동을 구성했다.

이 소단원에서는 지도에 대한 목표보다는 혹여나 길을 잃었을 때 자신들의 위치를 파악하고 이해하는 데 도움이 되길 바랐다. 지도 기호를 이해하거나 더 정확한 지도를 만들지는 못했지만, 우리가 할 수 있는 만큼 동네라는 공간을 이해하고 표현해 볼 수 있는 의미 있는 시간이었다.

(3) ○○ 마트

1. 장바구니 목록 만들기
- 그림책 『또 마트에 간 게 실수야!』 읽기
- 전단지(교사 제작)를 보고 내가 필요한 물건 고르고 장바구니 목록 만들기

2. 얼마예요?
- 물건의 가격과 같은 값의 화폐 찾기
- 가게에서 필요한 대화 스크립트 연습하기

3. ○○ 사러 왔습니다
- 교실 속 가게에서 장바구니 목록에 맞게 장보기 연습하기

세 번째 소단원 '○○ 사러 왔습니다'에서는 마트를 이용하는 방법을 학습했다. 학생들이 동네에서 가장 많이 다니는 장소는 마트였지만 학부모님과 상담하다 보면 카트에 있는 대로 물건을 전부 넣거나 그냥 가지고 나가서 마트 가기가 무섭다고 하신다. 자주 가는 곳이지만 생각보다 스스로 마트를 이용할 수 있는 학생들은 없어 더 이 수업의 필요성을 느꼈다. 마트를 이용하기 위해서는 그에 맞는 의사소통 능력과 화폐 개념이 필요했다.

첫 번째 차시에서는 『또 마트에 간 게 실수야!』라는 책을 읽었다. 이 책은 필요한 물건을 사러 마트에 가서 화려한 광고에 속아 엉뚱한 물건만 잔뜩 사 오는 이야기다. 비슷한 상황이 반복되고 그림이 흥미로워 아이들이 좋아하는 그림책 중 하나이다. 이 책을 통해 적절한 소비 습관을 기를 수 있도록 장바구니 목록의 필요성을 이야기했다. 실제 전단지를 보여 주긴 했지만 네 자릿수 개념까지 익힌 학생이 많지 않아 몇천 원, 몇백 원으로만 가격을 정해 간단하게 전단지를 만들어 주

었다.

학생의 수준에 따라 화폐 가격을 읽을 수 있는 학생들은 10,000원을 넘지 않도록, 그리고 가격을 읽지 못하는 학생들에게는 3개로 개수를 정하여 꼭 갖고 싶은 물건을 정하도록 했다. 목록 역시 쓰기가 가능한 학생들은 써 보고, 그렇지 않은 학생들은 그림과 글자 붙임딱지를 제시하여 붙이도록 했다.

전부 다 붙이겠다고 하는 아이도 있었지만 대부분 심각하게 고민하는 것이 대견스러웠다. 물건의 가격을 알기 위해 화폐의 값을 읽는 것은 수학과 연계하여 지도하고, 이 시간에는 물건과 교환하기 위해 필요한 화폐의 가치를 이해하고 자주 사용하는 화폐의 액면가를 익히는 데 중점을 두었다.

네 자릿수를 읽을 수 있는 학생들은 물건의 가격을 찾아 읽고 그렇지 않은 학생들은 화폐의 액면가를 고유 명칭으로 익히도록 하여 제시한 숫자와 같은 화폐를 찾는 활동을 했다. 그리고 마트를 이용하기 위해 필요한 인사하기, 사고 싶은 물건 말하기, 계산하면서 필요한 대화를 스크립트로 짜서 간단한 역할극을 해 보았다.

마지막 차시로 교사가 제작한 전단지에 맞게 물건을 준비하여 교실에서 가게놀이를 해 보았다. 스크립트에 맞게 연습한 대화를 해 보며 장바구니 목록에 맞는 물건만 선택하여 구입할 수 있게 했다. 자칫 단

그림책 『또 마트에 간 게 실수야!』

장바구니 목록 만들기

순 가게놀이가 될 수 있어 알맞은 의사소통하기와 알맞게 화폐 제시하는 활동에 집중할 수 있도록 해야 했다. 정말 마트에 온 것처럼 고민하기도 하고, 이것저것 가지고 가려고 했지만 생각보다 자신이 쓴 장바구니 목록에 빨리 설득이 되었다.

교실 모의 시장

(4) 내가 사장님

1. 간판 만들기
- 내가 만들고 싶은 가게와 가게 이름 정하여 간판 만들기

2. 우리끼리 플리마켓
- 특수학급 연합 플리마켓에서 물건 사고팔기

3. 장보기
- 부모님과 써 온 장바구니 목록 실제 마트에서 장보기

마지막 소단원 '내가 사장님'에서는 마트를 이용하기 전에 좀 더 큰 모의 상황을 경험하고 실제 마트를 이용하도록 했다. 학생들이 실제 환경에서 일반화가 되기 위해 조금씩 환경을 키워 반복적으로 연습을 했다. 좀 더 큰 모의 가게놀이를 위해 주제통합학습을 함께 준비하는 특수교사들과 연합하여 실시했다.

가게를 준비하기 위해 학생들의 진로와 연계했다. 되고 싶은 직업과 관련 있는 가게들을 찾아보았다. 우리 반은 2개의 가게를 준비해야 해서 아이들과 이야기를 한 후 타투가게와 분식집으로 정했다. 사실 네

일아트가 나왔지만 편의성을 고려하여 간단히 할 수 있는 타투 스티커를 활용한 타투가게로 협상을 봤다.

가게 이름과 팔 물건들과 가격을 정하고 간판을 만들어 보는 활동을 했다. 새로운 것을 만들어 내는 것은 여러 가지 간판들을 본 후에 간판 만들기 활동을 시작했다. 우리 학교의 가게 이름은 '뿜뿜 타투가게', '치떡 분식집'으로 나름 홍보 문구까지 아이들이 결정할 수 있었다.

간판 만드는 활동은 자모음을 결합하여 글자를 완성하거나 컴퓨터로 직접 타자를 치고 프린트하여 만들기 등 개별화 국어 목표에 맞는 활동을 제시했다.

'우리끼리 플리마켓'을 위해 6개의 학교가 연합하여 준비했다. 실제 상황 전에 좀 더 많은

간판 만들기

사람과 실제와 더 비슷한 상황을 제시해 주고자 했다. 다른 학교에서는 직접 만든 캔들, 팔찌, 입지 않는 옷 등을 준비하여 가게를 운영했다. 학교별로 가게 운영 시간/손님 시간으로 정하여 2개의 역할을 모두 해 볼 수 있도록 했다. 아이들에게 교육용 화폐를 정해진 만큼 사용할 수 있도록 미리 나눠 주었으나 가게에서 벌어 둔 돈을 가져가 물건을 사는 등 당황스러운 사건들이 발생했다. 돈으로 물건을 사는 것까지는 배웠지만 돈을 벌었을 때 수익을 어떻게 사용할지까지 이야기를 나누고 갔으면 더 좋았을 것 같다.

모의 상황에서는 학생들의 수준이 다양하기 때문에 물건의 가격은 숫자와 화폐 그림을 함께 넣었다. 수를 아는 학생들은 수를 읽고 화폐를 세어 내고, 모르는 친구들은 같은 지폐를 찾아 제시하여 최대한 학생들 스스로 화폐를 지불할 수 있도록 했다.

마지막으로 직접 마트에 가서 장보기 활동을 준비했다. 학급운영비로 학생들에게 금액을 정해 주고 숙제로 부모님과 가격에 맞게 필요한 물건을 정하고 장바구니 목록을 만들어 오도록 했다. 그리고 체험학습으로 실제 마트에서 목록 정한 물건만 자기 바구니에 넣고 구입했다.

사실 교실에서만큼 필요한 물건만 척척 넣지도 않았으며, 아이들이 물건을 찾기 위해 구역을 찾는 것도 쉽지 않았다. 많은 연습을 했지만, 모의 상황에서는 학생들의 수준에 맞춰 제한해 둔 조건들이 많아서 가능했던 것들이었다. 하지만 예전처럼 끝까지 고집 피우지 않고 제자리에 돌려놓기도 하고, 계산할 때도 양해를 구해 아이들 눈높이에 맞게 주변 분들이 천천히 기다려 주셔서 끝까지 아이들의 힘으로 성공할 수 있었다.

완벽하지는 않았지만 이 수업으로 아이들이 좀 더 행복하게 이 사회를 살아가길 바란다. 또한 이렇게 조금씩 나아가는 장애 학생들을 지켜봐 주는 따뜻한 사회가 되길 바란다.

3. 수업 돌아보기

Q. 특수교육 대상 학생에게 10차시로 많은 내용을 다 가르칠 수 있나요?

A. 아니요. 비장애 학생이 자연스럽게 배우는 내용들도 특수교육 대상 학생에게는 몇 년을 반복해야 합니다. 매년 같은 주제를 반복해서 계획합니다. 같은 주제이지만 학년이 오르면서 성취기준과 수준에 따라 활동을 달리 제시하여 지속적으로 학습을 경험할 수 있도록 계획했습니다. 그리고 필요한 지식들은 다른 교과와 연계하여 학습할 수 있도록 했습니다.

Q. 특수교육 대상 학생들이 수업을 다 성취할 수 있는지 궁금해요.

A. 저희 학생들에게 저는 목표를 '경험하다'로 두었습니다. 비교적 사회생활의 경험이 부족한 아이들이 충분히 경험하고 느꼈다면 그것으로 성취한 것이라고 생각해요.

간판은 읽을 수 없지만 여기가 '내가 좋아하는 분식집이구나' 알고, 돈을 셀 수는 없어도 물건을 살 때는 화폐가 필요하다는 것을 경험하는 것이 더 중요한 것 같아요.

Q. 특수학급은 주로 국어, 수학 교과를 가르치는데 주제통합학습할 경우 개별화 교육계획을 어떻게 짜셨나요?

A. 개별 학생의 국어, 수학 교과 성취기준과 개별 목표를 계획한 후 주제와 연계할 수 있는 목표들을 월(주제)별로 나누어 계획을 했습니다. 그래서 학생의 국어, 수학 목표가 누락되지 않도록 하고, 일주일 중에 주제통합학습의 날을 정하고 개별 수업과 병행하여 운영했습니다.

7.

선 긋는 녀석들
경계의 존중이 필요할 때 하는 수업

#경계존중 #인성인권교육 #자기결정권 #나의_경계는_내가_지킨다!
#모든_선택은_존중받아야_한다 #경계존중은_인성교육의_시작!

1. 수업 들어가기

교사 (휴, 대체 오늘 몇 번째 싸우는 거야?) 또 무슨 일이니?

학생 A 아니~ 얘가 저한테 슈렉 닮았다고 하잖아요.

학생 B 무슨 소리야, 네가 먼저 나한테 돼지라고 했잖아!

교사 선생님 앞에서도, 싸우지 좀 말고! 누가 먼저 기분 나쁜 말을
한 거니? 친구가 싫다고 하는데도 계속 놀리면 그건 더 이상 장
난이 아니라 괴롭힘이라고 했잖아!

학생 B (계속 다투며) 아, 쟤가 먼저 그랬다니까요?

교사 대체… 너희는 왜 매일 다투면서도 붙어 다니는 거니? 선생님
생각에 너희에겐 마음의 거리가 필요한 것 같다.

학생 A, B …. 마음의 거리요?

건강한 관계란 무엇일까? 어른이 되었어도 타인과 관계를 맺고 유지
하는 일은 여전히 어렵고 힘들다. 나 혼자 노력한다고 해서 건강한 관
계를 유지할 수 있는 것도 아니다. 애를 써도 엇나가는 경우가 무수히
많은 사람과 사람 사이, 하물며 어린아이들에게 관계 맺음이란 얼마나
힘들까? 관계 맺음이 인생의 난제라는 점을 이해하더라도, 유난히 교
실에서 아이들의 다툼이 잦은 하루, 그날은 내 마음이 얼마나 지치는
지. 담임교사를 맡은 이들은 누구나 공감할 것이다.

지난 2년간 학교에서 인성 인권과 학교폭력 업무를 맡으며 아이들에
게 인성교육과 함께 건강한 관계 맺음을 가르칠 수 있는 방안을 고민
했다. 관계 맺음 이전에 필요한 것은 나의 몸과 마음의 경계를 세우는
일이었다. 나만의 경계를 세우는 과정에는 스스로에 대한 관찰과 이해
가 수반된다. 우리에게는 스스로의 마음에 귀를 기울이는 시간이 필요
하다. 특히 타인과 부딪히는 일이 생길 때마다, 혹은 누군가가 나의 경

계를 넘어서서 불쾌한 경험이 생길 때마다 경험을 되새기며 나의 마음을 들여다봐야 한다. 또 상대방에게 나의 경계가 어디까지인지를 알리기 위해서는 나의 의사, 즉 동의와 거절을 전달하는 연습이 필요하다.

경계존중을 주제로 개발한 수업을 통해 아이들이 나, 가족, 친구의 경계를 바로 세우고 상대에게도 그만의 경계가 있다는 것을 이해하고 존중할 수 있다면 어떨까? 나. 가족, 친구에서 공동체의 범위로 확장되는 경계존중은 서로에 대한 이해와 사랑을 넘어, 평화로운 공동체를 만드는 데 기여할 수 있을 것이다.

2. 수업 펼치기

1) 수업의 개요

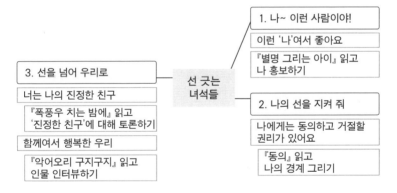

저학년 아이들에게 인권수업을 하기는 어렵다. 인권의 구체적인 의미나 유래를 알려 주기도 어렵고, 행여 어린 학생들에게 소수자에 대한 특정 편견이나 인식을 심어 줄 우려가 있어 성 인권, 장애 인권, 노동 인권, 학생 인권 등에 대한 구체적인 사례를 소개하기도 어렵다. 10세 이하의 저학년 학생들에게는 특정한 사례를 기반으로 하는 인권수업

보다, 나의 생활 세계에서 출발하여 친구, 가족 등 가까운 집단 및 공동체의 영역으로 공감의 영역을 확장할 수 있는 수업이 필요하다. 이러한 문제의식을 기반으로 '선 긋는 녀석들' 수업을 개발하게 되었다.

수업의 소주제를 시작할 때마다 아이들이 좋아하는 그림책으로 학습할 수 있도록 수업을 설계했다. 쉬운 이야기 속에서 아이들이 나와 친구, 우리에 대해 진지하게 생각해 볼 만한 지점이 있는 그림책들을 선정하느라 도서관에서 꼬박 하루를 보냈다. 다행히 아이들은 처음 접해 보았을 본격적인 인권수업 '선 긋는 녀석들'을 하는 동안 공부를 재미있어했다.

첫 번째 소주제 수업, '나~ 이런 사람이야!'에서는 그림책 『별명 그리는 아이』를 읽고 별명에 대한 각자의 경험과 생각을 나눈 뒤, 나 자신에 대해 탐색하는 활동을 해 본다. 친구들 앞에서 나에 대해 소개하고 발표하며 나는 어떤 사람인지에 대한 스스로의 생각을 정리하는 시간을 갖는다.

두 번째 소주제 수업, '나의 선을 지켜 줘'에서는 만화로 쉽게 구성된 어린이책 『동의』를 읽고 나에 대한 일은 나 스스로가 선택하고 결정할 수 있다는 '자기결정권'의 개념을 배운다. 또한 나의 심리적 경계를 생각하고 알아 가면서 모든 사람들의 경계가 각각 다르다는 것을 이해한다. '어디에 선을 그을까?' 수업에서는 그림책 『이 선이 필요할까?』를 읽고 경계를 확실히 해야 할 경우와 경계를 넘어야 할 경우의 상황에 대해 생각해 보는 시간을 갖는다.

세 번째 소주제 수업, '선을 넘어 우리로'에서는 그림책 『폭풍우 치는 밤에』를 읽고 진정한 친구와 우정에 대해서 생각해 본다. 주인공들의 이야기를 통해 나의 관계를 돌아보고 타인과의 관계의 본질을 생각해 보는 시간이다. '함께여서 행복한 우리' 수업에서는 그림책 『악어오리 구지구지』를 읽고 경계를 넘은 관계의 확장에 대해 생각한다. 『악어

오리 구지구지』속 인물 인터뷰를 통해 나, 형제, 가족, 친구, 사회로 확
장되는 경계와 관계에 대해 알아보는 시간이다.

2) 수업 내용

	단원명	주요 활동과 내용	성취기준	차시량
1	나~이런 사람이야!	•그림책『별명 그리는 아이』읽고 생각 나누기 •'나' 탐색하기 •다른 사람과 구별되는 나의 특징은 무엇일까? •친구들 앞에서 '진짜 나' 소개하기	[교사개발] 나를 탐색하는 활동을 통해 스스로를 사랑하는 자아존중감을 기른다. [교사개발] 모든 사람에게 자기결정권이 있다는 사실을 이해하고 타인을 존중하는 마음을 갖는다. [2국02-04] 글을 읽고 인물의 처지와 마음을 짐작한다. [2즐01-04] 나의 흥미와 재능 등을 표현하는 공연·전시 활동을 한다.	2
2	나의 선을 지켜 줘	•어린이책『동의』읽고 생각 나누기 •자기결정권과 동의 •동의와 거절의 방법		2
3	선을 넘어 우리로	•그림책『폭풍우 치는 밤에』읽고 생각 나누기 •진정한 친구의 조건에 대해 토론하기		2
		•그림책『악어오리 구지구지』읽고 생각 나누기 •등장인물의 상황에 공감하기 •인물 인터뷰		2

3) 수업의 실제

(1) 나~ 이런 사람이야!-이런 나여서 좋아요

1. 별명에 대한 경험 나누기
- 나의 별명을 소개하고, 다른 사람이 내 별명을 불렀을 때 기분이 어땠
  는지 이야기 나누기

2. 그림책『별명 그리는 아이』읽기
- 『별명 그리는 아이』속 인상 깊은 별명 찾기
- 주인공 하나의 마음에 공감하기
- 별명에 대한 나의 생각 발표하기

3. '나를 찾아 줘' 활동하기
 - 나의 생김새, 나의 성격, 내가 좋아하는 것, 나의 좋은 점에 대해 탐색
   하기
 - 친구들에게 나의 특징 묻기

4. 친구들 앞에서 '진짜 나' 소개하기
 - '진짜 나'에 대해 발표하기
 - 발표한 친구의 장점 찾아 주기
 - 활동 소감 나누기

  2학년 아이들을 대상으로 경계존중에 대한 수업을 개발하려니 걱정
이 앞섰다. 수업에서 다루는 경계존중의 개념과 활동이 쉬워야 하면서
도, 담고 있는 의미는 다소 진중하기 때문이다. 고민 끝에 아이들이 좋
아할 만한 그림책을 소재로 활용하여 경계존중 수업 활동을 개발해
보기로 했다. 특히 어린 학생들에게 인권수업을 할 때 그림책만큼 좋
은 교육 소재를 찾기 쉽지 않다. 자아존중감, 타인에 대한 사랑과 존
중, 우정 등을 소재로 한 재미있고 훌륭한 그림책이 얼마나 많은지. 아
이들에게 인권수업에 대한 첫 경험을 즐겁게 해 주고 싶어 그중에서도
내가 아끼는 이야기만을 엄선해서 골랐다. 처음 수업을 시작할 시간이
기대되었다.

그림책
『별명 그리는 아이』

  그림책 『별명 그리는 아이』는 존재감이 없어
속상함을 느끼는 주인공 하나가 자기 자신을 알
아 가고 발견해 가는 이야기다. "조성래는 뜀틀을
잘 넘어서 조메뚝, 윤석정은 툭하면 우는 것 때
문에 수도꼭지를 줄여서 꼭지, 염은비는 성이 염
씨라서 염소똥, 이필립은 하도 말을 안 해서 묵언
수행… 그런데 나는?" 하나는 평범한 자기 자신

의 별명을 찾기 위해 안간힘을 쓰지만, 별명을 찾지 못해 소외감과 쓸쓸함을 느낀다. 누군가는 그토록 떼어 버리고 싶은 별명, 놀림감이 되는 별명이지만 하나는 별명이 너무나 갖고 싶다. 하나는 틈틈이 자기 공책에 친구들의 별명 그림을 그린다. 하나가 쉬는 시간 화장실에 간 사이, 친구들은 하나의 그림 공책을 발견하고, 하나에게 '별명 박사'라는 별명을 붙여 준다.

그림책을 읽기 전, 아이들의 별명에 대한 생각을 물어보았다. "친구들이 내 별명을 가지고 놀리면 기분 나빠요.", "별명을 안 불렀으면 좋겠어요." 등 별명에 대해 부정적인 생각과 느낌을 갖고 있는 친구들이 많았다. 그림책을 읽으면서 아이들은 책 속에 등장한 별명들을 재미있어했다. 기억에 남는 별명을 이야기해 보자고 했더니, '딸기 공주, 꼭지, 전봇대, 삼각 김밥' 등 책 속의 별명들을 다 기억하고 있었다. 그림책을 읽은 뒤에는 "하나는 왜 속상해했을까요?"라고 질문했다. 아이들은 "친구들에게 잊힐까 봐서요.", "친구들은 특별한데, 자기는 별명이 생각나지 않을 만큼 평범해서요.", "친구들은 다 별명이 있는데 자기만 없어서요." 등 다양한 대답을 쏟아 냈다. 책 속에서 별명은 '내가 나임을 확인시켜 주는 특별한 것'이었다. 『별명 그리는 아이』는 그동안 놀림거리나 부정적으로 생각해온 별명에 대한 아이들의 생각을 바꾸어 주었다.

별명에 대한 생각이 말랑말랑해짐을 느낀 뒤, 질문해 보았다.

"책 속에서 하나는 별명을 너무나 갖고 싶어 하잖아요? 여러분도 친구들에게 소개해 줄 여러분만의 소중한 별명을 갖고 있나요?"

"저는 바가지 머리를 하고 있어서 친구들이 밤톨이라고 많이 불러요."

"전 이름이 하민이라서 하마예요."

"저는 말이 너무 빨라서 애들이 래퍼라고 해요."

"지난번에 다 같이 비석치기 했을 때 점프 잘했다고 캥거루래요."

과연 아이들은 자랑스럽게 자신의 별명을 이야기했다. 자기 자신이 어떤 사람인지에 대해 긍정적 느낌을 주기 위해서 "별명으로 이야기해 주니 여러분이 어떤 사람인지 더 잘 기억할 수 있을 것 같아요"라고 대답해 주었다.

다음으로 활동지를 해결하며 자기 자신에 대해 좀 더 탐색하는 시간을 가졌다. 2학년 아이들은 발표를 통해 자기 생각을 표현하는 데는 거리낌이 없으면서도, 자기 자신에 대해 설명하는 것을 참 어려워한다. 이 활동을 통해 나 자신에 대해 진지하게 생각하는 시간을 가져 보길 바랐다. A4 용지를 4개 구역으로 나누어 나의 생김새, 성격, 내가 좋아하는 것, 나의 좋은 점 등에 대해 생각해 볼 수 있도록 했다.

아이들은 다른 부분은 쉽게 해결하면서도 나의 좋은 점을 찾는 마지막 칸을 어려워했다. 한편으로는 얼마나 어른들이 아이들 칭찬에 인

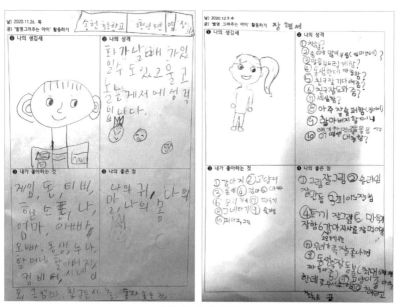

나를 찾아 줘 활동

색하면 자기 장점 하나를 모를까, 반성이 되기도 했다. 교사라는 직업 상 아이들을 칭찬할 때보다는 질책할 때가 많은데, 아이들이 자신의 좋은 점을 발견하고 가꾸어 나갈 수 있도록 도와주어야겠다는 생각을 해 본다. 마지막 칸을 해결하기 위해 친구들에게 나의 좋은 점을 물어 봐도 괜찮다고 했다. 아이들은 자신의 좋은 점을 친구들에게 듣고 쓰느라 바빴다.

마지막 활동으로 '나를 찾아 줘' 활동지를 발표하며 '진정한 나, 진짜 나'를 홍보해 보기로 했다. 아이들이 자신을 있는 그대로 받아들이고 소중하게 여기길 바라는 마음에서다. 비교적 쉽게 적어 내려간 생김새부터 성격, 장점까지 친구들 앞에서 자신감 있게 발표하는 아이들이 멋졌다.

"나는 머리가 길고 눈이 큰 편이고~, 성격은 화나도 잘 삐지지 않을 정도로 착하고~, 김치랑 인형을 좋아하고~, 우리 반 친구인 건우를 잘 도와주고~ 머릿결이 좋은 게 내 장점이야~."

발표의 기술은 서툴렀지만, 부끄러워하지도 않고 자기 자신을 당당하게 홍보하는 아이들이 참 귀여웠다. 친구들의 발표가 하나씩 끝날 때마다 다른 친구들이 손을 들어 너도나도 칭찬해 주었다. "맞아. 넌 진짜 잘 안 삐지고 웬만하면 다 이해해 주는 거 같아.", "짝꿍을 잘 도와주는 걸 보면 진짜 착해!"

이번 '나~ 이런 사람이야!' 수업은 평소 당연하게만 생각했던 '나'란 존재에 대해 진지하게 탐색도 해 보고, '진짜 나'를 발표하는 활동을 통해 반 친구들에게 인정받으며 나의 존재감을 확인하는 시간이 되었다고 생각한다.

(2) 나의 선을 지켜 줘
– 나에게는 동의하고 거절할 권리가 있어요

1. 동의와 거절의 경험 나누기
- 일상 속에서 내가 동의했던 경험, 거절했던 경험에 대해 이야기 나누기

2. 어린이 책『동의』읽기
- 나만의 경계선을 정하는 방법, 멋진 친구가 되는 법 알기

3. 자기결정권과 동의 개념 익히기
- 어린이들의 다양한 권리에 대해 배우기

4. 나의 경계 그리기
- 나의 물건, 나의 몸, 나의 마음과 관련하여 나만의 경계 그리기

5. 우리 반 친구들의 경계 확인하기
- 모둠 및 반 친구들의 경계에 대한 이야기 나누기
- 다른 친구들의 경계와 자기결정권을 존중하는 멋진 친구가 되기로 다 짐하기
- 활동 소감 나누기

간혹 선생님들과 학생 인권에 대한 이야기를 나눌 때 당혹스러운 마음을 느낀다. 마치 학생 인권이 교권의 대척점에 있는 것처럼, '학생 인권에 대한 의식이 너무 높아져서 문제', '학생 인권을 악용하는 영악한 아이들과 학부모가 문제'라고 여기는 선생님들이 많은 까닭이다. 학생 인권의 피해자(?)가 있다는 사실에 대해 부정하지는 않겠다. 하지만 그들에게 거꾸로 묻고 싶다. 어린아이들이 그 존재 자체로, 혹은 아이들의 생각이나 의견이 진정으로 존중받은 경험은 얼마나 될까? 이 질문을 스스로에게 해 봐도 부끄럽기 그지없다. 외모가 준수하거나, 똑똑하고 성적이 좋지 않아도, 특별히 잘하는 것이 없는 눈에 띄지 않는 학생

이라 할지라도, 그들을 둘러싼 모든 조건이나 환경과 관계없이 어린 학생들은 존재 자체로 존중받아야 마땅하다. 그러나 대부분의 아이들은 학교에서는 '경험이 부족해서 미숙한 존재'로, 가정에서는 '부모가 대신 결정을 내려 주는 어른의 소유물'로 여겨진다. 존중받아 본 아이들만이 타인을 존중할 수 있다. 배려와 존중에도 사전 경험이라는 전제 조건이 필요한 셈이다.

학교의 인성인권교육 주간에 선생님들과 공유할 자료를 찾다가, 동영상 공유 플랫폼에서 〈동의〉라는 짧은 애니메이션 영상을 발견했다. 자기결정권의 개념과 함께 상대방의 생각을 존중하고 동의를 구하는 방법에 대해 재미있고 명쾌하게 풀어낸 영상을 보고, 활동지를 만들어 선생님들께 공유해 드렸다. 같은 제목의 어린이 책을 요약해 만든 영상이었다. 책과 영상에 녹아 있는 동의와 경계라는 개념을 수업으로 풀어내면 인성인권 관련 다양한 교육의 시작이 될 수 있겠다는 생각이 들었다. 경계를 존중하지 않는 현상은 학교폭력 사건이나 아동학대 사건이 일어나는 근본적인 원인이 되기 때문이다.

수업을 시작하며 아이들에게 최근에 무언가에 동의했던 경험, 거절했던 경험에 대해 질문했다. 아이들은 "친구가 학교 끝나고 집에 같이 가자고 해서 동의했어요.", "주말에 같이 놀자고 해서 동의했어요.", "어제 500원을 빌려 달라고 해서 동의했어요." 등 동의의 경험을 쏟아 냈다. 반대로 거절의 경험을 발표한 친구는 많지 않았다. 거절에 대한 경험을 꺼내 놓는 것을 어려워하는 듯 보였다. 그래서 "여러분, 최근에 친구가 했던 제안 중에서 마음에 들지 않았던 것이 있었나요?"라고 다시 질문해 보았다. "언니가 마트에서 자기가 좋아하는 과자만 골라서 화가 났어요.", "친구가 흔한 남매 만화를 자기 마음대로 빌려 갔는데 짜증 났어요." 등의 다양한 대답이 나왔다. 아이들에게 주변 사람들과 부딪히며 화가 난 일은 많았지만, 확실히 본인의 거절 의사를 전달한 경

어린이 책 『동의』

험은 별로 없는 것 같았다. 다음으로 아이들과 『동의』 책을 함께 살펴보았다. 재미있는 일상 속 예시와 함께, '나의 한계'를 의미하는 경계선, 때로는 나의 경계선을 넘어 불편한 상황, 동의를 전달하기 위한 방법, 상대방에게 동의를 구하는 방법 등이 제시되어 있어 즐겁게 공부할 수 있었다. 책을 공부하고 난 뒤에는 영상을 보며 동의와 경계에 대해 다시 한번 정리했다. 자기결정권의 개념에 대해 공부하면서 어린이에게 주어진 다양한 권리에 대해서도 알아보았다. 투표권을 행사하거나 금전적인 계약을 맺을 수는 없지만, 몇 가지 제약된 권리 외에 자신과 관련된 선택이나 결정을 할 수 있다는 점을 강조하며 이론적인 공부를 마무리했다.

이제 동의할 수 있는 것과 동의할 수 없는 것을 결정하며, 자신의 경계에 대해 진지하게 탐색해 볼 차례다. 아이들은 경계선 학습지에 나의 물건, 몸, 마음과 관련하여 절대 허락할 수 없는 것들을 빼곡히 채워 나갔다. 아이들의 경계를 정리해 보니 결과가 다음과 같았다.

아이들이 정한 자신의 경계

내 몸	내 물건	내 마음
• 몰래 내 몸 보기 • 내 몸 만지기 • 툭툭 건들기 • 간지럽히기 • 때리기 • 꼬집기 • 껴안기 • 허락 없이 뽀뽀하기 • 머리 쓰다듬기, 만지기	• 함부로 내 폰의 메시지를 몰래 보기 • 내 편지 몰래 읽기 • 내가 갖고 있는 물건을 빼앗아 가기 • 내가 쌓은 도미노 부수기 • 내 학용품, 장난감 허락 없이 만지기 • 내 물건으로 장난치기 • 내 지우개에 구멍 뚫기	• 내가 싫어하는 별명을 부르기 • 나에게 미운 말 하기 • 하지 말라고 했는데도 계속 괴롭히기 • 허락 없이 나를 쫓아오기 • 다른 친구랑 이야기하고 있는데 계속 말 걸기 • 나를 무시하기 • 힘든데 계속 놀아 달라고 조르기

(3-1) 선을 넘어 우리로
- 너는 나의 진정한 친구!

1. 그림책 『폭풍우 치는 밤에』 읽기
- 그림책을 읽은 생각과 느낌 나누기
- 인상적인 장면, 재미있는 장면을 골라 이야기해 보기

2. 뒷이야기 상상해서 써 보기
- 가부와 메이가 다시 만나면 어떤 일이 일어날지 상상 글쓰기

3. 그림책 토론하기: 가부와 메이는 친구가 될 수 있을까?
- 나의 생각을 근거를 들어 말하기
- 나는 누구와도 친구가 될 수 있어!: 나의 소중한 ○○ 소개하기

4. 친구에 대해 모둠 문장 만들기
- '진정한 친구란 ~이다 / 우정은 ~이다' 모둠 문장으로 표현하기
- 활동 소감 나누기

마지막으로는 친구들의 경계를 확인하고 이해하기 위해 칠판을 물건, 몸, 마음의 3구역으로 넓게 나누어 아이들의 경계를 정리해 주었다. 이 활동을 통해 같은 행동을 하더라도 우리가 받아들이는 느낌은

모두 다르다는 것을 확인할 수 있었다. 그리고 반 친구들과 약속을 정했다. 첫 번째 약속, 친구에게 어떤 행동을 하기 전에, 친구의 경계를 확인하기 위해 먼저 질문할 것. 두 번째 약속, 친구가 동의하지 않는 행동은 절대 하지 않기. 나의 경계가 존중받을 수 있도록 나도 친구들의 경계를 존중해 주기로 약속하고, 친구들의 거절을 받아들이는 멋진 친구가 되기로 다짐하는 아이들의 모습이 대견했다.

지난 수업을 통해 서로의 경계를 확인했으니, 이제 진정한 관계 맺음에 대해 이야기할 시간이다. 『폭풍우 치는 밤에』는 관계의 본질을 생각해 볼 수 있는 그림책이다. 늑대 '가부'와 염소 '메이'는 폭풍우 치는 밤에 천둥을 피해 어두컴컴한 동굴에 숨었다가, 서로의 진짜 정체를 모른 채로 친구가 된다. 원래대로라면 늑대의 먹이가 될 염소, 천적 관계일 둘. 그런데 어쩐지 서로가 비슷한 점도 많고 잘 통한다고 생각한다. 어둠 속에서는 정체를 확인할 수 없으니 가부는 메이를 늑대로, 메이는 가부를 염소로 생각한다. 둘은 다음 날 만나기로 약속하고, 둘의 첫 만남을 기념하여 '폭풍우 치는 밤에'를 암호로 정한다.

그림책에는 가부와 메이가 서로의 정체를 알아챌 수 있는 아슬아슬한 장면들이 나온다. 가령 번개가 번쩍 내리칠 때 잠깐 동굴 안이 밝아진다든지, 천둥소리에 깜짝 놀란 둘이 서로를 껴안게 된다든지 하는 장면에서는 작가의 재치에 웃음이 나온다. 그림책을 읽어 주고 이 그림책이 7권까지 내용이 이어진다고 소개하니, 아이들이 빨리 다음 권을 읽어 달라고 성화였다. 다음 수

그림책
『폭풍우 치는 밤에』

업시간에 꼭 읽어 주기로 약속하고 아이들과 1권의 내용으로만 활동을 진행했다.

아이들에게 읽어 주고 난 후 생각과 느낌을 물었더니 "서로가 끝까

지 누군지 모르는 게 바보 같고 재미있어요.", "자기랑 같은 동물이라고 생각하는 점이 웃겨요.", "둘이 정체를 알고 난 후에도 여전히 잘 통하는 친구라고 생각할지 궁금해요." 등 다양한 의견을 이야기했다. 아이들에게 가장 재미있는 장면을 하나 골라 보라고 했더니 역시 천둥소리에 놀란 둘이 서로를 바짝 껴안는 장면을 최고로 꼽았다.

다음으로는 이 그림책의 뒷이야기를 상상해 보기로 했다. 이 이야기는 가부와 메이가 '폭풍우 치는 밤에'를 암호로 정하고 다음 날 밝을 때 만나기로 약속하는 장면으로 끝난다. 아이들이 쓴 뒷이야기를 발표했는데, 의외로 "늑대인 가부가 친구인지 모르고 메이를 잡아먹어 버렸다.", "메이가 염소여서 실망을 느낀 가부는 메이를 잡아먹으려 했지만, 메이는 위험을 알고 달아난

그림책 『폭풍우 치는 밤에』
뒷이야기 상상해서 쓰기

다. 그런가 하면 둘이 종을 뛰어넘은 사랑을 해서 결혼한다는 이야기도 있었다. 그래도 비극적인 결말의 뒷이야기가 압도적으로 많았다.

뒷이야기를 서로 발표해 보고 나서, '가부와 메이가 친구가 될 수 있을까?'를 주제로 이야기를 나누었다. 아이들의 다양한 생각 중 몇 가지를 골라 정리해 본다.

아이들은 친구들의 생각을 듣고 마음이 바뀌기도 했고, 친구들의 의견을 반박하며 자신의 의견을 더 강력하게 주장하기도 했다. 주장과 근거, 반론꺾기 등의 순서를 거치는 엄격한 형식의 토론은 아니었지만,

가부와 메이는 친구가 될 수 있다	가부와 메이는 친구가 될 수 없다
•서로 종이 다르다는 것은 친구가 되는 데 문제가 되지 않는다. •가부와 메이는 통하는 것이 많다. •오히려 서로를 모른 채 만났으므로 조건을 생각하지 않는 진정한 우정을 쌓았을 수도 있다. •가부가 메이를 지키고 보호해 줄 수 있다.	•어떻게 먹잇감이 친구가 될 수 있나? •둘은 서로의 정체를 알았다면 친구가 되지 않았을 것이다. •위험한 순간에는 메이가 가부의 식사가 될 수 있다. •가부는 메이를 먹고 싶은 마음을 참으면서 만나야 할 텐데, 어떻게 그게 진짜 친구일 수 있을까? •가부와 메이는 자신의 다른 늑대, 염소 친구에게도 서로가 친구란 사실을 당당하게 공개할 수 있을까? 서로가 친구라는 것이 비밀이라면 언제까지 그 비밀이 지켜질까? 소문나면 어떻게 하지? 그때는 친구가 아니게 될까?

토론을 경험해 보지 않은 2학년 아이들에게는 이렇게 마음의 부담 없이 생각을 나눌 수 있는 기회가 주어진 것만으로도 충분하다고 생각한다.

다음 활동으로 '난 누구와도 친구가 될 수 있어'를 진행했다. 같은 반 친구끼리의 뻔한 우정을 넘어 물건, 동물 등 다양한 존재와 친구가

'나는 누구와도 친구가 될 수 있어' 활동

된 나의 이야기를 친구들 앞에서 소개하는 것이다. 친구들은 어렸을 때 사용하던 애착인형을 소개하기도 하고, 강아지나 축구공을 친구로 소개하기도 했다.

마지막으로는 진정한 친구와 우정에 대해 모둠 문장을 만들었다. 아이들이 만든 모둠 문장을 소개한다.

진정한 친구란 (　　　)이다	• 진정한 친구란 퍼즐 조각이다. 내 마음의 빈 부분을 퍼즐 조각처럼 채워 주기 때문이다. • 진정한 친구란 난로다. 얼어붙은 마음을 녹여 줄 수 있기 때문이다. • 진정한 친구란 마음을 나눌 수 있는 친구다. • 진정한 친구란 언제든지 나의 비밀을 털어놓을 수 있는 친구다.
우정이란 (　　　)이다	• 우정이란 키보드다. 키보드의 자판이 모여 글씨가 완성되는 것처럼 서로의 마음을 채워 준다. • 우정이란 종이접기다. 힘들지만 멋진 작품이 되는 것처럼 싸우다가 어느새 친구가 된다.

『폭풍우 치는 밤에』를 읽고 활동한 이번 수업은 친구 관계와 소중한 친구에 대해 돌아볼 수 있는 시간이었다. 이야기 자체의 재미도 있어서 아이들은 완결이 나는 7권까지 읽어 달라고 자꾸 조르는 중이다. 아이들의 등교일에 맞추어 두 권씩 읽어 주고 있는데, 글밥이 많아 목이 쉴 정도로 힘들지만 책을 좋아하게 되는 부수적인 효과도 누리고 있어 뿌듯하다.

(3-2) 선을 넘어 우리로
- 함께여서 행복한 우리

1. 그림책 『악어오리 구지구지』 읽기
- 그림책을 읽은 소감과 느낌 나누기
- 그림책 속 명장면을 정지극으로 표현하기

2. 『악어오리 구지구지』 속 인물의 상황에 공감하기
 - 내가 가장 좋아하는 인물 고르기
 - '내가 ○○라면 어땠을까?' 생각 나누기

3. 인물 인터뷰
 - 구지구지, 구지구지 엄마, 오리 마을 사람들, 악어들 중 역할 고르기
 - 나머지 친구들은 기자가 되어 인물을 인터뷰하기

4. 내가 구지구지에게 하고 싶은 말
 - 주인공 구지구지에게 하고 싶은 말을 공책에 적고, 수업 소감 나누기

그림책
『악어오리 구지구지』

이번 수업은 나의 경계를 넘어 가족과 공동체로 경계를 확장하는 시간이다. 나는 악어일까? 오리일까? 고민하며 자신의 자아정체성을 확립해 가는 매력적인 주인공이 등장하는 그림책 『악어오리 구지구지』를 읽어 보았다. 엄마 오리는 우연히 둥지에 굴러 들어온 악어알을 품고, 오리 아가들과 함께 악어를 자신의 자식으로 여기며 키운다. 가족들의 사랑을 받은 구지구지는 어렴풋이 자신이 다른 존재라는 것을 알긴 하지만, 자신이 오리라고 생각하며 무럭무럭 자라난다. 그러던 어느 날, 마을에서 놀던 구지구지는 악어 무리를 만나게 되고, 악어들은 구지구지에게 오리들을 속여 자신들이 오리를 잡아먹을 수 있게 도와 달라고 한다. "네 모습을 봐! 너는 오리가 아니라 악어야!" 그 순간부터 구지구지는 자신의 정체성을 고민하기 시작한다. 구지구지는 악어도, 오리도 아닌, '악어오리'가 되기를 결심한다. 그리고 뛰어난 용기와 결단력으로 오리들을 이끌고 악어를 무찌르는 데 성공한다.

이 그림책에서 인상 깊었던 부분은 구지구지가 악어냐 오리냐의 양자택일이 아니라 '악어오리'로서 살아가기로 결심하는 장면이다. 그리고 엄마, 형제 오리, 오리 마을 친구들, 악어들이 구지구지의 존재를 어떻게 받아들이는지에 대해 등장인물들의 입장에서 다양하게 생각해 볼 수 있다는 점이 매력적으로 다가왔다. 이 그림책의 작가는 대만 사람인데, 외국에서 성장하며 차별받았던 한국 친구의 경험을 듣고 이이야기를 쓰기로 결심했다고 한다. 이러한 그림책의 배경을 이야기해 주니 아이들이 더욱 흥미로워했다.

아이들에게 베스트 명장면을 하나 꼽아 사진의 한 장면처럼 정지극으로 표현해 보라고 했다. 구지구지가 다리 위에서 꾀를 내어 오리들 대신 커다란 바위를 악어 입에 던지는 장면, 구지구지가 그림자로 오리의 모습을 표현한 재치 있는 장면, 오리 둥지에서 아기 악어 구지구지가 태어나는 장면을 보고 다른 형제들이 놀라는 장면 등을 정지극으로 재미있게 꾸몄다.

다음 활동으로 그림책 속에서 인물을 하나 골라 나라면 악어 습격 사건이 있었을 때 어떻게 행동했을지 이야기를 나누었다. "내가 엄마라면 악어들을 무찌른 구지구지를 용기 있다고 칭찬해 주었을 것 같아요.", "내가 형제라면 구지구지가 날 지켜 주어 든든한 마음이 들었을 것 같아요.", "나는 구지구지를 우리 오리 마을을 지킨 영웅으로 대해 줄 거예요." 등 다양한 생각을 들어 볼 수 있었다.

이어서 인물 인터뷰를 했는데, 막연하게 인물 인터뷰를 하면 대답하기 곤란할 수도 있어, 인물 인터뷰 활동이 처음인 아이들도 쉽고 부담 없이 활동할 수 있도록 질문 목록을 주었다.

4명 모둠 기준으로, 각자 구지구지, 구지구지 엄마, 오리 마을 사람들, 악어의 역할을 돌아가면서 맡아 인터뷰 질문에 답했다. 자신의 인터뷰 차례가 아닐 때에는 기자가 되어 질문을 했다. 모둠끼리 활동한 후에 반 친구들과 함께 공유하는 시간을 가졌는데, 아이들의 대답이 참 재미있었다.

구지구지 역할을 맡았던 친구들은 "태어나기를 오리로 태어나서, 자신을 악어로 생각해 본 적이 없다.", "엄마와 가족들의 사랑 때문에 악어들의 제안에 마음이 흔들리기는 했지만 배신할 수는 없었다.", "나도 오리들에게 은혜를 갚고 싶었다." 등의 반응이었다. 다음으로 엄마 오리들의 생각을 들어 보았는데, "이렇게 큰 알이 나의 둥지로 굴러 들어온 것도 운명이다.", "구지구지가 나를 엄마로 잘 따라 주고 사랑해 주었기에 차별하지 않고 키웠다." 등의 대답을 했다. 가장 기대가 되는 것은 오리 마을 사람들의 생각이었다. 오리 마을 사람들은 누구나 구지구지를 영웅 취급할 줄 알았는데, "구지구지가 딱 봐도 악어인데, 언젠가는 우리를 잡아먹을까 봐 두렵다.", "지가 아무리 오리인 척하고 그래 봤자 악어는 악어지." 등의 솔직한 대답을 하는 친구도 있었다. 대부분의 친구들은 "구지구지가 우리를 선택해 주어 고맙다.", "자기의 이득이 아니라 우리에게 도움을 주기 위해 노력한 구지구지가 우리 마을 주민인 것이 자랑스럽다." 등 구지구지를 칭찬하는 이야기를 했다.

아마도 등장인물 중에서 가장 상심했을 인물은 바로 '악어들'일 것이다. 악어들은 "구지구지가 아무리 오리 마을에서 자랐어도, 우리와 똑같은 종족이기 때문에 구지구지를 믿었다.", "같은 악어이기 때문에 뭔가 통한다고 생각했다." 등 구지구지를 믿은 다양한 이유를 쏟아 냈다.

오리 마을 사람들과 악어들의 비중은 적지만, 그들에게까지 등장인물의 범위를 넓힌 까닭은 아이들이 자신의 경계를 넓혀 다양한 인물의 입장에서 상황에 공감하길 바랐기 때문이다. 인물 인터뷰 활동을 통해 단편적으로 인물의 행동을 판단하는 데 집중하기보다, 행동의 이유를 추론하며 그들의 마음에 공감하는 연습을 해 보는 시간이 참 의미 있었다. 또한 아이들이 주인공인 구지구지 외에 다양한 인물에게 관심을 쏟고, 최대한 그들의 입장에서 생각해 보려고 노력하는 모습이 대견하게 느껴졌다.

3. 수업을 마치며

처음에 '선 긋는 녀석들'을 계획할 때에는 소주제가 여섯 개였지만, 다소 철학적이고 어려운 그림책을 빼면서 수업의 규모가 작아졌다. 막상 수업을 해 보니 2학년 아이들에게는 긴 호흡의 수업보다 8차시 정도의 이 수업의 규모가 적당하게 느껴졌다.

'선 긋는 녀석들'은 아이들의 활동 중심으로 개발된 수업은 아니다. 진지하게 나와 친구, 타인과의 관계 등을 성찰하고 거리낌 없이 생각을 나눌 수 있는 쉬운 발문 중심의 수업으로 구성되었다. 그럼에도 불구하고 재미있는 이야기로 진행되는 수업이기에, 아이들은 이 수업시간을 참 좋아했다. 인성인권교육의 참 의미를 알려 주는 것도 중요하지만, 공부하는 재미가 없으면 무슨 소용인가. 부담스럽지 않게 공부하며 나와 타인들을 돌아볼 수 있는 데 의미를 두었다.

본 수업의 교육적인 의미를 자랑하는 것보다, 수업 개발을 망설이는 선생님들께 한 가지 아이디어를 제안하고 싶다. 바로 그림책은 무궁무진한 수업 아이디어 창고라는 점이다. 통합교과의 성취기준에 부합하는 그림책도 많기에, 수업의 주제를 정하고 꼭 배워야 할 주제나 가치를 순차적으로 나열한 뒤 그림책을 찾아보는 것만으로도 쉽게 수업을 개발할 수 있다(또는 그림책이 가르쳐야 할 내용, 수업 아이디어 그 자체가 되기도 한다). 범교과주제 수업의 형식적인 수업 중 하나로 인권교육을 하기보다, 그림책으로 쉽게 열어 갈 수 있는 의미 있는 인권교육, 생활교육을 시도해 보면 어떨까? 별것 아닌 이 작은 수업, '선 긋는 녀석들'이 선생님들의 멋진 시도에 도움이 되길 바란다.

4. 수업 돌아보기

Q. 인권과 관련된 다양한 그림책을 추천해 주시겠어요?

A. 초등학생 아이들에게는 자세한 세부 주제로 접근하기보다, 다름 과 차별에 대한 내용이 좋아요. 『코끼리는 절대 안 돼!』, 『노랑 마 을 파랑 마을』, 『드레스를 입은 아이』 등을 추천할 만합니다. 인 권의 개념을 동물권까지 확대해서 『돼지 이야기』, 『살아 있어』 등 의 그림책을 읽으며 재미있게 공부해도 좋아요.

Q. 고학년 아이들에게 양성평등, 성 관련 교육을 할 때 어떤 내용으 로 수업을 하면 좋을까요?

A. 성평등, 성적 자기결정권에 대한 수업을 하고 싶을 때에 '젠더온' 사이트의 수업 자료를 이용해 보세요. 한국양성평등교육진흥원 에서 운영하는 '젠더온'에는 그림책을 활용한 수업 지도안, 관련 영상, 기사문 등 수업 자료가 가득하답니다.

　고학년 아이들을 지도할 때, 특히 성폭력, 성추행 등의 성인권 문제를 다루는 일은 참 어렵죠? 앞서 보았던 〈동의〉 어린이용 영 상 외에 번외편인 〈Consent for tea〉 영상을 찾아보세요. 성 문제 를 직접적으로 적나라하게 다루지 않으면서도, 성적 자기결정권 의 개념을 '차를 대접하는 일'에 비유해서 재미있게 알려 줍니다. 성적 자기결정권의 침해를 상대가 적극적으로 동의하지 않았는 데 차를 먹이는 일에 비유하는 장면을 보면, 아이들도 선생님의 의도를 쉽게 이해할 수 있을 거예요.

8.

착한 경제
노동의 가치와 소비의 즐거움을 배우는 수업

#4학년_2학기 #요리 #가게놀이 #노동수업

1. 수업 들어가기

교사 1 2학기 경제 수업 모둠별 가게 운영으로 하는 거 맞죠?

교사 2 네, 맞아요.^^

교사 3 4학년이 3학급이니 가게도 3개인 거죠?

교사 1 아니요… 가게는 모둠별로요. 한 반에 모둠이 4개면 가게도 4 개로요.

교사 2 물건 파는 날만 다르게 하는 거죠~

교사 3 오늘 1반이 가게를 열면 2, 3반이 와서 소비하는 방법으로요?

교사 1 네. 애들한테 어떤 가게를 할 건지 사전에 계획을 세우도록 해야겠네요.

교사 2 어떤 재료가 필요할지 미리 생각해 보도록 해야 할 거 같아요.

교사 3 예산은 어떻게 해야 할까요? 가장 편한 건 학급당 경비인데, 예산 규모가 만만치 않을 듯해요. 학습준비물로 가능할까요?

교사 2 학기 초가 아닌 이상 행정실에서 어렵다고 하지 않을까요. 원 도심 예산이나 다른 예산 노려 봐야 할 듯해요.

교사 3 아, 그거 좋은 생각이네요.^^ 혁신학교였다면 예산 고민을 덜 했을 텐데… 아무튼 방법 찾아봐요.

교사 1 음식을 만들어 팔거나 물건을 사고파는 것은 학교에서 바자 회로도 많이 하는데… 우리 가게놀이는 그와 다른 점이 뭘까요? 애들이 사고파는 데만 집중할까 봐 좀 걱정돼요.

교사 2 맞아요. 요리를 만들거나 가게 준비를 하면서 노동의 가치를 좀 느껴 보도록 해야 할 거 같아요.

교사 3 저도 같은 생각이에요. 사 먹고 즐기다가 그저 한바탕 잔치로 끝날까 좀 걱정은 돼요.

교사 1 가게 준비를 할 때도, 또 소비를 할 때도 최소한의 규칙을 주면 좋을 거 같아요. 활동의 방향성을 기억할 수 있도록요.

교사 2 그럼 일단 가게 놀이에 필요한 것부터 추려 볼까요?

교사 3 관련 성취기준이랑 연계 교과도 추려 보고요.

교사 1 아이들이 좋아할 거 같아요.^^

교사 2 모든 과정에 아이들이 노동의 수고를 알면 좋을 거 같아요. 흔한 말로 땅 파서 돈 안 나온다… 이런 걸 느끼면 부모님께 감사할 줄도 알 듯하고~ ㅎㅎ

교사 3 노동자에 대해서도 배울 수 있겠어요.

교사 2 오~ 좋아요!

2. 수업 펼치기

1) 수업의 개요

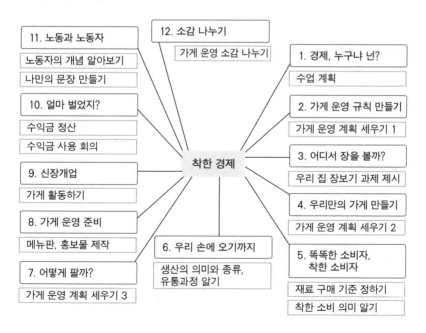

2) 수업 내용

	단원명	주요 활동과 내용	성취기준	차시량
1	경제, 누구냐 년?	• '경제' 의 사전적 의미 알아 보기 • 경제활동을 해 본 경험 이야기 나누기 • 동화 읽기-『레몬으로 돈 버는 법』(발췌독) • '착한 경제' 수업 계획 공유하기	[4국02-05] 읽기 경험과 느낌을 다른 사람과 나누는 태도를 지닌다.	1
2	가게 운영 규칙 만들기 (가게 운영 계획 세우기 1)	• 모둠 가게 1차 운영계획 세우기	[4국01-02] 회의에서 의견을 적극적으로 교환한다.	2
3	어디서 장을 볼까?	• 우리 집은 어디에서 장을 보는가?		과제
4	우리만의 가게 만들기 (가게 운영 계획 세우기 2)	• 과제 확인 및 공유 • 모둠 가게 2차 운영계획 세우기	[4국01-02] 회의에서 의견을 적극적으로 교환한다.	2
5	똑똑한 소비자, 착한 소비자	• 모둠 회의-재료 구매 기준 정하기, 착한 소비 의미 알기	[4사04-03] 자원의 희소성으로 경제활동에서 선택의 문제가 발생함을 파악하고, 시장을 중심으로 이루어지는 생산, 소비 등 경제활동을 설명한다.	1
6	우리 손에 오기까지	• 바나나의 생산, 유통과정 알아보기, 생산의 의미와 종류 탐색하기	[4사04-04] 우리 지역과 다른 지역의 물자 교환 및 교류 사례를 조사하여, 지역 간 경제활동이 밀접하게 관련되어 있음을 탐구한다.	1
7	어떻게 팔까? (가게 운영계획 세우기 3)	• 모둠 가게 3차 운영계획 세우기	[4국01-02] 회의에서 의견을 적극적으로 교환한다.	2
8	가게 운영 준비	• 홍보물 제작하기(메뉴판, 홍보물, 간판 등)	[4미01-03] 생활 속에서 다양하게 활용되고 있는 미술을 발견할 수 있다.	3
9	신장 개업	• 모둠 가게 운영하기 • 소비한 반 활동지(합리적인 소비에 대해 생각해 보기)	[4도02-04] 협동의 의미와 중요성은 무엇이며, 협동을 위해 어떤 자세와 태도가 필요할까?	4

10	얼마 벌었지?	• 수익금 정산하기(가게 활동 하는 날에 가게 운영 후 이어 서 실시) • 수익금을 어떻게 사용할지 회의하기 ※모둠별 가게에서 재료 구매 비로 1만 원씩 다시 반납하 도록 할 것. 반납한 돈 역시 어떤 형태로 기부할지 회의 해서 결정	[4국01-02] 회의에서 의견 을 적극적으로 교환한다.	1
11	노동과 노동자	• 노동자의 개념 알아보고 생 각 나누기	[교사개발] 노동의 의미와 노 동자의 중요성을 이해할 수 있다.	2
12	소감 나누기	• 좋았던 점-기억에 남았던 점-아쉬웠던 점	[4국03-04] 읽는 이를 고려 하며 자신의 마음을 표현하 는 글을 쓴다.	1

3) 수업의 실제

(1) 경제 누구냐, 넌?

1. '경제'의 사전적 의미 알아보기
- 국어사전에서 '경제'의 뜻 찾아보기

2. 경제활동을 해 본 경험 이야기 나누기
- 일상에서 경제활동을 해 본 경험 나누기

3. 동화 『레몬으로 돈 버는 법』 읽기
- 동화 앞부분 읽어 주기(본격적인 가게 운영 전 준비 내용까지)

4. '착한 경제' 수업 계획 공유하기
- '착한 경제' 수업의 흐름과 내용 공유하기

초등학교에서 '경제'를 처음 공부하는 시기는 4학년이다. 이에 경제 수업의 첫 시간에는 '경제'의 사전적 의미를 살펴보며 수업을 열었다.

사전에는 경제의 뜻이 '인간의 생활에 필요한 재화나 용역을 생산·분배·소비하는 모든 활동. 또는 그것을 통하여 이루어지는 사회적 관계'라고 나온다. 일상적으로 우리는 늘 경제생활을 하지만, 경제의 사전적 의미가 어려워 경제활동에 대한 경험 나누기로 '경제'의 의미를 쉽게 이해하도록 했다. 생산과 소비의 의미를 설명하고 물건을 구매했던 경험 등을 이야기 나누다 보니 '경제'의 의미가 더 선명하게 아이들에게 다가가는 듯했다. 즉, '경제'를 눈에 보이는 물건이나 눈에 보이지 않는 다양한 서비스를 주고받는 모든 활동으로 정리했다.

그림책 『레몬으로 돈 버는 법 책』

『레몬으로 돈 버는 법』은 아이들의 수준에서 다양한 경제 용어를 익힐 수 있는 책이다. 쉽게는 생산자, 소비자부터 투자, 파산 등의 용어까지 레모네이드 가게를 여는 동화책 속 주인공들의 장사 이야기에서 이해할 수 있어, 가게 운영을 하게 될 아이들에게 수업의 흐름을 이해할 수 있는 도입 동화로 선정한 것이다. 단, 아직 가게 운영을 해 보지 않은 상태이기 때문에 구체적인 준비로 무엇을 해야 할지 도움을 줄 수 있을 만큼만 동화의 내용을 제한하여 읽어 줬다. 동화를 읽은 후에, 앞으로 '착한 경제' 수업을 어떻게 진행할지 함께 공유하는 시간을 가졌다.

(2) 가게 운영 규칙 만들기

1. 모둠 가게 운영 계획 설명하기
- 무엇을 팔지 결정하기(다양하고 자유롭게): 집에서 안 쓰는 물품, 옷가지, 주스가게, 샌드위치 등
- 모둠별 정해진 예산 내에서 재료 구입 청구서 제출
- 모둠에서 청구한 만큼 물건 제공

2. 모둠 가게 1차 운영 계획 세우기
- 무엇을 팔지 결정하기(다양하고 자유롭게): 집에서 안 쓰는 물품, 옷가지, 주스가게, 샌드위치 등

모둠별로 가게 운영을 위한 회의를 열었다. 1차에서는 모둠별 회의로 판매 메뉴에 대해 이야기를 나누었다. 과일꼬치, 떡꼬치, 샌드위치, 화채, 라면 뽀글이, 네일아트, 핸드메이드 작품 판매 등 꽤 다양한 메뉴를 아이들이 제시했다. 원래는 회의를 2차시에 걸쳐 1회만 진행하려고 했으나 무엇에 대해 아이들이 이야기를 나눌지 어리둥절해하여 구체적인 안건을 한 개씩 제시하면서 2회에 걸쳐 회의를 진행했다. 가령, 모둠 구성 방법과 모둠 인원수, 우리 반에서 모둠끼리 가게를 열 때 최대 몇 개까지 메뉴를 만들 것인가, 불을 사용하는 메뉴를 할 것인가 말 것인가, 재료 구매를 위해 모둠별로 돈을 최대 얼마까지 추가로 쓸 수 있는지 등이었다. 또 아이들이 의욕이 앞선 나머지, 모둠에서 3~4개의 음식을 준비하려고 했으나 해야 될 구체적인 역할의 범위가 많음을 제시하여 최대 2개의 음식을 넘지 않도록 조정했다.

(3) 어디서 장을 볼까?

1. '우리 집은 어디에서 장을 보나요?' 활동지(사전 조사 과제)
- 우리 집에서 주로 장을 보는 곳을 조사하고 이용하는 이유 알아 오기
  예] 집 앞 가게, 인터넷, 대형마트, 로컬푸드 마켓, 시장
      (이유: 싸기 때문에, 유기농 식품이기 때문에 등)

아이들이 가게에서 판매할 음식을 정하기 전에 가정에서 장보기를 어디에서 하는지 조사하는 과제를 냈다. 실제 우리 주변의 어디에서

장을 볼 수 있는지 사전 정보 공유에도 도움이 되고 우리 가정에서 주로 사는 물품이 무엇인지 아이들이 피부로 느낄 수 있는 기회가 될 것이라고 판단했다. 또한 사는 것뿐만 아니라 친척이나 이웃에게 얻는 물품까지 조사하게 함으로써 필요하지만 사지 않아도 되는 것들에 대해 생각해 보도록 했다.

(4) 우리만의 가게 만들기

1. 장보기 조사 과제 확인 및 공유
- 우리 반 친구들이 주로 이용하는 장보기 장소와 이유 이야기 나누기
- 가게 운영을 위해 장볼 수 있는 곳 알아보기

2. 모둠 가게 2차 운영 계획 세우기
- 예] 과일꼬치 만들기에 필요한 재료, 가격, 구매처 조사하기, 만드는 방법 조사하기 등

장보기 조사 과제를 학생들과 공유하면서 착한 경제 수업이니만큼 장을 보는 장소로 로컬푸드, 재래시장이 나오기를 바랐지만 예상대로 대형마트와 인터넷 장보기가 많았다. 그렇지만 예상외의 결과도 있었다. 대형마트부터 동네슈퍼, 로컬푸드, 시장, 정육점, 도매점 등 다양한 가게들이 나왔다. 실제 가게 활동 전에 아이들에게

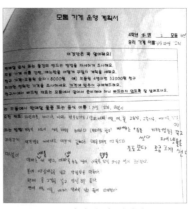

모둠 가게 운영 계획서

좋은 정보를 제공해 줄 수 있는 기회가 되었다. 이를 토대로 학교 주변

과 아이들이 사는 곳 주변에서 이용할 수 있는 다양한 재료 구매처에 대한 정보 공유가 되었고 각 장보기 장소의 특징을 비교할 수 있는 시간이 되었다. 이를 토대로 모둠별로 세부적인 가게 운영 계획을 세우는 시간을 가졌다. 실제 판매할 물건이나 음식 재료와 가격, 구매처를 비교하고, 준비하는 절차와 만드는 방법 등을 인터넷으로 조사하기도 했다.

(5) 똑똑한 소비자, 착한 소비자

1. 모둠 가게 운영 계획서 작성하기
- 가게 운영에 필요한 재료 조사하기
- 판매할 물품 준비 절차 또는 음식 만드는 방법 조사하기

2. 가게 준비물 청구서 작성하기
- 재료 구매 기준 정하기, 예산에 맞게 재료 구매 계획 세워 청구서 작성하기

2차시 연속 컴퓨터실에서 조사학습을 진행했다. 모둠에서 판매하고 싶은 물품 또는 음식을 정한 후, 인터넷으로 물품 준비 절차(음식 만드는 방법)를 조사하도록 했다. 모둠별 가게 운영이므로 다른 모둠과 같은 메뉴일 경우 더 잘 팔기 위해서 무슨 노력이 필요할지 고민해 보라고 했다. 그러자 아이들은 '우리 집만의 레시피'나 '비밀 레시피'가 있다며 자신만만해했고, 손님을 끌기 위해 1+1 서비스나 공연 서비스를 계획해도 되느냐고 다양한 아이디어를 제안했다. 그런 부분 역시 모둠원들끼리 동의만 된다면 자유롭게 추가하고 계획해 보라고 했다. 그러나 음식 만드는 방법 조사는 교사의 도움이 필요했다. 인터넷에서 음식 만드는 방법을 조사한 후 활동지에 구체적으로 작성하라고 했음에

도, 차례 없이 나열하거나 정확한 분량과 기준 없이 만드는 방법을 대략적으로 작성한 모둠이 많았다. 대략 몇 인분 정도를 판매할 예정인지, 그러면 재료는 어느 정도 필요한지, 양념을 넣을 때는 어느 정도 넣을 것인지를 묻자 머리를 갸우뚱하는 아이들이 많아 구체적인 자료 조사가 왜 필요한지 재차 안내하여 수정하도록 했다. 재료 구매 기준은 맛, 가격, 건강 등 여러 가지를 고려하여 신경 써서 만들 거라는 아이들의 말에 그중에서도 가장 우선이 되는 것부터 순서를 정하라고 안내했다. 이때 아이들이 사전에 조사해 온 우리 집 장보기 과제를 동기유발 자료로 사용하여 함께 읽은 것이 아이들 선택에 도움을 주어 좋았다. 마음만 앞서고 뭐든지 잘 해낼 수 있다는 막연한 자신감에 비해 실제 준비가 미비한 면이 많아 교사의 세심한 안내와 관찰이 필요했다.

(6) 우리 손에 오기까지

1. 바나나의 생산, 유통과정 알아보기
- 수입산 바나나가 소비자의 손에 오는 과정 속에 숨어 있는 '생산활동' 찾아보기

2. 생산의 의미와 종류 탐색하기

아이들이 가게 준비물 청구서에 작성한 재료를 학교에 품의해서 물품이 도착하기를 기다리는 동안 '다양한 생산활동'에 대해 학습했다. 실제 아이들이 만들 음식의 재료가 맛있는 음식이 되어 소비자의 손에 오기까지의 과정을 나열해 보도록 하고 그 과정에 있는 생산활동을 함께 찾아보는 활동으로 구성했다. 아이들은 열매를 직접적으로 수확하는 것은 생산활동으로 이미 알고 있으나 운송이나 판매활동 역시 생산활동에 포함됨을 새롭게 알게 됐다고 했다. 예를 들어, 떡꼬치

를 판매할 모둠에서는 떡꼬치의 재료가 되는 떡, 고추장, 물엿 등 다양한 재료가 생산되는 과정과 다양한 유통과정을 거쳐 한 컵의 떡꼬치가 되기까지 복잡한 단계를 모두 나열했고, 그 속의 보이지 않는 생산활동이 많음을 발견했다.

'음식 판매' 역시 하나의 생산과정이 아닌, 다양한 노동이 포함되어 있다. 이 부분은 가게 운영을 해 본 뒤 소감을 나눌 때 더 이야기를 나눠 보기로 했다.

(7) 어떻게 팔까?

1. 우리 모둠에서 판매할 물품 가격 결정하기
- 생산자에게 손해되지 않을 가격, 소비자에게 적정해 보이는 가격 토의해서 결정하기

2. 우리 모둠만의 물품 판매 방법 결정하기
- 소비자에게 구매욕을 자극하는 방법, 홍보물 제작 등 우리 모둠만의 판매 유인책 토의하기

아이들은 본격적인 가게 운영을 앞두고 '가격'에 대해서 토의했다. 맨 처음에는 무조건 싸게 팔아서 손님이 몰리도록 하자는 의견, 저렴한 가격에 많은 양으로 승부하겠다는 의견이 대부분이었다. 다른 쪽에서는 고급 재료를 사용하기 때문에 손해를 봐서는 안 되고 비싼 값에 얼른 팔아야 이익을 남길 수 있다는 의견도 있었다. 현실적인 가격을 결정하는 것이 아이들에게는 어렵기도 했지만, 이는 경제 수업에서 빼놓을 수 없는 부분이다. 가게 운영을 위해 준비했던 재료와 시간적인 노력을 계산하지 않는다면 가게 운영은 현실에서 오래 버틸 수 없다고 조언해 주기도 했다. 이번 토의에서는 『레몬으로 돈 버는 법』을 함께

읽었던 것이 도움이 되었다. 가게에서 함께 일하는 사람의 노동력 역시 '임금'으로 지불해야 하는 것임을 알게 되었기 때문이다. 4학년 수준에서는 경제 수업을 심화된 형태로 진행하는 것이 한계가 있어 단순하게 재료 구매 비용 이상을 벌 수 있으면서 소비자들이 몰릴 수 있는 가격, 옆 모둠 가게보다 유인책이 될 만한 다양한 서비스를 구상해 보도록 했다.

(8) 가게 운영 준비

1. 홍보물에 넣을 내용 구상하기
- 홍보물에 꼭 넣어야 할 내용, 우리 모둠 가게만의 특별한 점 등 넣을 내용 계획하기

2. 메뉴판, 홍보지 제작하기
- 모둠 가게에 부착할 메뉴판, 복도 게시용 홍보지 제작하기

모둠 가게 운영을 며칠 앞두고 미술시간을 활용하여 홍보물, 메뉴판, 간판을 만들었다. 사전 과제로 전단지나 다양한 홍보지를 조사하여 홍보물이나 메뉴판에 꼭 들어갈 내용이 무엇인지 알아보도록 했다.

아이들의 메뉴판에는 다양한 아이디어가 있었다. 배달 서비스부터 직접 음식을 만들어 먹는 체험 서비스, 음식을 먹는 동안 공연을 보여 주는 서비스 등 판매활동에 웃음과 기대를 더해 주는 아이디어가 눈에 띄었다. 원래 모둠별 가게 운영 계획 때 음식 가격 책정을 했지만, 아이들은 메뉴판을 만들면서 옆 모둠 가게의 가격을 보며 다시 가격을 수정하기도 했다. 또한 4학년 3개 학급이 동시에 복도에 홍보지를 붙였는데 다른 반, 다른 모둠의 홍보지를 보며 다시 홍보지를 수정해서 게시하기도 했다.

눈에 띄는 디자인으로
손님을 끌었던 메뉴판

가격 할인을 강조한 메뉴판

배달 서비스를 강조한 홍보지

(9) 신장개업

1. 모둠 가게 운영하기(4학년 3개 학급)
① 1반(가게 운영) ← 3반(소비)
② 2반(가게 운영) ← 1반(소비)
③ 3반(가게 운영) ← 2반(소비)
- 소비할 때 2군데 이상 가게에 방문할 것
- 3,000원 이하로 구매할 것

2. 소비자는 소비 활동지 작성하기
- 어떤 가게를 방문했는가?
- 구매를 했는가? 하지 않았는가?
- 구매했다면 왜 구매했는가?
- 구매하지 않았다면 왜 구매하지 않았는가?

각 가게의 우선순위를 소비자가 보고 판단하도록 한 우선순위표

학급별로 가게 운영은 원래 1~2교시에 음식을 준비한 후 3~4교시에 옆 반에 판매하기로 했으나 음식을 만들어 바로 판매하는 것이 좋겠다는 의견이 있었고, 급식시간에 아이들이 점심을 제대로 먹게 하기위해서도 1~2교시에 실시하는 것이 좋겠다는 데 의견이 모아졌다. 또한 가게 운영을 하기 2주 전에 급식실 영양선생님에게 연락하여 잔반이 많아질 수 있으므로 4학년에게는 평소 먹는 음식량보다 적게 배식해 줄 수 있도록 양해를 구했다.

본격적으로 가게 운영을 하기 전에 칠판에 프로젝트 이름과 주의사항을 적어 놓았다. 가게놀이가 시작되면 손님맞이로 정신이 없기 때문에 판매장부를 쓰는 법을 다시 한번 익히고, 안전 교육을 간단하게 했다. 또한 모둠별로 무엇에 우선을 두고 음식을 판매할 것인지 상기할수 있도록 칠판 한쪽에 우선순위표를 써 놓았다. 이것은 우리 반 학생들뿐만 아니라, 손님으로 오는 다른 반 학생들이 소비자 평가에 우선순위를 참고하여 평가할 수 있도록 한 것이었다.

약속된 시간이 되자 옆 반 아이들이 손님으로 들어와 가게를 돌며음식을 사 먹었다. 메뉴가 겹치는 가게들은 시간이 흐르면서 가격을낮추거나 1+1 이벤트, 끼워 팔기 등 다양한 서비스를 하며 장사를 했다. 또, 음식을 만들다가 재료가 부족한 경우에는 다른 모둠에 가서흥정을 하여 서로 재료를 구입하거나 팔도록 했다. 가게 운영을 하다

가게 준비부터, 판매, 마무리 후 수익금 정산하는 아이들

착한 소비자! 똑똑한 소비자!				
4학년 (2)반 이름 :박중서				
가게 이름	구입한 메뉴	구입 개수	구입 가격	좋았던 가게나 불편함이 있었던 가게는 어디였나요? 그 이유는 무엇인가요?
비 가 오	코다	2개	200원 (1개당)	지금 처럼, 나는 것대로 크기 됐습니다. 불이놀이: 코가 너무 적었다.
샌 드 위치	샌 드 위치	1개	500원 (치즈 샌드위치)	
꼬불 꼬불 라면집	라 면	2개	600원 (1개 100원)	
불이 불이	떡 볶이	1개	200원 (떡 3개당)	
치 닭 처 닭	닭다리 살	1개	500원	
다 이 쏘	연기	1개	600원	

착한 소비자! 똑똑한 소비자!				
4학년 (2)반 이름 :정미승				
가게 이름	구입한 메뉴	구입 개수	구입 가격	좋았던 가게나 불편함이 있었던 가게는 어디였나요? 그 이유는 무엇인가요?
다이쏘	알로에	1	200	치닭 처닭 도움내고 비닿을 했는데 안 용..
불이불이	젠뽁	1	200	
샌드위치	치즈샌위	ㄴ어이	500	
꼬불꼬불 라면집	콜라 라면	ㄴㄴ02	500	
치닭처닭	X	X	X 한불	

모둠 가게를 이용한 후에 작성하는 소비자 비교평가표

보면 음식 준비에 손님맞이에 판매장부 정리, 주변 정리까지 너무 분주하다. 그래서 손님 역할을 하는 아이들에게 모두 100원짜리로만 준비해 오도록 당부했다. 최소한 거스름돈이 오가는 일만 줄어도 계산이 안 맞거나 실수하는 일이 줄어들 거라는 동학년 선생님의 판단이었는데, 아이들의 수고를 덜어 주는 적합한 판단이었다는 생각이 든다.

우리 반 가게 운영이 끝나고 뒷정리를 하는 동안 손님 역할을 했던 옆 반 아이들은 소비자 평가표를 작성했다. 가게 운영이 끝나고 옆 반에서 보내 준 소비자 평가표를 함께 읽었다. 아이들은 평가표 내용을 읽어 줄 때마다 집중해서 들으며 '맛있다, 친절하다' 등의 칭찬이 나올 때는 환하게 웃었고, '시간이 오래 걸렸다, 비싸다' 등의 아쉬운 점이 나오면 왜 그럴 수밖에 없었는지 토로했다. "정말 장사하시는 분들 힘든 거 같아요"라며 아이들에게 생산자의 수고가 얼마나 큰지 알게 되었다고 반복하여 말했다.

(10) 얼마 벌었지?

1. 수익금 정산하기
- 가게 운영 후 바로 이어서 실시
- ① 총 투자한 돈 ② 물품을 팔아서 번 돈 ③ 순이익(①-②)

2. 수익금 어떻게 사용할지 회의하기
- 모둠 가게에서 재료 구매비로 1만 원씩 다시 반납하도록 할 것

가게 운영을 하는 날 수익금 정산 및 수익금 사용 회의를 바로 진행하는 것이 좋다. 옆 모둠 가게와 경쟁을 하면서 장사 도중에 음식의 가격을 깎아 준 것을 잊거나 정신없이 팔다가 판매장부에 기록을 빠뜨린 경우가 생겨 수익금 정산에 실수가 생긴다. 예상외의 일도 벌어진다. 장

사해서 번 돈으로 옆 모둠에서 음식을 사 와서 나눠 먹기도 하고 친한 친구에게 사 주기도 한다. 일단 수중에 들어오면 모두 수익금이고 자신이 열심히 일을 했으니 자기 소유라고 생각하는 까닭이다. 가게 운영 후에 바로 수익금 정산을 하지 않으면 판매금액(맨 처음 제시했던 금액보다 마지막 할인 등의 이벤트를 진행하며 가격 변동이 생김)과 판매량을 잊어 정산이 더 어렵다. 아이들은 장사 준비부터 마무리까지 쉬운 일이 없다며 주변 문구점이나 슈퍼를 운영하시는 분들이 힘들겠다는 이야기를 했다. 1~2교시 가게를 운영하고, 3~4교시 뒷정리 및 소비자 평가표를 보며 소감 나누기, 5~6교시에 수익금 정산 및 사용 회의를 하여 하루를 꼬박 경제 수업으로 진행했다.

수익금 사용을 위한 회의를 할 때는, 아이들이 열심히 돈을 벌었던 만큼 아이스크림을 사 먹자거나 돈을 나눠 갖고 싶다고 할까 봐 은근히 염려스럽기도 했다. 그러나 착한 기업, 착한 소비, 기부 및 나눔 등을 미리 공부하면서 의미 있게 돈을 쓰자는 의견이 나왔고, 결국 수익금의 반은 전주에 있는 고아원에 기부하고 나머지 반은 학교를 위해 쓰기로 결정했다. 그 당시 학교에서는 본관 서쪽의 놀이터를 새롭게 공사할 계획을 세우고, 놀이 공간을 어떻게 만들면 좋을지 아이들의 의견을 물은 적이 있었다. 이 내용을 기억하고 아이들이 놀이터 공사에 수익금을 기부하고 싶다고도 했다.

(11) 노동과 노동자

1. 노동자 개념 알아보기
- '노동자' 관련 떠오르는 생각 나누기
- 다양한 직업 중에서 노동자 찾아보기

2. 나만의 문장 만들기
- 노동자를 소재로 문장 만들기

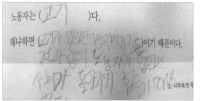

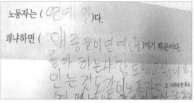

노동자를 고기에 빗대어 고기가 없으면 밥을 먹기 힘든 것처럼 노동자가 있어야 사회가 돌아갈 수 있다는 문장이 인상적이었다.

이 문장 역시 많은 생각을 하게 했다. 대중들이 특정 연예인을 좋아하기도 하고 싫어하기도 하는 것처럼, 노동자 역시 좋아하는 사람들과 싫어하는 사람들이 있다는 표현이 우리 사회 현실을 잘 반영하고 있다는 생각이 들었다.

　노동수업을 시작하면서 아이들에게 '노동자' 하면 떠오르는 것들을 물어보니 '힘쓰는 일, 조선소에서 일하는 것, 누군가가 시키는 일을 하는 사람, 다치는 일' 등이 떠오른다고 말했다. 노동자의 의미와 노동자라고 할 수 있는 직업에 대해 이야기를 나누면서 아이들 머릿속에 노동에 대한 오해와 노동자에 대한 편견이 깊게 자리 잡고 있음을 느꼈고 2시간의 짧은 노동수업이 아쉬웠다. 노동수업 마무리 활동으로 '나만의 문장 만들기'를 했다. 모둠끼리 이야기를 나눈 것을 토대로 생각을 쓰는 활동이었는데, 아이들의 결과물을 보며 노동인권교육 시간을 더 확보해서 아이들에게 가르치고 싶다는 생각을 하게 되었다.

(12) 소감 나누기

1. 소감문 작성하기

2. 소감 나누기

　아이들과 함께 1년을 지내고 한 해를 돌아보며 어떤 수업이 가장 기억에 남는지 물으니, '착한 경제' 수업이 가장 재미있었다고 한다. 경제 수업이 끝나니 아쉬움을 토로하는 아이들도 많았다. 개념조차 어려운 '경제'수업을 아이들의 눈높이에서 즐겁게 진행할 수 있었던 시간이었다. 또한 준비하는 과정부터 마무리까지 정말 수고가 많았지만 재미있고 의미 있는 수업이었다. 다음은 한 아이의 소감문이다.

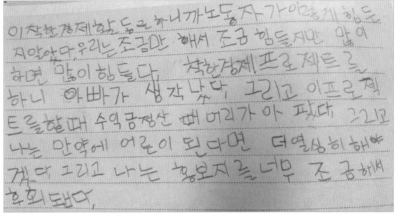

가게 운영 후 아빠가 생각났다는 내용의 소감문

3. 수업 돌아보기

Q. 아이들이 가게 운영 수익금을 기부가 아닌, 다른 방향으로 쓰기 원하면 어떻게 해야 하나요?

A. 이 수업의 가장 큰 핵심은 직접 생산자와 소비자가 되어 노동의 가치를 배우고 합리적으로 소비하는 경험을 해 보는 겁니다. 힘들게 일한 만큼 그에 대한 보상을 원하는 것은 당연한 일입니다. 맹목적이고 기계적인 기부보다는, 노동의 결과로 당연히 누릴 수 있는 것을 기쁘게 누릴 수 있는 것도 좋은 가치라고 생각합니다. 또한 일해서 값지게 얻은 것을 포기하는 게 어려운 것임을 느끼

며 기부를 실천하는 사람들에 대한 시선도 새로워질 것입니다. 따라서 기부와 나눔의 다양한 사례를 제시하여 모두가 행복한 경제의 방향을 고민하게 해 주되, 수익금 사용에 대한 아이들의 결정은 존중해 주는 것이 좋습니다.

Q. 교육과정에 없는 '노동'에 대한 성취기준을 굳이 추가해서 가르칠 필요가 있을까요?

A. 경제 수업에서 '노동'을 추가하여 가르치는 이유는, 아이들의 삶과 밀접하게 연관이 있기 때문입니다. 경제를 단순히 생산과 소비, 무역 등으로만 한정하고 저축, 투자 등의 개념을 가르쳐 경제 활동의 기초만 가르치는 것이 교육의 전부라고 생각하지는 않습니다. 시중에 경제 관련 도서를 검색하면 '부자가 되는 법'에 관한 책이 많습니다. 어떠한 책이 주류를 이루는지를 보면 현재 사람들의 관심이 어디로 향해 있는지를 알 수 있습니다. 생산이 단순히 이윤을 창출하고 소비가 단순히 행복을 위한 것이 아니라면, 노동의 가치를 알아야 합니다. 노동의 귀함을 알면 돈의 흐름에 관심을 갖게 되고, 윤리적 소비와 공정무역에 대해서 자연스럽게 생각하게 됩니다. 또한 아이들의 대부분이 노동자로 살아갈 세상에서 노동을 가르치지 않으면 그 또한 삶과 밀접한 교육이라고 말하기 어렵지 않을까요?

모둠 가게 운영 계획서

4학년 ___ 반 _____ 모둠 우리 가게 이름 _____

※이것만은 꼭 알아 둬요!

• 판매할 음식 또는 물건의 만드는 방법을 자세하게 조사해요.
• 모둠 가게 이름 간판, 메뉴판을 어떻게 꾸밀지 계획을 세워요.
• 청구 가격 - 모둠원 숫자×8,000원(예: 모둠원 4명이면 32,000원 청구)
• 최대한 정확한 가격을 조사하세요. 가격에 맞추어 구매해 드려요.
• 청구서에서 빠뜨린 재료는 모둠에서 알아서 준비해야 하니 빠뜨리지 않도록 잘 살펴보아요.

우리 모둠에서 판매할 물품 또는 음식 이름:
필요한 재료:
만드는 방법:

가게 준비물 청구서

재료 이름(자세하게)	가격(원)	수량(개, 장, 세트)	가격 조사한 곳 (인터넷, 마트, 시장 등)

위와 같이 재료를 청구합니다.

20 년   월   일

모둠원 이름(서명)	(서명)	(서명)	(서명)
	(서명)	(서명)	(서명)

우리 집은 어디에서 장을 보나요?

최근 1주일 동안 장을 본 것을 떠올리며 어른들과 함께 적어 보아요.
(반찬, 간식류, 쌀, 과일, 생활 필수품 등)

4학년 ___반 이름 _____

구입한 물건	구입한 장소(대형마트, 동네 슈퍼, 로컬푸드, 시장, 인터넷 등)	왜 여기에서 구매했나요? 이유를 써 보세요
꼭 필요하지만 사지 않고 친척이나 이웃에서 얻어서 쓰는 것들이 있다면 적어 보세요. (예: 시골에서 할머니가 쌀을 보내 주신다)		

착한 소비자! 똑똑한 소비자!

4학년 ___반 이름 _____

가게 이름	구입한 메뉴	구입 개수	구입 가격	좋았던 가게나 불편함이 있었던 가게는 어디였나요? 그 이유는 무엇인가요?

4학년 '모둠가게놀이' 수익금 사용 결과 안내

4학년 학부모님께

3월에 처음 만난 우리 아이들의 키가 제법 자라고 마음도 쑥쑥 큰 걸 보며 한 해를 마무리하는 12월이 왔음을 느낍니다. 안녕하십니까?

올해 4학년은 학부모님의 관심과 협조 덕분에 다양한 프로젝트 수업을 진행할 수 있었습니다. 그중 아이들이 가장 인상 깊었다고 말하는 프로젝트 수업은 9~10월 사이에 진행한 착한 경제 프로젝트입니다. 경제는 4학년 과정에서 처음 배우는데, 교과서 내용을 살펴보면 생산, 소비, 노동, 경제 등 추상적인 개념이 많아 아이들이 이해하는 데 어려움이 있습니다. 이에 4학년 선생님들은 '가게놀이'를 기획하여 생산과 소비를 직접 경험하고 노동의 가치를 몸소 체험하도록 활동 중심으로 수업을 전개하였고 수익금은 아이들 회의를 통하여 사용하도록 결정했습니다. 부모님이 아시는 것처럼 가게놀이에 필요한 재료 및 운영비는 학교 예산으로 전액 지출하였고, 가게놀이가 진행될 때마다 아이들이 원하는 만큼 용돈으로 소비활동을 하도록 하였습니다. 모둠가게놀이 수익금 사용 내역은 다음과 같습니다.

〈수익금 사용 내역〉

학년 반	수익 금액	사용 내역
4-○	94,350원	전북신문사를 통해 사회복지공동모금회로 전액 기부

착한 경제 수업을 진행하며 아이들이 "부모님이 고생하시는 것을 느꼈다, 가게 활동을 또 하고 싶다, 땀 흘려 번 돈이라 뿌듯하다." 등 다양한 소감을 나누었습니다.

다시 한번 학부모님의 협조에 감사드리며 자녀와 함께 행복한 연말 되시기를 바랍니다.

20○○ 4학년 ○반 담임교사
○○ 초등학교장

킬미힐미(Kill Me Heal Me)
환경과 나는 상호 보완적 존재라는 것을
깨닫게 하고 싶을 때

#5학년_2학기_과학 #2-생물과_환경 #환경수업

1. 수업 들어가기

Kill Me? Heal Me!

환경과 나, 공존할 수 있는 좋은 방법은 없을까?

환경과 나

생태계란? 환경이란? 그 속에서 영향을 받는 '나'
환경이 오염되어 생태계가 파되면 나는 과연 살아갈 수 있을까?

Kill Me?

우리가 발전이라는 미명 아래
환경을 오염시켰던 국내, 국외 사례를 찾아보고
결국엔 'Me'가 환경에만 해당되는 것이 아닌 '나'인 것인지…

Heal Me!

환경과 내가 공존하기 위해서 어떻게 해야 할까?
생태계 복원을 위한 노력을 알아보고
우리의 실천을 다짐하며 실천하는 태도를 지녀야겠지?

앞으로 함께 해야 할 일

환경오염은 갈수록 심해져만 가는데
사람들은 이에 대해 심각성을 잘 깨닫지 못하고 있다.
국가부터 기업, 개인까지 모두가 함께 환경오염을 줄이기 위해
함께 노력해야 해.

2. 수업 펼치기

1) 수업의 개요

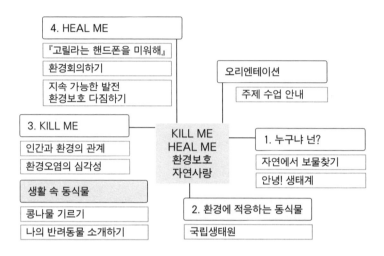

2) 수업 내용

	단원명	주요 활동과 내용	성취기준	차시량
	오리엔테이션	• 주제 수업 활동 안내	[6과05-01] 생태계가 생물 요소와 비생물 요소로 이루어져 있음을 알고 생태계 구성 요소들이 서로 영향을 주고받음을 설명할 수 있다. [6과05-02] 비생물 환경요인이 생물에 미치는 영향을 이해하여 환경과 생물 사이의 관계를 설명할 수 있다. [6과05-03] 생태계 보전의 필요성을 인식하고 생태계 보전을 위해 우리가 할 수 있는 일에 대해 토의할 수 있다.	1
1	누구냐 넌?	• 건지산 나들이: 자연에서 보물찾기 • 렌즈로 표현하는 자연물		4
		• 생태계란 무엇일까요? • 환경이란 무엇일까요? • 생태계 구성 요소 • 생태계 특성 • 환경의 특성		5
2	환경에 적응하는 동식물	• 국립 생태원 체험학습		6
3	KILL ME	• 우리 생활과 생태계 • 인간과 환경의 관계 • 환경 오염의 심각성		5

| 4 | HEAL ME | • 『고릴라는 핸드폰을 미워해』
• 지속 가능한 발전
• 환경보호 다짐하기 | [6실04-02] 생활 속 식물을 활용 목적에 따라 분류하고, 가꾸기 활동을 실행한다. | 7 |
| 5 | 생활 속 동식물 | • 콩나물 기르기
• 나의 반려동물 소개하기 | [6실04-03] 생활 속 동물을 활용 목적에 따라 분류하고, 돌보고 기르는 과정을 실행한다. | 6
기간
내
운영 |

※본 수업은 2015학년도(성취기준 기준: 2009 개정 교육과정)에 만들어진 것으로 성취기준은 현재 2015 개정 교육과정 성취기준을 반영하여 수정하였음. 이후 수업 설명은 2009 개정 교육과정 6학년 1학기 기준으로 기술됨.

3) 수업의 실제

(1) 오리엔테이션

'킬미힐미(Kill me Heal me: 환경보호 자연사랑)' 주제 수업은 첫 번째로 실행하는 통합수업이기에 선생님들이 먼저 아이들의 머릿속을 구조화시켜 주는 게 중요하다고 생각해서 마인드맵을 제시하는 것으로 시작했다. 이번 주제 수업은 주제 수업에 아직 익숙하지 않은 아이들에게 안내하는 것이 출발점이다.

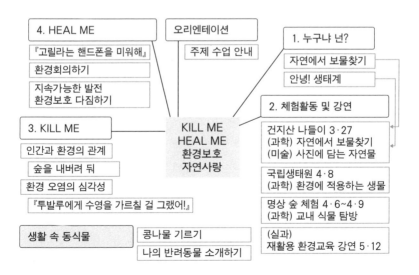

마인드맵을 보면 알 수 있듯이 '킬미힐미'(Kill me Heal me, 이하 '킬미힐미') 주제 수업의 내용은 사회, 과학, 실과 교과목이 주를 이루고 국어, 음악, 미술은 도구 교과로 활용했다. 사회 2단원 환경과 조화를 이루는 국토, 과학 2단원 생물과 환경 전체가 적용이 되며, 실과 2단원 생활 속 동식물 이용은 일부분 적용이 되는 수업이다.

3월 26일을 기점으로 '킬미힐미'의 오리엔테이션을 하고 3월 27일에 '건지산 나들이' 활동으로 시작한다고 하자 아이들은 환호성을 질렀다. 첫 주제학습 시작이 현장체험학습으로 진행되니 흥분할 수밖에 없었을 것이다.

또한 전주시에서 추진하는 '명상숲 체험활동'을 신청해서 이 활동을 통해 교내에 있는 나무들의 종류 및 자연환경에 대한 수업을 들으면서 반별로 교내 자연학습을 진행하게 된다고 안내했다. 6년 동안 다닌 학교에 어떤 식물과 나무가 있는지를 잘 알지 못하므로 더 의미가 있을 것이라 생각했는데, 안내를 받은 아이들의 눈빛은 호기심 반 설렘 반이 되었다.

현장체험학습으로 시작되는 '킬미힐미' 주제학습이 놀이로 변질되는 것을 막기 위해 현장체험학습과 함께 우리가 계획한 모든 것은 학습과 연관 있다는 것을 여러 번 강조해야 했다. 처음 프로젝트 학습을 접하는 아이들에게는 흥미를 끄는 것도 필요하지만 활동 자체가 학습임을 처음부터 명확히 아는 것이 중요하다. 오리엔테이션 때 이번 주제학습의 내용이 어떤 교과, 어느 부분에 해당하는지 대략적인 확인도 필요한 활동이다.

전체적인 안내를 한 뒤 8절 스케치북에 마인드맵을 그려 보는 활동으로 주제학습에 대한 오리엔테이션을 마치고, '건지산 나들이'의 세부 활동에 대한 안내와 준비물로 마무리를 지었다.

(2) 누구냐 넌?

1. 자연에서 보물찾기
- 건지산 나들이
- 렌즈로 표현하는 자연물 조형 요소 발견해서 사진 찍기

2. 안녕! 생태계
- 생태계란? 환경이란?
- 생태계의 구성 요소와 특성, 환경의 특성

자연에서 보물찾기

'킬미힐미(주제: 환경보호 자연사랑)' 소활동으로 3월 27일 건지산 나들이를 계획했다. 그간 교실 및 교내의 활동 범위가 한정되어 있었지만 과학, 사회, 실과, 국어 등 다양한 교과의 적용으로 계획한 이 활동은 살아 있는 생태계의 모습을 관찰하고 환경보호 마음을 기르기 위한 목적으로 우리 주변의 자연환경을 탐방하기로 했다. 3월이라 날씨가 쌀쌀하고 학년 첫 나들이라서 걱정은 했지만 건지산까지 오르는 활동이고 학교와 그리 멀지 않은 지역(아이들 걸음으로 대략 35분)이라서 추진하기로 했다.

건지산 나들이를 추진하기 위해 선생님들은 수요일 오후 출장을 신청하고 최단거리 답사를 했다. 어느 길이 아이들에게 가장 좋을지, 시간은 대략 어느 정도 걸릴지를 고민하며 수업을 마친 후 학교에 차를 놓고 실제로 아이들이 걸어가야 할 코스를 정했다. 답사를 하고 돌아오는 길에 날씨가 따뜻하다면 첫 번째 현장체험학습 기념으로 아이스크림을 사 주는 것도 계획했다. 현장답사를 통해 건지산 나들이 '자연보물찾기' 활동에 필요한 사진까지 찍음으로써 준비를 얼추 마칠 수 있었다.

'건지산 나들이'는 과학과 미술 교과가 주를 이루는 활동으로 자연 속 보물찾기 활동, 렌즈로 표현하는 자연물, 조형 요소 발견해서 사진 찍기 활동으로 진행된다. 자연 속 보물찾기 활동은 아이들이 학교에서 **PPT**를 보고 오송제에 가서 사진을 찍어 오고, 각자 찍은 사진을 클래스팅에 올려 확인하는 활동이다. 렌즈로 표현하는 자연물, 조형 요소를 발견해서 사진 찍기 활동도 이와 마찬가지로 클래스팅에 올림으로써 활동 확인의 번거로움을 덜 수 있었다.

추후 5월 1일 학교교육과정에 계획되어 있는 숲길걷기 활동과 연계하여 계절이 변화하는 모습과 연결하여 진행할 예정이라고 설명하고, 현재 조원들의 모습과 그때의 모습을 사진으로 찍어 변화된 모습을 찾아보기로 했다.

다음은 3월 27일 건지산 활동 후 5월 1일 학교 행사인 숲길걷기 활

3월 27일 6학년 5반 '영희와 철수'조

생명 불어넣기   세밀화 그리기 활동

동으로 연계하여 활동한 사진이다. 이때의 활동으로는 계절의 변화 알아보기 활동과 생명 불어넣기 활동(OHP 필름과 네임펜, 수정액 활용), 세밀화 그리기 활동을 더하여 더욱 풍성한 수업으로 이어 갈 수 있었다.

안녕? 생태계!

건지산 나들이를 다녀온 후 생태계의 의미와 구성 요소, 먹이사슬, 먹이그물, 생태 피라미드, 생태계 평형에 대한 내용들을 사회, 과학 교과서를 활용해서 수업을 진행했다. 건지산에서 보았던 환경을 토대로, 생물과 비생물적 환경요인이 상호작용하는 것을 생태계라 한다고 정의하며 1차시에는 생태계의 구성 요소를 분류하는 수업을 했다. 생물인 것과 생물이 아닌 것을 실험관찰에 붙임딱지를 활용해서 붙여 보고, 생물인 것을 생산자·소비자·분해자로 분류하고, 생물이 아닌 것을 비생물적 환경요인이라고 하는 부분까지 1차시를 진행했다.

2차시에는 생태계 구성 요소 관련짓기 놀이를 했다. 생태계 구성 요소 붙임딱지를 10개 붙이고 그중 한 개를 정해서 관련 있는 다른 붙임딱지를 찾아 사인펜으로 연결하며 어떤 관련이 있는지 말해 보았다. 짝과 함께 활동하면서 생태계의 구성 요소는 서로 영향을 주고받으며 살아가고 있다는 것을 배울 수 있었다.

3차시에는 먹이사슬, 먹이그물, 생태 피라미드, 생태계 평형을 서로 연관 지어 수업을 진행하면서 생태계가 파괴되면 나타날 수 있는 여러 현상에 대해 생각해 보는 시간을 가졌다.

이론적인 부분들이 많고, 활동보다 지식 전달식 수업이 되는 경우가 많아서 아쉬웠다. 하지만 수업 이전에 건지산 나들이를 통해 생태계 환경을 직접 볼 수 있었고, 이것은 생태계 관련 내용들을 이해하는 데 도움이 되었다. 또한 수업 후 〈원 라이프〉라는 다큐멘터리를 보면서 생

생태계 구성 요소 분류하기　생태계 구성 관련짓기 놀이　　다큐멘터리 〈원 라이프〉

태계에 대해 정리할 수 있었다. 재미도 있지만 무엇보다 평소에 볼 수 없었던 동식물들의 실제 모습을 잘 담아낸 영상이어서 아이들의 몰입도가 높았고, 생태계라는 주제에 대한 배움의 효과도 컸다.

(3) 환경에 적응하는 동식물

2015년 4월 8일(수) 서천 국립생태원의 일일 생태 체험 프로그램에 참여했다. 과학 2단원 생물과 환경에서 '생태계'와, '생물은 환경에 어떻게 적응하며 살아갈까?' 부분의 교육과정과 연계할 수 있는 프로그램이었다.

2시간은 일일 생태 체험 프로그램에 참여했고, 2시간은 생태원 에코

서천 국립생태원 일일 체험학습

리움에 있는 기후별 다양한 동식물들을 보며 어떻게 환경에 적응하는지 체험해 보는 시간이었다.

일일 생태 체험 프로그램은 생태계의 구성 요소에 대해 알아보고, 생태원에 있는 생물들 찾아보기 활동을 했다. 이미 과학 수업을 통해 생태계에 대한 내용을 배운 아이들은 수업에 적극적으로 참여했다. 직접 루페를 들고 생태원을 돌아다니며 생물들을 관찰하는 활동을 하면서 루페로 확대된 생물들의 모습을 보며 즐거워했다.

기후별 다양한 생물들을 관찰하기 위해 에코리움의 열대관, 사막관, 온대관, 극지관 등을 돌아다니며 각 생물들의 특징을 살펴보았다. 체험 후에는 생태원에서 보았던 환경에 적응하는 생물들을 마인드맵으로 정리해 보는 활동을 했다. 교과서에 있는 내용을 실제로 직접 관찰하고 체험해 보는 활동으로 아이들에게 의미 있는 시간이 되었다.

서천 국립생태원 정리 활동 마인드맵

(4) Kill me-인간과 환경의 관계, 환경오염의 심각성

1. 나우루의 비극
- 그림책『투발루에게 수영을 가르칠 걸 그랬어!』
- 〈북극곰아〉 노래 부르고 음악 그리기

2. 환경오염과 우리 생활
- 그림책『숲을 그냥 내버려 둬!』
- 환경오염 피해 사례 조사

이번 수업에서는 환경오염의 심각성, 또 환경오염과 우리 생활의 관련에 대해 알아보고자 했다. 수업의 도입은 아이들과 꼭 나누고 싶은 그림책 두 권을 읽으며 시작했다.

그림책 『투발루에게 수영을 가르칠 걸 그랬어!』

첫 번째 그림책은 『투발루에게 수영을 가르칠 걸 그랬어!』이다. 이 책은 인상적인 제목 때문에 도서관에서 우연히 읽었는데, 내용이 좋아 환경 관련 수업을 할 때 읽어 주곤 한다. 책 제목의 '투발루'는 국가명이 아니라 주인공이 사랑하는 고양이 이름이다. 국가명과 고양이 이름을 동음이의어로 잘 활용한 이 책은 투발루에 살고 있는 아이 로자와 고양이 투발루의 우정, 이별과 함께 투발루의 해수면이 높아져 갑자기 이곳을 떠나야만 하는 투발루 국민들의 슬픈 상황을 담고 있다. 로자네 가족은 갑자기 사라진 고양이 투발루를 찾지 못한 채 떠나야만 했다. 이륙한 비행기 안에서 까만 점으로 보이는 고양이 투발루를 발견한 로자의 눈에서는 쉴 새 없이 눈물이 흐르고, 로자는 이렇게 되뇐다. '투발루에게 수영을 가르칠 걸 그랬어!' 그리고 이 책의 독자들에게 말한다. "저는 투발루와 투발루에서 함께 살고 싶어요. 제발 도와주세요!" 연구실에서 이 책을 함께 읽던 동학년 선생님도 눈물을 흘렸다. 교실에서 아이들에게 읽어 줄 때는 평소 감정이 풍부한 아이가 훌쩍거렸다. 그림책을 읽은 아이들은 숙연해졌다. 우리와는 먼 이야기라고 생각해 왔던 지구온난화가 그림책을 통해 감정이입이 된 것이다. 그림책을 보여 준 뒤 지식채널e 〈somewhere over the rainbow〉를 시청했다. 그림책의 내용이 실제 상황임을 영상을 통해 알게 된 아이들은 침통한 표정이었다. 투발루 국민들이 겪는 어려움이 그들의 잘못 때문이 아니라, 우리가 지금 누리는 에어컨, 자동차 등의 편리함과 밀접하게 연관되어 있음을 이야기했다.

그러고 나서 지구온난화 환경문제와 관련하여 '좋아서 하는 밴드'의 〈북극곰아〉(선택활동)라는 노래를 함께 들었다. 단순한 리듬과 가사여서 아이들이 쉽게 따라 불렀다. 가사 중 "차가운 얼음 위에, 네가 네가 살 수 있게~ 뜨거운 여름에도 에어컨을 잠시 꺼 둘게"가 나온다. 북극곰을 위해 우리가 누리는 편리함을 잠시 포기하고, 또 미안한 마음을 가져야 함을 노래 가사를 통해 아이들과 공감했다. 얼음이 녹아 살 곳을 잃어 가는 북극곰에 관한 지식채널e 〈얼음 위를 걷고 싶어요〉도 함께 시청했다. 그리고 미술, 음악 시간에 〈북극곰아〉 노래 가사에 어울리는 그림을 그려서 이를 윈도우 무비메이커로 연결하는 동영상 제작도 함께 했다.

아이들과 함께 읽은 또 하나의 그림책은 『숲을 그냥 내버려 둬!』이다. 발명을 좋아하는 쥐돌이는 숲속 친구들의 생활을 편리하게 해 줄 새로운 물건을 개발한다. 그런데 이 과정에서 보라색 오염물질이 발생해서 이곳저곳에 숨겨 보지만 사라지지 않고 자신에게 다

그림책 『숲을 그냥 내버려 둬!』

시 돌아온다. 결국 쥐돌이는 편리함을 위한 발명도 심사숙고해야 한다는 교훈을 얻게 된다. 아이들과 이 그림책을 읽고 작가가 하고 싶었던 이야기가 무엇인지 묻자, 환경을 훼손시키면 그 결과가 결국 본인에게 돌아온다는 것을 말하고 싶은 것 같다고 했다. 성취기준에도 환경, 생태계의 특성, 인간과의 관계를 알아보는 내용이 나온다. 인간과 환경의 관계는 밀접하고, 서로에게 영향을 주고받는다는 것을 이 책의 내용을 통해 아이들이 내면화할 수 있었다.

그림책과 노래로 환경오염의 심각성, 환경과 인간의 관계를 알아본

뒤 아이들에게 우리 주변의 환경오염 피해 사례를 직접 조사하는 과제를 제시했다. 기사를 검색해 본 아이들은 우리 지역의 환경오염 사례부터 다른 나라 피해 사례까지 다양한 내용을 조사했다. 이 내용을 돌려 읽으며 서로 조사한 내용을 공유했다. 아이들은 환경오염이 우리에게 주는 심각한 영향에 놀라고 끔찍해했다. 이는 특정한 사람들의 잘못만이 아니라 우리 모두와 관련된 일이기에 생활 속에서 환경오염을 줄이려고 노력하는 자세가 필요하다는 이야기를 나누고 수업을 마무리했다.

(5) Heal me-지속 가능한 발전

1.『고릴라는 핸드폰을 미워해』와 EBS 〈천연자원 콜탄〉 동영상
- 갈등 상황 제시하기

2. 입장을 강조하는 포스터 그리기
- 토론: 환경회의하기

3. 지속발전 가능한 대안 찾고 '나만의 문장' 만들기

'킬미힐미' 수업을 진행하며 다수의 체험학습과 많아지는 수업량으로 인해 애초 계획했던 일정보다 길어지다 보니 아이들은 첫 번째 주제 수업을 다소 지루해하는 경향이 있었다. 처음에 계획했던 것은 국토개발로 인한 환경 피해 사례와 생태계 복원 노력을 조사한 후 주장하는 글쓰기 활동이었지만, 그보다 짧고 굵은 핵심 있는 수업이 필요하다고 생각했다. '지속 가능한 발전'이라는 주제를 생각하며 인터넷 자료를 찾아보던 중 알게 된 『고릴라는 핸드폰을 미워해』라는 책과 관련된 것이 이번 수업이다.

이 수업에서는 환경오염으로 파괴된 생태계 복원 방안에 대해 흥미로우면서도 실생활과 밀접한 관련이 있는 문제를 다루고자 했다. 그 안에서 아이들 간의 갈등과 토론 상황을 통해 좀 더 깊이 고민하는 시간을 만들고 싶었다. 사회, 과학뿐만 아니라 국어에서도 관련 단원과 통합하여 2~3시간 정도 넉넉한 시간을 갖고 수업했다.

도입에서는 〈천연자원 콜탄〉이라는 EBS 동영상을 함께 보며 전 세계 생산력의 80%에 해당되는 콩고민주공화국의 천연자원인 콜탄이 우리가 흔히 쓰는 첨단기기인 핸드폰, 노트북 등에 필수로 쓰인다는 것을 알았다. 이어서 『고릴라는 핸드폰을 미워해』라는 책 소개와 함께 콜탄 채취 과정에서 생기는 여러 가지 문제점, 즉 캐는 과정에서의 노동 착취, 지구상 유일한 고릴라 서식지 파괴, 콜탄의 수익금을 내전 자금으로 사용하는 것 등을 읽기 자료로 제시하고 일어날 수 있는 갈등 상황들을 확인하게 했다. 그 후에 모둠별로 각기 다른 다섯 가지 역할을 주고 환경회의를 준비하게 했다. 모둠 안에서 아이들은 각 역할에서 주장할 수 있는 내용을 정리해서 자신들의 주장이 제시된 포스터를 만들었다. 다섯 가지 입장은 각각 고릴라 연합, 콜탄 채취 광부, 핸드폰 기업 사장 및 핸드폰 사용자, 환경 연합, 콩고 내전에 참가한 어린이다. 각 모둠에서 만든 포스터는 다음과 같다.

고릴라 연합

콜탄 채취 광부

환경 연합

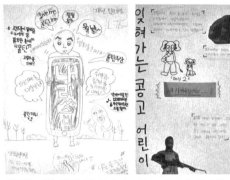

핸드폰 기업 사장 및 사용자　　콩고 내전에 참가한 어린이　　콜탄 개발에 대한 나의 대안

　　아이들은 각자의 입장을 발표한 후에 그 입장에 서서 토론을 하며 해결 방안을 함께 생각해 보았다. 아이들은 고릴라를 비롯한 환경 보호의 필요성을 느끼면서도 한편으로는 첨단기기로 인해 편리해진 인간의 생활에서 개발이 불가피한 점도 있음을 각자의 주장을 들으며 수긍하게 되었다.

　　마지막으로 자신이 생각하는 대안을 포스트잇에 쓰고 칠판에 세 부분으로 나누어 붙이게 했다. 개발 찬성인가? 반대인가? 아니면 개발과 환경 보존 두 가지 다인가? 세 번째 입장에서 '지속 가능한 발전'이라는 용어를 도입했다. '후세대를 위해 환경을 무분별하게 손상시키지 않으면서 현세대의 필요성을 충족시키는 개발'이라는 뜻으로 말이다. 마지막으로 "지속 가능한 발전이란 _____다"라는 문장을 함께 완성하고 수업을 마무리했다.

〈통합한 교과 관련 내용〉
• 6학년 사회 2. 환경과 조화를 이루는 국토: '지속 가능한 발전'
• 6학년 국어 2. 다양한 관점: 8-9차시 '신문기사 읽고 토론하기'
• 6학년 국어 5. 광고 읽기: 6-7차시 '광고 만들기'

- 6학년 국어 9. 주장과 근거: 7-8차시 '우리 주변의 문제에 대하여 주장하는 말 하기'
- 6학년 과학 2. 생물과 환경: 9-10차시 '생태계 복원 계획 세우기'

※ 수업 아이디어와 진행은 김남수 박사님의 논문 「초등학교 전문학습 공동체의 환경 수업 공동 설계와 실행 사례 연구: 환경 수업 전문성의 관점에서」와 『고릴라는 핸드폰을 미워해』라는 책을 참고했다.

(6) 생활 속 동식물

1. 콩나물 기르기

2. 나의 반려동물 소개하기

콩나물 기르기

콩나물 기르기는 6학년 과학 교과의 '2. 생물과 환경' 단원과 실과 교과의 '2. 생활 속의 식물 가꾸기' 단원을 '킬미힐미' 프로젝트 기간에 통합한 내용의 수업이다. 우리는 과학 2단원의 콩나물의 자람에 영향을 주는 비생물적 요소(햇빛)를 알아보는 콩나물 실험을, 실과 2단원에 나오는 콩나물을 직접 교실에서 기르면서 공부하기로 했다.

먼저 콩나물 콩을 물에 5시간 정도 불린 후, 각 반의 아이들이 페트병을 이용해 만든 콩나물시루에 옮겨 주었다. 페트병 콩나물시루는 과학책에 나오는 실험 조건과 동일하게 제작했고, 콩을 담은 후에는 햇빛을 차단하는 검은 봉지로 씌운 것과 씌우지 않은 것으로 구분해 콩나물을 기르게 했다. 그리고 콩나물에 물을 주는 시간(하루 3번)을 정해서 물을 주고 관찰했다. 하루가 지나자 콩나물의 싹이 텄는데, 아이들은 빠른 시간에 싹이 났다는 것과 콩나물 머리가 아래에 있는 게 아니라, 줄기가 자랄수록 머리가 위로 일어서서 올라온다는 것을 알고 깜

콩나물 기르기 과정

짝 놀랐다. 시간이 지날수록 햇빛을 받은 콩나물은 머리가 초록색으로, 검은 봉지를 씌워 놓은 콩나물은 머리가 노란색으로 자랐다. 그러나 검은 비닐봉지로 씌워 놓았는데 햇빛이 완벽히 차단되지 못한 콩나물은 머리가 초록색을 띠기도 했다.

콩나물을 기르는 과정을 통해 아이들은 자연스럽게 광합성이 무엇인지 알게 되었고, 우리가 먹는 노란 콩나물에 대해서도 자연스럽게 이야기를 나누면서, 실과와 과학에서 배워야 할 성취기준을 달성했다 (과학: 빛, 온도, 물 등과 같은 환경요인이 생물의 생활에 영향을 끼친 사례를 말할 수 있다, 실과: 꽃이나 채소 등과 같은 생활 속의 식물 가꾸기 방법과 과정을 이해하고, 실제 생활에 필요한 꽃이나 채소 등을 가꾸어 이용할 수 있다).

급식실 영양사님이 우리가 기른 콩나물로 맛있게 콩나물 무침을 해 주셨고, 평소 콩나물을 먹지 않던 아이들도 '세상에서 제일 맛있다'며 즐겁게 먹었다.

나의 반려동물 소개하기

6학년 실과 교과에는 '생활 속의 동물 돌보기' 단원이 있다. 사실 학교 교실에서 반려동물을 돌보고 기르는 것이 어렵기 때문에, 우리는 '킬미힐미' 프로젝트 기간에 자신의 반려동물을 소개하는 시간을 갖도록 수업을 설계했고, "생활 속의 동물을 돌보는 방법과 과정, 또는 성장 과정을 이해하고, 반려동물이나 경제동물을 실제 생활에 이용할 수 있다"는 성취기준을 달성할 수 있었다.

6학년은 하루의 시작과 끝을 하루 도우미 친구가 열고 닫는, 하루 열기 시간이 있다. '킬미힐미' 환경 프로젝트 기간 동안에 정규 교과 수업시간이 아닌 하루 열기 시간에 가정에서 키우는 동물을 데려와서 친구들에게 반려동물을 소개했다. 처음에는 정말 학교로 반려동물을 데려와도 되느냐고 되묻는 아이도 있었고, 신나서 환호하는 아이들도 많았다. 지금 생각해 보니 나의 반려동물을 학교에 데리고 와서 소개한다는 것이 아이들에게는 새로운 경험이었을 것 같다.

'킬미힐미' 프로젝트가 진행되는 3주 동안, 처음엔 작은 말티즈와 같은 반려견부터 햄스터, 고슴도치, 금붕어, 사슴벌레, 커다란 개의 한 종류인 사모예드까지 학교에 등장하면서, 아이들은 동물과 친숙해지고, 생명의 소중함을 다시 한번 느끼게 되었다.

나의 반려동물 소개하기

3. 수업 돌아보기

Q. '환경'이란 주제는 어떻게 보면 굉장히 진부한 주제인데요. 어떤 활동을 중점을 둬서 진행했는지요?

A. 맞아요. '환경'은 이미 교과서나 다른 학년에서도 수업을 많이 하는 주제입니다. 그래서 학교 주변 나들이, 명상 숲체험 프로그램, 국립생태원 체험학습 등 좁은 교실에서 벗어나 살아 있는 생태계와 환경을 직접 경험하고 느낄 수 있도록 계획했어요. 교실에서만 모니터로 환경의 중요성에 대해 배우는 것보다는 직접 체험하는 것이 훨씬 더 효과적입니다. 외부 활동을 많이 하다 보니 자연스럽게 고학년 생활지도가 연계되어 아이들의 감정선이 긍정적 에너지로 변화되기도 했습니다.

Q. 수업에 적용할 수 있는 다른 그림책이 있으면 추천해 주세요.

A.

영역	도서명	지은이	출판사
대기오염 + 지구온난화	죽음의 먼지가 내려와요	김수희 글, 이경국 그림	미래아이
	누가 숲을 사라지게 했을까	임선아 글·그림	와이즈만북스
	탁한 공기, 이제 그만	이욱재 글·그림	노란돼지
	달 샤베트	백희나 글	책읽는곰
	태양을 향한 탑	콜린 톰슨 글	논장
수질오염 + 물 절약	우리 집 물도둑을 잡아라	최형미 글, 소복이 그림	위즈덤하우스
	맑은 하늘 이제 그만	이욱재 글·그림	노란돼지
	초록 강물을 떠나며	유다정 글, 이명애 그림	미래아이
토양오염 + 쓰레기 문제	플라스틱 섬	이명애 글·그림	상출판사
	쓰레기 행성을 구하라	선자은 글, 강혜숙 그림	푸른숲주니어
	비닐봉지 하나가	미란다 폴 글	길벗어린이
무분별한 개발	이제 숲은 완벽해!	에밀리 그래빗 글·그림	주니어김영사
	강변 살자	박찬희 글, 정림 그림	책고래
	생태 통로	김황 글, 안은진 그림	논장
	아빠한테 가고 싶어요!	유다정 글, 주보희 그림	미래아이

『고릴라는 핸드폰을 미워해』

고릴라는 왜 핸드폰을 미워할까요?

아래의 문장은 순서가 뒤죽박죽입니다. 순서를 맞추어 보세요.

우리가 쓰고 있는 핸드폰의 재료에는 콜탄이라는 물질이 필요합니다. 콜탄을 정련하면 탈탄이라는 물질이 나옵니다.

① 사람들은 콜탄의 값이 비싸지자 콜탄을 캐기 위해 콜탄이 생산되는 곳으로 모였습니다.

② 탄탈은 높은 온도에 잘 견디는 성질이 있습니다. 콜탄이 핸드폰의 재료로 쓰이면서 1kg에 2만 5,000원이던 것이 50만 원으로 20배 넘게 가격이 올랐습니다.

③ 많은 고릴라가 살아갈 곳이 줄어들고 사람들에게 사냥당했습니다. 1996년에 280여 마리였던 고릴라는 2001년 14마리밖에 남지 않았습니다.

④ 콜탄이 생산되는 곳은 '콩고'라는 나라의 '카후지-비에가 국립공원'입니다. 사람들이 많이 모여들면서 국립공원의 숲이 황폐하게 변했습니다. 나무를 베어 내고 야생동물을 사냥했습니다.

박경화 글(출처-http://tvcast.naver.com/v/290632)

함께 생각해 봅시다

콩고의 카후지-비에가 국립공원은 세계문화유산으로 지정된 아주 아름다운 곳이었어요. 그런데 콜탄을 캐기 위해 사람들이 모여들면서 나무껍질이 다 벗겨지고, 땅은 파헤쳐졌지요. 국립공원에 살고 있던 고릴라의 수도 2001년에 14마리만 남게 되었고, 28마리의 코끼리도 2마리밖에 남지 않게 되었어요.

핸드폰이 가장 많이 생산되는 나라는 어디일까요? 새로운 기능이 나오면 새 핸드폰을 사고, 핸드폰을 잃어버리면 '이참에 새로 사야지.' 하고 핸드폰을 찾지 않는 사람이 많다고 합니다. 멸종 위기인 고릴라가 핸드폰을 미워할 만하지 않나요?

콜탄은 핸드폰뿐만 아니라 노트북, 컴퓨터, 제트엔진 등 다양하게 쓰인다고 해요. 우리가 고릴라를 위해서 할 수 있는 일은 무엇이 있을까요?

고릴라 연합

콩고는 지구상 유일한 고릴라 서식지이다. 하지만 계속해서 콜탄을 캐내면서 고릴라들의 서식지가 파괴되었다. 콜탄을 불법으로 채취하면서 고릴라들이 방해가 된다는 이유로 개발자와 반군에 의해 죽임을 당하고 그 수가 급격히 줄어들어 이제는 자연번식으로 개체수를 유지할 수 없는 상태가 되었다. 고릴라가 멸종되면 생태계가 파괴되고, 결국에는 사람들에게도 피해가 갈 것이다.

1. 고릴라의 입장에서 사람들에게 하고 싶은 말
2. 고릴라를 보호해야 하는 이유

콜탄 채취 광부

콩고 사람들은 갑자기 무너질 수도 있는 광산 안에서 특별한 보호

장치 없이 대부분 아주 원시적인 수작업을 통해 콜탄을 캐내요. 군인들이 이들을 항상 감시하고 있지요. 심지어 군인들은 아이를 유괴하거나 돈으로 회유해 콜탄을 나르는 일을 시키기도 합니다. 2009년 인권 리포트에 따르면 어른은 하루 **18**센트(180원), 아이는 9센트(90원)의 급료를 받는다고 해요. 반면 콜탄의 시장가격은 1kg당 600달러(60만원) 이상에 거래된답니다. 노동자들은 하루 종일 위험한 환경 속에서 콜탄을 캐내면서도 제대로 된 급료조차 받지 못하는 거예요.

1. 광부의 입장
2. 하고 싶은 말 정리해서 포스터 만들기

휴대폰 기업 사장

휴대폰을 만드는 데에는 콜탄이 꼭 필요하다. 콜탄은 휴대폰 생산뿐만 아니라, DVD, 태양전지, 텔레비전 카메라, 노트북, 게임기, 우주선, 원격 조작 병기, 원자력발전시설, 의료기기, 리니어 모터카, 광섬유 등을 만드는 데 사용된다. 이렇게 많이 쓰이는 콜탄을 더 이상 싸게 살 수 없게 되면 휴대폰을 만드는 데 더 많은 비용이 들어가게 되고 결국 휴대폰의 가격이 더 비싸질 것이다. 기업은 많은 이익을 내는 것이 목표이다. 콜탄을 싸게 사서 휴대폰을 저렴하게 공급하면 소비자도 좋아하고 기업에서도 많은 이익을 남길 수 있다. 또한 휴대폰을 최신으로 개발하고 저렴하게 세계시장에 수출하면 우리나라에도 도움이 된다. (2001년 일본에서는 콜탄을 가공한 탄탈륨을 제때 확보하지 못해 크리스마스 때 일본 Sony의 게임기 '플레이스테인션 2'의 재고가 바닥남에도 불구하고 물량을 공급하지 못한 일도 있었다.)

1. 휴대폰 기업 사장의 입장
2. 하고 싶은 말 정리해서 포스터 만들기

휴대폰 사용자

지금은 휴대폰이 없으면 생활하기가 많이 불편하다. 휴대폰은 가족과 친구와 연락할 때, 급한 일이 생기거나 위급한 상황에서도 꼭 필요하다. 휴대폰의 성능이 좋아질수록 더욱 편한 것도 사실이다. 모양도 예뻐지고 무게도 가벼워지고 속도도 빨라지며 화질 또한 선명해진다. 더구나 휴대폰은 1년만 지나면 다른 최신 기종이 나오게 된다. 최신 기종은 보다 좋은 성능으로 소비자들을 유혹한다.

1. 휴대폰 사용자의 입장
2. 하고 싶은 말 정리해서 포스터 만들기

환경 연합

콜탄을 채취하기 위해 광산을 만드는 것은 많은 아프리카 노동자들을 위험한 환경 속에 방치할 뿐 아니라 세계문화유산인 카후지-비에가 국립공원의 자연환경도 황폐화시킨다. 콜탄을 개발하기 위해 사람들이 몰리고, 또 콜탄이 개발되면서 해마다 이 숲의 공원은 황폐해지고 숲에 사는 코끼리와 고릴라들은 사람들에 의해 죽어 가고 있다.

1. 환경 연합의 입장
2. 하고 싶은 말 정리해서 포스터 만들기

콩고 내전에 참가한 어린이

노동자들이 캐낸 콜탄의 수익금은 과연 어디로 갈까? 그 돈은 DR콩고 내전의 무기를 구입할 수 있는 자금으로 사용된다. 그리고 DR콩고 내전 피해자 수는 무려 500만 명에 이른다. 노동착취로 얻은 돈을 좋은 일에 쓴대도 크게 잘못된 것인데 어서 끝나야 할 내전에 사용된다니, 참으로 황당하고 안타까운 이야기다. 콜탄을 캐내는 과정에서 수많은 사람이 죽고 결국 더 많은 사람이 죽는다. 콩고 내전에는 어린아이들도 군대에 동원된다.

[선생님용]
https://youtu.be/_pEO3WKtcQE: 핸드폰 콜탄 콩고 그리고 고릴라
https://youtu.be/gwRhn4BYzgw: 핸드폰 아껴쓰기
https://youtu.be/iaaRYfL5-zg: 지식채널e-Blood Phone

수업 진행

1. 고릴라가 미워하는 것 맞혀 보기

2. 글 순서 맞추기

3. 읽기 자료 탐구하기

4. 갈등 확인하기: 인간-고릴라, 콜탄 채취-고릴라 서식지 파괴

5. 환경회의 준비(각 역할에 학습지 주고 포스터 만들기)

    ① 고릴라 연합: 콜탄 채취로 고릴라 서식지 파괴

    ② 콜탄 채취 광부: 열악한 환경에서 노동착취

    ③ 핸드폰 기업 사장: 콜탄으로 핸드폰 생산하여 이익 창출

    ④ 핸드폰 사용자: 핸드폰으로 편리한 생활 누림

    ⑤ 환경 연합: 숲 파괴, 고릴라 멸종 위기, 생태계 파괴

    ⑥ 콩고 내전에 참가한 어린이: 콜탄 채취로 전쟁 지속

6. 각 역할의 주장 듣기

7. 자신이 생각하는 대안을 포스트잇에 쓰고 칠판에 붙이기(개발 찬성-개발 반대 입장에 붙이고, 찬성도 반대도 아닌 사람은 개발과 반대 사이에 붙이기)

8. '지속 가능한 발전' 용어 도입

9. '지속 가능한 발전'이란 _____다. 문장 완성하기

• 참고 문헌
김남수(2013). 초등학교 전문학습공동체의 환경 수업 공동 설계와 실행 사례 연구: 환경 수업 전문성의 관점에서. 환경교육, 26(3).

우리에게 통합교육과정은?

이윤미

나에게 통합교육과정은 내 교육철학의 구현물이다. 내 철학과 신념을 반영하여 만드는 교육과정이기 때문이다.

노현주

나에게 통합교육과정은 종합영양제이다. 왜냐하면 교육과정을 구현함으로써 '쑥쑥' 성장하기 때문이다.

조현정

나에게 통합교육과정은 두 마리 토끼 잡기다. 배움과 재미를 동시에 잡았다!

김세영

나에게 통합교육과정은 그 자체로 교과다. 지식이 어떻게 다른 모습으로 묶일 수 있는지, 현 과의 대안은 무엇이고, 미래 모습은 어떠한지, 어디까지 변할 수 있는지 그 실재를 보여 주며 존재한다.

신영지

나에게 통합교육과정은 부화다. 딱딱한 교과서라는 껍질을 깨고 교육과정 햇병아리로 다시 시작했기 때문이다.

신혜영

나에게 통합교육과정은 휘발유다. 왜냐하면 사그라드는 열정을 다시 타오르게 했기 때문이다.

하늘빛

나에게 통합교육과정은 연습장이다. 통합교육과정을 만들 때엔 다른 것에 얽매이지 않고 편하게 낙서하듯 생각을 꺼내 놓고 결합하며 수업을 만들어 간다.

신학승

나에게 통합교육과정은 끌림이다. 묘하게 자꾸 끌어당기기 때문이다.

부혜림

나에게 통합교육과정은 선물이다. 왜냐하면 선물을 뜯어 보기 전에 무엇이 들어 있을지 상상하는 것처럼 어떤 수업이 될지 기분 좋은 설렘을 느낀다.

글쓴이 소개

전북교사교육과정연구회(열 사람의 한 걸음)

2012년 '열 사람의 한 걸음'으로 시작하여 지속적으로 교사교육과정 개발에 열정을 쏟고 있는 초등교사들의 모임. 『주제통합수업, 아이들을 수업의 주인공으로』, 『교과서 너머 교육과정 마주하기』, 『역사수업을 부탁해』, 『꼬물꼬물 거꾸로 역사수업』 등을 편찬한 저력 있는 교사교육과정 연구모임.

이윤미(이리동산초)

'열 사람의 한 걸음'이 게을러지지 않도록 계속 추동하는 악역을 맡고 있음. 퇴직할 때까지 아니, 퇴직 후에도 계속 교사교육과정을 연구, 지원하는 것이 목표임.

노현주(이리동산초)

게으름이 천성이나 '열 사람의 한 걸음'에 뒤처지지 않기 위해 나름의 노력을 하고 있음. 곧 가랑이가 찢어질지도 모름.

조현정(이리동산초)

초딩 유머와 장난을 좋아하고 실제 입맛도 초딩 입맛이다. 쉬는 시간의 복지를 위해 수업시간은 칼같이 지킬 줄 아는 선생님.

김세영(경기곡정초)

교육과정을 공부하는 게 재밌고, 학생들에게 맞는 교육과정을 찾아가는 것도 재밌는 선생님. 가끔 내 교육과정을 돌아보고 나 혼자 의미 부여하며 뿌듯해함.

신영지(군산나운초)

항상 조심조심 간이 작지만, 아이들을 섬세하게 바라보고 보듬으려 노력하는 선생님.

신혜영(이리동산초)

아이들과의 밀당에서 우위를 차지하고 고학년도 혀를 내두르는 집요함으로 아이들 곁을 지키는 선생님.

하늘빛(전주송천초)

고양이 네 마리를 모시는 집사이자 9년 차 교사. 생활부장을 2년째 하며 학교폭력 업무에 다크서클이 점점 내려오는 중이다. 요즘은 2학년 아이들이 우리 집 고양이들만큼이나 참 예쁘고 눈에 들어옴.

신학승(이리동산초)

행동이 느리나 생각이 많아 한 발자국 걷더라도 제대로 걸으려는, 아이들과도 발맞춰 걷고 싶은 선생님.

부혜림(이리팔봉초)

아이들과 함께 성장하고 있는 여전히 신규인 척하는 6년 차. 나이가 들어도 말이 잘 통하는 선생님이 되고 싶다. 그래서 철들지 않으려고 노력 중.

조상연(춘천교육대학교)

향후 '열 사람의 한 걸음'의 멘토가 될 새내기 교수님. 교사였을 때에도, 교수가 된 후에도 일에 치여 살지만 웃음을 잃지 않는 긍정적 성향의 소유자.

정광순(한국교원대학교)

초창기부터 '열 사람의 한 걸음'을 응원하고 지원해 온 멘토이자 든든한 백그라운드. 취미와 특기가 모두 공부임.

삶의 행복을 꿈꾸는 교육은 어디에서 오는가?

● **교육혁명을 앞당기는 배움책 이야기** 혁신교육의 철학과 잉걸진 미래를 만나다!

● 비고츠키 선집 시리즈 발달과 협력의 교육학 어떻게 읽을 것인가?

 생각과 말
레프 세묘노비치 비고츠키 지음
배희철·김용호·D. 켈로그 옮김 | 690쪽 | 값 33,000원

 도구와 기호
비고츠키·루리야 지음 | 비고츠키 연구회 옮김
336쪽 | 값 16,000원

 어린이 자기행동숙달의 역사와 발달 I
L.S. 비고츠키 지음 | 비고츠키 연구회 옮김
564쪽 | 값 28,000원

 어린이 자기행동숙달의 역사와 발달 II
L.S. 비고츠키 지음 | 비고츠키 연구회 옮김
552쪽 | 값 28,000원

 어린이의 상상과 창조
L.S. 비고츠키 지음 | 비고츠키 연구회 옮김
280쪽 | 값 15,000원

 비고츠키와 인지 발달의 비밀
A.R. 루리야 지음 | 배희철 옮김 | 280쪽 | 값 15,000원

 수업과 수업 사이
비고츠키 연구회 지음 | 196쪽 | 값 12,000원

 비고츠키의 발달교육이란 무엇인가?
비고츠키교육학실천연구모임 지음 | 412쪽 | 값 21,000원

 비고츠키 철학으로 본 핀란드 교육과정
배희철 지음 | 456쪽 | 값 23,000원

 성장과 분화
L.S. 비고츠키 지음 | 비고츠키 연구회 옮김
308쪽 | 값 15,000원

 연령과 위기
L.S. 비고츠키 지음 | 비고츠키 연구회 옮김
336쪽 | 값 17,000원

 의식과 숙달
L.S 비고츠키 | 비고츠키 연구회 옮김
348쪽 | 값 17,000원

 분열과 사랑
L.S. 비고츠키 지음 | 비고츠키 연구회 옮김
260쪽 | 값 16,000원

 성애와 갈등
L.S. 비고츠키 지음 | 비고츠키 연구회 옮김
268쪽 | 값 17,000원

 흥미와 개념
L.S. 비고츠키 지음 | 비고츠키 연구회 옮김
408쪽 | 값 21,000원

 관계의 교육학, 비고츠키
진보교육연구소 비고츠키교육학실천연구모임 지음
300쪽 | 값 15,000원

 비고츠키 생각과 말 쉽게 읽기
진보교육연구소 비고츠키교육학실천연구모임 지음
316쪽 | 값 15,000원

 교사와 부모를 위한 비고츠키 교육학
카르포프 지음 | 실천교사번역팀 옮김
308쪽 | 값 15,000원

 혁신교육, 철학을 만나다
브렌트 데이비스·데니스 수마라 지음
현인철·서용선 옮김 | 304쪽 | 값 15,000원

 혁신교육 존 듀이에게 묻다
서용선 지음 | 292쪽 | 값 14,000원

다시 읽는 조선 교육사
이만규 지음 | 750쪽 | 값 33,000원

대한민국 교육혁명
교육혁명공동행동 연구위원회 지음
224쪽 | 값 12,000원

 경쟁을 넘어 발달 교육으로
현광일 지음 | 288쪽 | 값 14,000원

 독일 교육, 왜 강한가?
박성희 지음 | 324쪽 | 값 15,000원

 핀란드 교육의 기적
한넬레 니에미 외 엮음 | 장수명 외 옮김
456쪽 | 값 23,000원

 한국 교육의 현실과 전망
심성보 지음 | 724쪽 | 값 35,000원

●4·16, 질문이 있는 교실 마주이야기 통합수업으로 혁신교육과정을 재구성하다!

통하는 공부
김태호·김형우·이경석·심우근·허진만 지음
324쪽 | 값 15,000원

내일 수업 어떻게 하지?
아이함께 지음 | 300쪽 | 값 15,000원
2015 세종도서 교양부문

인간 회복의 교육
성래운 지음 | 260쪽 | 값 13,000원

교과서 너머 교육과정 마주하기
이윤미 외 지음 | 368쪽 | 값 17,000원

수업 고수들
수업·교육과정·평가를 말하다
박현숙 외 지음 | 368쪽 | 값 17,000원

도덕 수업, 책으로 묻고 윤리로 답하다
울산도덕교사모임 지음 | 320쪽 | 값 15,000원

체육 교사, 수업을 말하다
전용진 지음 | 304쪽 | 값 15,000원

교실을 위한 프레이리
아이러 쇼어 엮음 | 사람대사람 옮김
412쪽 | 값 18,000원

마을교육공동체란 무엇인가?
서용선 외 지음 | 360쪽 | 값 17,000원

교사, 학교를 바꾸다
정진화 지음 | 372쪽 | 값 17,000원

함께 배움
학생 주도 배움 중심 수업 이렇게 한다
니시카와 준 지음 | 백경석 옮김 | 280쪽 | 값 15,000원

공교육은 왜?
홍섭근 지음 | 352쪽 | 값 16,000원

자기혁신과 공동의 성장을 위한
교사들의 필리버스터
윤양수·원종희·장군·조경삼 지음 | 280쪽 | 값 14,000원

함께 배움 이렇게 시작한다
니시카와 준 지음 | 백경석 옮김 | 196쪽 | 값 12,000원

함께 배움 교사의 말하기
니시카와 준 지음 | 백경석 옮김 | 188쪽 | 값 12,000원

교육과정 통합, 어떻게 할 것인가?
성열관 외 지음 | 192쪽 | 값 13,000원

학교 혁신의 길, 아이들에게 묻다
남궁상운 외 지음 | 272쪽 | 값 15,000원

미래교육의 열쇠, 창의적 문화교육
심광현·노명우·강정석 지음 | 368쪽 | 값 16,000원

주제통합수업,
아이들을 수업의 주인공으로!
이윤미 외 지음 | 392쪽 | 값 17,000원

수업과 교육의 지평을 확장하는 **수업 비평**
윤양수 지음 | 316쪽 | 값 15,000원
2014 문화체육관광부 우수교양도서

교사, 선생이 되다
김태은 외 지음 | 260쪽 | 값 13,000원

교사의 전문성, 어떻게 만들어지나
국제교원노조연맹 보고서 | 김석규 옮김
392쪽 | 값 17,000원

수업의 정치
윤양수·원종희·장군 지음 | 280쪽 | 값 14,000원

학교협동조합,
현장체험학습과 마을교육공동체를 잇다
주수원 외 지음 | 296쪽 | 값 15,000원

거꾸로 교실,
잠자는 아이들을 깨우는 수업의 비밀
이민경 지음 | 280쪽 | 값 14,000원

교사는 무엇으로 사는가
정은균 지음 | 292쪽 | 값 15,000원

마음의 힘을 기르는 감성수업
조선미 외 지음 | 300쪽 | 값 15,000원

작은 학교 아이들
지경준 엮음 | 376쪽 | 값 17,000원

아이들의 배움은 어떻게 깊어지는가
이시이 준지 지음 | 방지현·이창희 옮김
200쪽 | 값 11,000원

대한민국 입시혁명
참교육연구소 입시연구팀 지음 | 220쪽 | 값 12,000원

교사를 세우는 교육과정
박승열 지음 | 312쪽 | 값 15,000원

전국 17명 교육감들과 나눈 교육 대담
최창의 대담·기록 | 272쪽 | 값 15,000원

들뢰즈와 가타리를 통해 유아교육 읽기
리세롯 마리엣 올슨 지음 | 이연선 외 옮김
328쪽 | 값 17,000원

학교 민주주의의 불한당들
정은균 지음 | 276쪽 | 값 14,000원

프레이리의 사상과 실천
사람대사람 지음 | 352쪽 | 값 18,000원
2018 세종도서 학술부문

혁신학교, 한국 교육의 미래를 열다
송순재 외 지음 | 608쪽 | 값 30,000원

페다고지를 위하여
프레네의 『페다고지 불변요소』 읽기
박찬영 지음 | 296쪽 | 값 15,000원

노자와 탈현대 문명
홍승표 지음 | 284쪽 | 값 15,000원

선생님, 민주시민교육이 뭐예요?
염경미 지음 | 244쪽 | 값 15,000원

어쩌다 혁신학교
유우석 외 지음 | 380쪽 | 값 17,000원

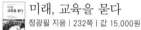
미래, 교육을 묻다
정광필 지음 | 232쪽 | 값 15,000원

대학, 협동조합으로 교육하라
박주희 외 지음 | 252쪽 | 값 15,000원

입시, 어떻게 바꿀 것인가?
노기원 지음 | 306쪽 | 값 15,000원

촛불시대, 혁신교육을 말하다
이용관 지음 | 240쪽 | 값 15,000원

라운드 스터디
이시이 데루마사 외 엮음 | 224쪽 | 값 15,000원

미래교육을 디자인하는 학교교육과정
박승열 외 지음 | 348쪽 | 값 18,000원

흥미진진한 아일랜드 전환학년 이야기
제리 제퍼스 지음 | 최상덕·김호원 옮김 | 508쪽 | 값 27,000원
2019 대한민국학술원우수학술도서

폭력 교실에 맞서는 용기
따돌림사회연구모임 학급운영팀 지음
272쪽 | 값 15,000원

그래도 혁신학교
박은혜 외 지음 | 248쪽 | 값 15,000원

학교는 어떤 공동체인가?
성열관 외 지음 | 228쪽 | 값 15,000원

교사 전쟁
다나 골드스타인 지음 | 유성상 외 옮김
468쪽 | 값 23,000원

시민, 학교에 가다
최형규 지음 | 260쪽 | 값 15,000원

교육과정, 수업, 평가의 일체화
리사 카터 지음 | 박승열 외 옮김 | 196쪽 | 값 13,000원

학교를 개선하는 교장
지속가능한 학교 혁신을 위한 실천 전략
마이클 풀란 지음 | 서동연·정효준 옮김 | 216쪽 | 값 13,000원

공자뎐, 논어는 이것이다
유문상 지음 | 392쪽 | 값 18,000원

교사와 부모를 위한
발달교육이란 무엇인가?
현광일 지음 | 380쪽 | 값 18,000원

교사, 이오덕에게 길을 묻다
이무완 지음 | 328쪽 | 값 15,000원

낙오자 없는 스웨덴 교육
레이프 스트란드베리 지음 | 변광수 옮김
208쪽 | 값 13,000원

끝나지 않은 마지막 수업
장석웅 지음 | 328쪽 | 값 20,000원

경기꿈의학교
진흥섭 외 지음 | 360쪽 | 값 17,000원

학교를 말한다
이성우 지음 | 292쪽 | 값 15,000원

행복도시 세종,
혁신교육으로 디자인하다
곽순일 외 지음 | 392쪽 | 값 18,000원

나는 거꾸로 교실 거꾸로 교사
류광모·임정훈 지음 | 212쪽 | 값 13,000원

교실 속으로 간 이해중심 교육과정
온정덕 외 지음 | 224쪽 | 값 13,000원

교실, 평화를 말하다
따돌림사회연구모임 초등우정팀 지음
268쪽 | 값 15,000원

학교자율운영 2.0
김용 지음 | 240쪽 | 값 15,000원

학교자치를 부탁해
유우석 외 지음 | 252쪽 | 값 15,000원

국제이해교육 페다고지
강순원 외 지음 | 256쪽 | 값 15,000원

선생님, 페미니즘이 뭐예요?
염경미 지음 | 280쪽 | 값 15,000원

평화의 교육과정 섬김의 리더십
이준원·이형빈 지음 | 292쪽 | 값 16,000원

학교를 살리는 회복적 생활교육
김민자·이순영·정선영 지음 | 256쪽 | 값 15,000원

 수포자의 시대
김성수·이형빈 지음 | 252쪽 | 값 15,000원

 교사를 위한 교육학 강의
이형빈 지음 | 336쪽 | 값 17,000원

 혁신학교와 실천적 교육과정
신은희 지음 | 236쪽 | 값 15,000원

 새로운학교 학생을 날게 하다
새로운학교네트워크 총서 02 | 408쪽 | 값 20,000원

 삶의 시간을 잇는 문화예술교육
고영직 지음 | 292쪽 | 값 16,000원

 세월호가 묻고 교육이 답하다
경기도교육연구원 지음 | 214쪽 | 값 13,000원

 혐오, 교실에 들어오다
이혜정 외 지음 | 232쪽 | 값 15,000원

 미래교육, 어떻게 만들어갈 것인가?
송기상·김성천 지음 | 300쪽 | 값 16,000원
2019 세종도서 교양부문

 혁신교육지구와 마을교육공동체는 어떻게 만들어지는가?
김태정 지음 | 376쪽 | 값 18,000원

 교육에 대한 오해
우문영 지음 | 224쪽 | 값 15,000원

 선생님, 특성화고 자기소개서 어떻게 써요?
이지영 지음 | 322쪽 | 값 17,000원

 혁신교육지구 현장을 가다
이용운 외 4인 지음 | 344쪽 | 값 18,000원

 학생과 교사, 수업을 묻다
전용진 지음 | 344쪽 | 값 18,000원

 배움의 독립선언, 평생학습
정민승 지음 | 240쪽 | 값 15,000원

 혁신학교의 꽃, 교육과정 다시 그리기
안재일 지음 | 344쪽 | 값 18,000원

 교육혁신의 시대 배움의 공간을 상상하다
함영기 외 지음 | 264쪽 | 값 17,000원

 학습격차 해소를 위한 새로운 도전
보편적 학습설계 수업
조윤정 외 지음 | 225쪽 | 값 15,000원

 서울의 마을교육
이용운 외 지음 | 352쪽 | 값 18,000원

 물질과의 새로운 만남
베로니차 파치니-케처바우 지음 | 240쪽 | 값 15,000원

 평화와 인성을 키우는 자기우정
따돌림사회연구모임 우정팀 지음 | 240쪽 | 값 15,000원

 미래교육을 열어가는 배움중심 원격수업
이윤서 외 지음 | 332쪽 | 값 17,000원

● **살림터 참교육 문예 시리즈** 영혼이 있는 삶을 가르치는 온 선생님을 만나다!

 꽃보다 귀한 우리 아이는
조재도 지음 | 244쪽 | 값 12,000원

 선생님이 먼저 때렸는데요
강병철 지음 | 248쪽 | 값 12,000원

 성깔 있는 나무들
최은숙 지음 | 244쪽 | 값 12,000원

 서울 여자, 시골 선생님 되다
조경선 지음 | 252쪽 | 값 12,000원

 아이들에게 세상을 배웠네
명혜정 지음 | 240쪽 | 값 12,000원

 행복한 창의 교육
최창의 지음 | 328쪽 | 값 15,000원

 밥상에서 세상으로
김흥숙 지음 | 280쪽 | 값 13,000원

 북유럽 교육 기행
정애경 외 14인 지음 | 288쪽 | 값 14,000원

 우물쭈물하다 끝난 교사 이야기
유기창 지음 | 380쪽 | 값 17,000원

 시험 시간에 웃은 건 처음이에요
조규선 지음 | 252쪽 | 값 15,000원

 오천년을 사는 여지
염경미 지음 | 272쪽 | 값 16,000원

 다정한 교실에서 20,000시간
강정희 지음 | 296쪽 | 값 16,000원

교과서 밖에서 만나는 역사 교실 상식이 통하는 살아 있는 역사를 만나다

전봉준과 동학농민혁명
조광환 지음 | 336쪽 | 값 15,000원

교과서 밖에서 배우는 역사 공부
정은교 지음 | 292쪽 | 값 14,000원

남도의 기억을 걷다
노성태 지음 | 344쪽 | 값 14,000원

팔만대장경도 모르면 빨래판이다
전병철 지음 | 360쪽 | 값 16,000원

응답하라 한국사 1·2
김은석 지음 | 356쪽·368쪽 | 각권 값 15,000원

빨래판도 잘 보면 팔만대장경이다
전병철 지음 | 360쪽 | 값 16,000원

즐거운 국사수업 32강
김남선 지음 | 280쪽 | 값 11,000원

영화는 역사다
강성률 지음 | 288쪽 | 값 13,000원

즐거운 세계사 수업
김은석 지음 | 328쪽 | 값 13,000원

친일 영화의 해부학
강성률 지음 | 264쪽 | 값 15,000원

강화도의 기억을 걷다
최보길 지음 | 276쪽 | 값 14,000원

한국 고대사의 비밀
김은석 지음 | 304쪽 | 값 13,000원

광주의 기억을 걷다
노성태 지음 | 348쪽 | 값 15,000원

조선족 근현대 교육사
정미량 지음 | 320쪽 | 값 15,000원

선생님도 궁금해하는
한국사의 비밀 20가지
김은석 지음 | 312쪽 | 값 15,000원

다시 읽는 조선근대 교육의 사상과 운동
윤건차 지음 | 이명실·심성보 옮김 | 516쪽 | 값 25,000원

걸림돌
키르스텐 세룹-빌펠트 지음 | 문봉애 옮김
248쪽 | 값 13,000원

음악과 함께 떠나는 세계의 혁명 이야기
조광환 지음 | 292쪽 | 값 15,000원

역사수업을 부탁해
열 사람의 한 걸음 지음 | 388쪽 | 값 18,000원

논쟁으로 보는 일본 근대 교육의 역사
이명실 지음 | 324쪽 | 값 17,000원

진실과 거짓, 인물 한국사
하성환 지음 | 400쪽 | 값 18,000원

다시, 독립의 기억을 걷다
노성태 지음 | 320쪽 | 값 16,000원

우리 역사에서 사라진
근현대 인물 한국사
하성환 지음 | 296쪽 | 값 18,000원

한국사 리뷰
김은석 지음 | 244쪽 | 값 15,000원

꼬물꼬물 거꾸로 역사수업
역모자들 지음 | 436쪽 | 값 23,000원

경남의 기억을 걷다
류형진 외 지음 | 564쪽 | 값 28,000원

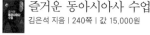
즐거운 동아시아사 수업
김은석 지음 | 240쪽 | 값 15,000원

어제와 오늘이 만나는 교실
학생과 교사의 역사수업 에세이
정진경 외 지음 | 328쪽 | 값 17,000원

노성태, 역사의 길을 걷다
노성태 지음 | 324쪽 | 값 17,000원

● 더불어 사는 정의로운 세상을 여는 인문사회과학 사람의 존엄과 평등의 가치를 배운다

밥상혁명
강양구·강이현 지음 | 298쪽 | 값 13,800원

좌우지간 인권이다
안경환 지음 | 288쪽 | 값 13,000원

도덕 교과서 무엇이 문제인가?
김대용 지음 | 272쪽 | 값 14,000원

민주시민교육
심성보 지음 | 544쪽 | 값 25,000원

자율주의와 진보교육
조엘 스프링 지음 | 심성보 옮김 | 320쪽 | 값 15,000원

민주시민을 위한 도덕교육
심성보 지음 | 500쪽 | 값 25,000원
2015 세종도서 학술부문

민주화 이후의 공동체 교육
심성보 지음 | 392쪽 | 값 15,000원
2009 문화체육관광부 우수학술도서

교과서 밖에서 배우는 인문학 공부
정은교 지음 | 280쪽 | 값 13,000원

갈등을 넘어 협력 사회로
이창언·오수길·유문종·신윤관 지음
280쪽 | 값 15,000원

오래된 미래교육
정재걸 지음 | 392쪽 | 값 18,000원

동양사상과 마음교육
정재걸 외 지음 | 356쪽 | 값 16,000원
2015 세종도서 학술부문

대한민국 의료혁명
전국보건의료산업노동조합 엮음 | 548쪽 | 값 25,000원

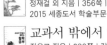
교과서 밖에서 배우는 철학 공부
정은교 지음 | 280쪽 | 값 14,000원

교과서 밖에서 배우는 고전 공부
정은교 지음 | 288쪽 | 값 14,000원

교과서 밖에서 배우는 사회 공부
정은교 지음 | 304쪽 | 값 15,000원

전체 안의 전체 사고 속의 사고
김우창의 인문학을 읽다
현광일 지음 | 320쪽 | 값 15,000원

교과서 밖에서 배우는 윤리 공부
정은교 지음 | 292쪽 | 값 15,000원

카스트로, 종교를 말하다
피델 카스트로·프레이 베토 대담 | 조세종 옮김
420쪽 | 값 21,000원

한글 혁명
김슬옹 지음 | 388쪽 | 값 18,000원

일제강점기 한국철학
이태우 지음 | 448쪽 | 값 25,000원

우리 안의 미래교육
정재걸 지음 | 484쪽 | 값 25,000원

한국 교육 제4의 길을 찾다
이길상 지음 | 400쪽 | 값 21,000원
2019 세종도서 학술부문

왜 그는 한국으로 돌아왔는가?
황선준 지음 | 364쪽 | 값 17,000원
2019 세종도서 교양부문

마을교육공동체 생태적 의미와 실천
김용련 지음 | 256쪽 | 값 15,000원

공간, 문화, 정치의 생태학
현광일 지음 | 232쪽 | 값 15,000원

교육과정에서 왜 지식이 중요한가
심성보 지음 | 440쪽 | 값 23,000원

인공지능 시대의 사회학적 상상력
홍승표 지음 | 260쪽 | 값 15,000원

식물에게서 교육을 배우다
이차영 지음 | 260쪽 | 값 15,000원

동양사상과 인간 그리고 사회
이현지 지음 | 418쪽 | 값 21,000원

왜 전태일인가
송필경 지음 | 236쪽 | 값 17,000원

장자와 탈현대
정재걸 외 지음 | 424쪽 | 값 21,000원

한국 세계시민교육이 나아갈 길을 묻다
유네스코태평양 국제이해교육원 지음 | 260쪽 | 값 18,000원

놀자선생의 놀이인문학
진용근 지음 | 380쪽 | 값 185,000원

참된 삶과 교육에 관한
생각 줍기